HOTEL

酒店财务管理

（第三版）

方燕平 【主编】

首都经济贸易大学出版社
Capital University of Economics and Business Press
·北京·

图书在版编目(CIP)数据

酒店财务管理 / 方燕平主编. -- 3版. -- 北京：首都经济贸易大学出版社，2021.11
ISBN 978-7-5638-3184-5

Ⅰ.①酒… Ⅱ.①方… Ⅲ.①饭店-财务管理-高等学校-教材 Ⅳ.①F719.2

中国版本图书馆CIP数据核字(2021)第109519号

酒店财务管理(第三版)
JIUDIAN CAIWU GUANLI
方燕平　主编

责任编辑　晓　红
封面设计　风得信·阿东 FondesyDesign
出版发行　首都经济贸易大学出版社
地　　址　北京市朝阳区红庙（邮编 100026）
电　　话　(010)65976483　65065761　65071505(传真)
网　　址　http://www.sjmcb.com
E-mail　publish@cueb.edu.cn
经　　销　全国新华书店
照　　排　北京砚祥志远激光照排技术有限公司
印　　刷　唐山玺诚印务有限公司
成品尺寸　185毫米×260毫米　1/16
字　　数　391千字
印　　张　15.25
版　　次　2010年9月第1版　2015年6月第2版
　　　　　　2021年11月第3版　2021年11月总第5次印刷
书　　号　ISBN 978-7-5638-3184-5
定　　价　39.00元

前　言

在市场经济条件下,酒店财务管理活动由单纯的财务活动扩大到对整个酒店的经济活动进行预测、决策、分析和研究,这就急需培养大批基础牢、口径宽、应用能力强的初、中级酒店财务管理人才。高职高专层次的酒店财务管理教育的目的正是培养“能够‘发现问题’和‘解决问题’,具有技术应用型”的财务管理人才。

作为经济活动的重要组成部分,酒店财务管理的目标是向有关财务信息使用者提供客观、公正的财务信息。财务管理在社会经济活动中发挥着越来越重要的作用,由此形成了社会对财务管理人才的巨大需求。

资金流是一个常讲常新的话题。酒店财务管理是以资金流为起点,以资本为运作对象的资金运动,贯穿于酒店财务管理活动的始终。本教材阐述了酒店的筹资管理、投资管理、资产管理、成本费用管理、收入与利润管理、财务计划、财务预算、财务控制及财务分析,利用价值形式对酒店经营活动进行综合性管理活动的内容。本教材力求根据高职高专财务管理等经济管理类专业的培养目标,通俗地诠释资金时间价值、风险价值等财务管理的基本理念,预测、决策、控制、分析和评价等财务管理方法,并且结合实际工作需要,介绍筹资、投资、营运资金、利润分配的组织和管理以及财务分析与评价,运用案例介绍酒店日常财务活动和财务关系的管理活动。本教材以财务管理的内容和方法为主体来安排和组织内容,对财务管理的基本原理、基本方法和基本技能做了理论上的分析和实务上的探索。

作为一本高职高专教材,本书以基于工作过程的任务教学模式为特点,以实际应用为导向,根据财务管理的新发展,针对酒店对财务管理岗位人员知识、能力和素质的要求及高职高专应用型人才的培养目标,紧扣高职高专财务管理与操作目标和高职高专学生的特点,立足于高职高专学生吸收新的财务管理信息及实际工作能力的培养,系统、科学地说明酒店财务管理的基本理论、基本内容、基本方法与基本技能。

本书主要是为高职高专学生编写的财务管理学教科书,介绍了该学科的一些基本概念与方法,以及一些重要财务理论的结论。本书编写的原则是:联系实际、适用、应用性强。联系实际,是将财务管理学的基本理论与酒店财务管理实践联系起来;适用,是结合高职高专培养应用型人才的教育特点,注重实际操作能力的培养;应用性强,是突出财务管理学科的特点,用较为实际的案例对基本概念和理论进行进一步论述。本书内容翔实、案例丰富、实用性强,本书编写充分考虑了高职高专酒店管理专业学生的特点。

本书可作为高职高专酒店财务管理及经济管理相关专业的教材,也可作为在职人员岗位培训的教材和各类酒店财务管理从业人员的参考书。

本书由方燕平担任主编,负责大纲的编写,提出编写要求,负责本书的修改和总纂工作。具体编写分工如下:方燕平编写第一章、第二章、第五章、第七章、第八章和第十章;杨明亮、冷昊晶编写第三章、第四章;邓晖编写第六章;刘红霞、方燕平编写第九章;刘红霞编写第十一章。本书再版修正由方燕平完成。

在本书的编写过程中,编者引用了酒店财务管理的相关资料和研究成果,在此谨向原作者表示诚挚的谢意。同时还要特别感谢劳动保障职业学院王建民教授的悉心指导及杨海英、刘燕嬉等的大力支持和协助。

由于编者水平有限,书中难免存在不足和尚需改进之处,敬请读者批评指正。

编者
2021 年 8 月

目 录

酒店财务管理

第一章

酒店财务管理总论

【学习目标】

通过本章的学习，学生应能够掌握酒店财务管理的基本概念和财务管理的目标；理解酒店财务管理的原则；熟悉酒店财务管理的环境；了解酒店财务管理的基本方法。

【情景思考】

您听说过"财务管理"这个词吗？知道一个出色的财务经理应该如何做吗？如果您希望您所管理公司的利润不断增加，或者您的个人财富不断增长，就应懂得财务管理知识。这些知识能帮助您解决投资、筹资、利润分配、预算和决策等相关问题。

【本章重点】

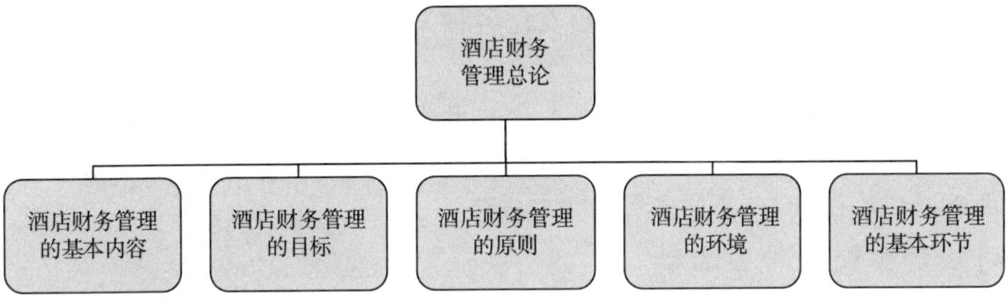

第一节　酒店财务管理的基本内容

一、酒店财务活动概述

酒店财务是酒店在经营活动中客观存在的财务活动及其体现的经济利益关系，酒店财务管理是处理财务关系的一项最基本的经济管理工作。

在经营活动过程中，酒店会通过不同渠道，以不同的筹资方式取得必需的资金来满足经营活动的需要。经营活动中取得的收益可以运用一定的方法，按照一定的比例分配给酒店所有者。这一筹资、投资、经营和分配的过程就形成了酒店的财务活动。

酒店财务活动是以现金收支为主要内容的资金收支活动，是酒店经营活动过程中与资金相关的事务。在市场经济条件下，酒店在为消费者提供服务的同时，也在转移和创造价值。一方面,因资金形态不断发生变化,周而复始,由一种资金形态转化为另一种资金形态,形成资金的运动;另一方面,酒店的经营过程也是提供服务的过程。因此,资金运动是酒店经营活动的价值表现,它以价值形式综合反映酒店的经营活动,与其他行业相比具有明显的行业特征。

二、酒店财务活动的内容

财务活动的实质是理财活动。酒店财务管理主要解决酒店涉及人、财、物的经济业务,即酒店经营活动过程中的理财问题。应该说,酒店财务管理是酒店经营管理的重要组成部分,无论各酒店的经营目标与经营成果有多大差异,其财务管理活动都表现为资产的不断购进和售出以及资金的不断投入和收回。这就构成了酒店的一项独立的、重要的经济活动,而这一活动是指资金的筹集、资金的投放、资金的使用、资金的收回及资金的分配等一系列财务活动。具体地说,酒店的财务活动包括以下四部分。

(一)筹资引起的财务活动

酒店筹资活动是酒店为满足投资和用资的需要筹集经营活动所需资金的过程,是资金运动的起点。酒店要进行正常的经营活动,必须以占有或支配一定数量的资金作为先决条件。在筹资过程中,酒店要根据自己未来发展战略和投资计划确定筹资总规模,以保证投资经营所需资金,包括筹集注册资本和发生债务引起的资金收入,如通过发行股票、发行债券、吸收直接投资等方式筹集资金。同时,要通过筹资渠道、筹资方式和筹资工具的选择,确定合理的筹资结构,保证在同等条件下降低筹资成本及风险,包括偿还债务本息所产生的资金支出,如偿还借款、支付利息、支付股息及支付各种筹资费用。这种因筹资而产生的资金收付就是由筹资而引起的财务活动。

一般而言,酒店可以从两方面取得资本金并形成两种性质的资金来源:一是权益资金,即以发行股票、吸收直接投资或动用内部留存收益等方式取得资金;二是债务资金,即以发行债券、向金融机构借款、商业信用等方式取得资金。

(二)投资引起的财务活动

酒店投资是指酒店根据投资项目所需资金的投入量投出资金的行为。酒店取得资金后,必须将所筹资金投入使用,以谋求相对最大的经济效益。酒店无论是购建固定资产或增加无形资产,还是购买股票及债券或合资经营,都会产生现金支出。而当获得投资利润,处置各项投资资产及收回对外投资时,都会产生现金收入。这种因投资而引起的资金收付就是由投资引起的财务活动。

酒店投资活动可以采用实物投资、无形资产投资、人力资源投资和有价证券投资等形式。

(三)经营引起的财务活动

酒店用于经营的资金,是为满足正常经营需要发生的资金垫支,包括采购消耗性材料、物品和其他材料的支出、工薪支出、支付相关费用及缴纳税款等支出;为消费者提供服务后,还会取得相应收入,收回资金。当资金不能满足需要时,可以采用短期借款的方式筹资经营资金。为满足酒店日常经营活动需要而垫付的资金被称为营运资金。因经营产生的资金收付被称为由经营引起的财务活动。

一定条件下,酒店经营收入越高,获得更多利润的可能性就越大。从资金运动的角度看,营运资金周转速度越快,资金的利用效率越高。因此,如何加速资金周转,提高资金的利用效率,是财务管理的主要内容。这就需要在经营活动开始时,确定营运资金的持有策略、融资策略及管理策略。如现金使用计划的制订、应收账款收账政策的制定、存货存储期的确定、金融资产持有期的确定及短期借款计划的制订等。

(四)利润分配引起的财务活动

酒店可以因对外投资分得利润,但更主要的是进行经营活动取得收入而产生的利润。当经营收入补偿经营成本费用后,还应依照有关法律,对剩余收益按照一定标准和程序进行分配。首先要依法纳税,其次要弥补以前年度亏损,再次要提取各种公共积累,最后要向投资者分配利润或暂时留存酒店作为投资者的追加投资。这种因分配产生的资金收支就是由分配引起的财务活动。

以上财务活动相互联系、相互依存、并行不悖,形成了完整的酒店财务活动。

三、酒店财务关系

酒店经营活动具有社会性,所体现的财务关系即各种经济利益关系。酒店的筹资活动、投资活动、经营活动、利润分配活动构成了酒店财务关系。酒店财务关系包括以下八个方面。

(一)酒店与投资者之间的财务关系

这一关系主要指酒店的投资人向酒店注入资金,成为酒店的所有者,酒店向投资者分配利润所形成的经济关系。国家、法人单位、个人和外商都可能成为酒店的投资人。投资人必须按照投资合同、协议或章程的规定履行出资义务,以便及时形成资本金。酒店在一个会计期间经营活动结束取得利润后,应按照合同、协议、章程的约定或出资比例向投资人支付报酬,实现投资方和受资方利益均衡,取得双赢的结果,这种酒店与投资者的关系体现了资本收益分配的关系。

(二)酒店与债权人之间的财务关系

这一关系主要指酒店向债权人借入资金,并按借款合同的规定按时支付利息和归还本金所形成的经济关系。酒店不但利用所有者投入的资金进行经营活动,还需要借入一定数量的资金,以满足降低资金成本,扩大经营规模的需要。债权人为酒店提供资金后,酒店应按照约定的利息率,定期向债权人支付利息;资金使用期满,应及时归还本金。这种酒店与债权人之间的关系体现的是债务与债权之间的财务关系。

(三)酒店与政府之间的财务关系

政府作为社会管理者,具有维护国家"机器"正常运转的职能。依据社会管理者的身份,政府可以强制和无偿地参与酒店利润的分配。酒店以税金的形式按照国家税法的规定缴纳各种税款,以保证国家财政收入的实现,满足社会各方面的需要。这种酒店与政府之间的财务关系体现的是国民收入分配与再分配所形成的特定的分配关系。

(四)酒店与供应商、酒店与消费者之间的财务关系

这一关系主要指酒店为购买供应商的商品或接受其服务,以及酒店向消费者提供服务或商品后向消费者收取款项所形成的经济关系。这种酒店与供应商、酒店与消费者之间的财务关系体现的是社会成员之间分工协作的关系。

(五)酒店与受资者之间的关系

这一关系主要指酒店将其闲置的资金以购买股票或直接投资的形式向其他企业投资所

形成的经济关系。

随着经营规模的不断扩大,酒店主动向外投资的机会逐渐增加。当酒店有能力对外投资时,应按照约定履行出资义务,并以其出资份额参与被投资方的经营管理和利润分配。这种酒店与受资者之间的关系体现的是所有权性质的投资与受资的关系。

(六)酒店与债务人之间的财务关系

这一关系主要指酒店购买债券或以商业信用等形式出借资金给其他单位所形成的经济关系。酒店出借资金后,有权要求债务人按照约定的条件支付利息和归还本金。这种酒店与债务人之间的财务关系体现的是债权与债务关系。

(七)酒店内部各部门之间的关系

这一关系主要指酒店内部各部门之间在经营活动各环节相互提供产品或劳务所形成的经济关系。在酒店内部,从各职能部门角度看,由于实行责任预算和考核,各职能部门之间相互提供劳务(或服务)时,往往以内部转移价格作为计价标准,对酒店各部门进行分散管理和考核。此外,由于各部门集中于财务部门办理结算,从财务部门的角度看,形成了酒店的结算中心。这种在酒店内部形成的资金结算关系,体现着在酒店总部统一管理下的分工协作关系。

(八)酒店与员工之间的财务关系

这一关系主要指酒店接受员工提供的劳务,并向员工支付劳动报酬过程中所形成的经济关系。酒店员工以个人提供劳务作为参与酒店分配的依据,酒店用自身取得的收入,主要以货币形式向员工支付薪酬。这种酒店与员工之间的财务关系体现的是员工与酒店之间在劳动成果上的分配关系。

综上所述,酒店财务是财务活动和财务关系的统一。财务活动表明酒店财务的内容和形式特征,财务关系揭示了酒店财务的实质。财务活动并非简单的资金收付活动,其实质是酒店财务关系的体现。

四、酒店财务管理要素

酒店财务管理要素是酒店财务管理的重要组成部分,是财务管理目标与财务职能的统一。根据酒店财务管理的内涵和实质,财务管理包括资金筹集、资产营运、成本控制、收益分配、信息管理和财务监督六大要素。

(一)资金筹集

资金筹集是酒店生存和发展的必要和基本前提条件。任何经营单位都必须遵循"规模适当、筹措及时、来源合理、方式经济"等基本原则筹集资金。筹集资金时,首先应根据酒店的投资规模和时机确定筹资数额;其次,应根据酒店的经营策略、资金成本和投资风险大小来确定资本结构;再次,根据筹资数额和资本结构确定资金来源;最后,以合理和相比之下最经济的方式取得资金以满足酒店经营需要。

(二)资产营运

资产营运是酒店为实现价值最大化目标而进行的资产配置和经营运作的活动。在进行资产结构动态管理的前提下,资产的营运问题主要是:开展现金流量管理、资产合理利用、资源优化配置、资产规范处置和资产安全控制等。在实际操作过程中,根据酒店的具体经营状况,资产营运大致包括:资金调度管理、应收款项管理、存货管理、固定资产管理、对外投资管理、无形资产管理、资产损失或减值准备管理、资产损失与资产处理管理和关联交易管理等内容。

（三）成本控制

成本控制是酒店借助科学的方法，保障必需的支出，控制不合理的支出。成本指标直接影响到经营单位的利润、职工的权益和福利，间接影响到经营单位的社会责任和社会经济秩序。如：酒店管理者将不合理的支出计入成本，就会减少酒店的盈利，损害酒店所有者的利益，规避税收，损害国家的利益。酒店成本控制的具体内容包括：服务成本控制、期间费用管理、社会责任的承担、业务费用的支付、薪酬管理办法、职工劳动保护与职工奖励、职工社会保险及其他福利和缴纳政府性基金等。

（四）收益分配

经营单位的净利润主要分配给投资者和用于再投资。如何分配利润，就构成了收益分配的主要内容。分配不但影响经营单位的筹资决策和投资决策，而且影响到国家、投资人、经营者和酒店员工等多方面的利益；不但涉及经营单位的长远利益和近期利益，也涉及其整体利益和局部利益。收益分配具体包括：收入的范围、股权转让收益管理、年度亏损弥补办法、利润分配项目和顺序及其他要素参与分配的财务处理等内容。

（五）信息管理

财务信息既能够为财务管理提供依据，又能够直接反映财务管理活动的结果，还可以提高财务管理的效能。信息管理可以通过评价经营单位的经营业绩、财务状况和现金流量等情况，发现酒店财务活动中存在的问题，为改善经营管理提供线索；通过检查经营单位的预算完成情况，考核经营者的经营业绩，为制定合理的激励机制提供帮助；通过预测经营单位未来的经营风险和报酬，为投资者、经营者、债权人和政府的决策提供信息支持。

（六）财务监督

财务监督主要是借助会计核算提供的资料，检查酒店经济活动和财务收支的合理性、合法性和有效性，及时发现和制止酒店财务活动中的违法违规行为，保障国家法律、法规和有关规章制度的贯彻执行，维护财务秩序；发现并纠正酒店预算执行过程中的偏差，保障经营单位的财务活动按照经营规划和财务目标进行；监督经营者、投资者的财务行为，保护经营单位相关利益主体的合法权益，维护社会经济秩序的稳定。因此，财务监督是酒店财务活动有效开展的制度保障。

五、酒店财务管理的基本内容

根据财政部《企业财务通则》总则第三条的规定，财务管理包括以下七项内容。

（一）制定财务战略，发挥财务职能

财务战略是为了使酒店能在较长时期内生存和发展，在充分估计影响长期发展的内外环境各种因素的基础上，为达到财务目标而制定的指导酒店财务活动的总规划和总原则。各酒店可以根据酒店财务管理要素确定自己的发展战略和发展方向，并同时确定本酒店财务战略的具体内容。市场经济条件下，制定财务战略，对酒店进行成功的财务管理活动具有重要意义。

财务职能是利用价值形式组织财务活动，协调财务关系，为实现酒店的发展战略和财务目标服务。为充分发挥酒店的财务职能，财务人员必须做好财务预测、决策、预算、控制、分析、监督和考核等工作,处理好酒店内部各部门之间、酒店与外部各单位之间及酒店的市场经济环境与财务目标的关系,促使酒店努力实现自己的发展战略和财务目标。要增强酒店抵御市场风险的能力,提高市场竞争力,就必须制定财务战略,健全财务职能,做好财务管理的组织和协调工作,保证酒店在今后较长时期的生存和发展。

(二)合理筹集资金,有效营运资产

合理筹集资金,及时组织资金供应,是酒店财务管理的首要任务。因此,酒店应当根据自己的未来经营和发展战略的需要确定合理的资金需要量,在法律、法规和规章制度允许的范围内合理地筹资经营资金。

酒店对筹集的资金应实行统一集中管理,按不同环节、不同业务的需要调度资金,有计划地安排现金流量,尽可能地减少现金收支的不平衡。在组织财务活动中,应开展资产结构的动态管理,保证资产、负债之间数量关系的合理比例。在经营活动中,通过合理安排采购业务,控制存货规模,减少坏账损失,避免盲目投资,提高固定资产的利用效能等途径,不断调整和改善资本结构,提高资产的质量,实现资源配置的最优化。

(三)控制成本耗费,增加酒店收益

收益既是补偿酒店成本耗费的来源,也是回报投资者,改善酒店员工经济待遇,积累资金的有力保障。为增加酒店收益,必须建立健全酒店内部的激励机制和约束机制,充分调动酒店内部员工的工作积极性。为了实现酒店利润最大化和价值最大化的财务目标,必须注意服务质量,从酒店大局着眼,从细微处着手,不断提高酒店声誉,增强酒店在市场上的竞争力。

为了获得各项收入,酒店经营中必然产生相关成本和费用,如:餐饮产品原材料、布草等一般消耗性材料,人工等直接成本,营业费用和管理费用及应缴纳的税金等。在酒店经营收入既定的情况下,成本消耗越少,酒店收益越大。因此,降低成本消耗,是酒店财务管理的一项极为重要的任务。在经营过程中,通过决策控制,盘活资产,提高劳动生产率,实行必要的成本、费用管理责任制度等,都可以降低能耗,节约成本,减少资产损失和资源浪费,既开源又节流,从各方面增加酒店收益。

(四)规范收益分配,增强酒店活力

酒店既是投资人获得投资回报的载体,又是经营者和酒店员工提供劳动、创造价值并取得报酬的载体,同时还是依法纳税的主体。正确处理酒店与国家、投资人、经营者和酒店员工之间的分配关系,建立有效的激励机制,对调动各方面的积极性,改善酒店内部的微观财务管理环境,增强酒店在市场上的竞争能力,具有重要意义。

(五)规范重组清算等财务行为,妥善处理各方权益

酒店的重组清算,是在市场经济条件下实施扩张经营、战略收缩或增强酒店内力而进行的资本运作措施,是适应市场变化而采取的必要行动。当扩张经营时,酒店会出现业务部门或分支机构增加、资本聚集、资产增加、经营规模扩大以及现金流量增加,随之而来的就是财务风险和管理难度增加。在战略收缩的情况下,会出现酒店业务部门或分支机构减少或合并,资本减少,资产和经营规模萎缩,现金流量减小,甚至进行清算,以退出某一市场或领域。

总之,不论主动或被动进行重组清算,都会产生一系列财务问题,导致现有经济利益格局的调整。因此,为顺利实施重组清算,有效控制财务风险,酒店应当妥善处理重组清算中出现的各种问题,维护国家、投资人、债权人和酒店内部员工各方的合法权益。

（六）加强财务监督，实施财务控制

财务监督是根据法律、法规、国家财经纪律及酒店内部的财务管理制度，对酒店经营活动和财务收支的合理性、合法性和有效性进行调节和检查，以确保酒店顺利地实现发展战略和财务目标；是实施财务控制、改进财务管理、提高经济效益的一项保障性手段。对现金收支和财务目标实施有效监督，可以及时发现酒店在经营活动和财务活动中存在的问题。

财务控制是以财务预算和制度为依据，按照一定的程序和方式，对酒店财务活动进行约束和调节，确保酒店及其内部机构和员工全面落实财务预算必不可少的手段，是酒店落实财务预算，进行财务管理的重要环节。由于酒店经营活动必须借助价值形式进行，财务控制也应以价值形式为控制手段，以不同岗位、部门和层次的不同经济业务为综合控制对象，以控制日常现金流量为主要内容，确保财务控制目标的实现。

（七）加强财务信息工作，提高财务管理水平

财务信息管理是国家综合经济管理部门和经营者运用现代信息技术和管理手段，对酒店财务信息进行收集、整理、分析、预测和监督的活动。酒店应结合自身的客观条件和经营特点，逐步实行信息化财务管理，加强财务管理的及时性、有效性和规范性，在提高财务管理水平的前提下，提高酒店的整体决策水平。

第二节 酒店财务管理的目标和原则

一、酒店财务管理的目标

（一）酒店财务管理目标的概念

酒店财务管理目标是指酒店财务活动在一定环境和条件下应达到的根本目的。它决定着酒店财务管理的根本方向，是酒店财务活动的出发点和归宿；同时，还决定着财务预算管理目标的制定。正确确定酒店财务目标是财务管理的重要工作之一。说到底，财务管理目标是酒店财务管理工作最终要解决的根本问题。与其他企业一样，酒店也是以盈利为目的的经济实体，其出发点和归宿是盈利。因此，财务管理目标的设置必须与酒店的整体发展战略目标相一致，既要满足酒店短期经营活动的要求，又要适应酒店长期发展的需要。

（二）酒店财务管理目标的内容

1. 酒店财务管理的短期目标是利润最大化。利润是衡量一切经营单位经济效益、经营成果的重要指标，经营单位的生存及发展与利润息息相关，因此，其所做的一切在短期内都以追求利润最大化为目标。为得到更多的利润，酒店也必须加强经营管理，保证服务质量，不断降低经营成本，提高劳动效率。追求这一目标的根本原因在于，只有创利单位都能最大限度地获得利润，整个社会的财富才有可能实现最大化，最终推动社会的进步和发展以及社会财富的增加，从而使人民生活水平得到提高。作为自主经营、自负盈亏的经济实体，酒店所创造的利润是全部收入与全部费用的差额，所以酒店把“利润最大化”当作财务管理的目标是毫无异议的。但单纯追求利润最大化往往使酒店财务决策带有短期行为倾向。决策人若以利润最大化为追求目标，时常会忽视风险，做出盲目追求利润、损害相关主体的利益、不利于酒店长期发展的错误决策。

2. 酒店财务管理的长期目标是酒店价值最大化。酒店价值最大化是指酒店在合法经营的前提条件下,采用最优的财务决策,充分考虑资金的时间价值和风险因素,在保证酒店长期稳定发展的目标下,使酒店总价值达到最大。

股东、债权人、经营者及其员工等都与酒店的利益密切相关,都有自己的利益需求。所以说,酒店在财务管理过程中,经营者在关注酒店价值最大化目标的同时,一方面要保障投资者的利益,另一方面还应满足其他相关利益者的利益,并兼顾酒店履行社会责任和公共利益的财务要求,从而有利于实现价值最大化的目标,保证酒店的可持续发展。

以酒店价值最大化作为财务管理的目标,其优点主要表现在:

(1)该目标考虑了资金的时间价值和风险价值。考虑资金的时间价值和风险价值,就是用酒店所能创造的预计未来现金流量的现值指标反映酒店潜在或预期的获利能力和成长能力。同时,强调风险与报酬的均衡,将风险控制在酒店可以承担的范围之内,有利于经营者统筹安排短期计划及长期规划,制定相关政策;合理筹集资金,选择投资方案,还可以有效防止财务管理人员不顾风险大小,片面追求利润的错误倾向。

(2)该目标反映了对酒店资产保值增值的要求。从某种意义上说,股东财富越多,酒店市场价值越大,追求股东财富最大化可以促使酒店的资产合理运用、保值和增值,实现酒店价值最大化的目标。

(3)该目标有利于克服经营管理上的片面性和短期行为。某些酒店经营者在经营过程中,由于短期目标的影响,往往注重暂时利益,只看到眼前利益,忽视酒店的长期发展。在以酒店价值最大化作为财务管理目标时,能够去除片面性和短期行为,保证酒店的长期发展战略不受其他因素的影响。

(4)该目标有利于社会资源的合理配置。社会资金通常流向价值最大化或股东财富最大化的地方,对于酒店业亦是如此,这有利于实现社会效益最大化。

二、酒店财务管理的原则

酒店财务管理的原则是酒店组织财务活动、处理财务关系必须遵循的基本要求和行为规范,反映了理财活动的内在要求。为确保实现酒店财务目标,财务管理的原则一般包括以下五方面的内容。

(一)资金的合理配置原则

一般而言,酒店财务管理就是指对酒店经营活动全部资金的管理。资金的合理配置是要通过资金活动的组织和协调,保证经营单位内部的各项资源具有相对最优的结构比例关系。

酒店实物资源的配置是资金运动的结果,但同时又通过资金结构得以实现。从静止的状态看,酒店也有不同的资金结构。从资产要素结构看,酒店的资产表现为各种状态,这些状态可以构成多种比例结构关系。如:对外投资与对内投资的比例结构、流动资产与非流动资产的比例结构、有形资产与无形资产的比例结构等。从权益要素结构看,有长期负债与流动负债的比例结构、负债与股东权益的比例结构等。这些要素的构成比例是决定酒店经营系统功能状况的最基本条件。如果资金要素构成比例合理,资金配置适当,就可以保证酒店经营活动的正常进行。可以说,能否进行合理的资金配置是酒店持续经营发展必不可少的条件之一。

（二）收益风险的均衡原则

在激烈的市场竞争中，财务风险是不可避免的。财务风险是指获得预期财务成果的不确定性。酒店在获得收益的同时，虽然会出现不可预知的风险，但还要尽可能地规避风险，以确保在风险出现时，及时采取应对措施防范风险。收益风险均衡原则指的是经营单位在取得预期收益的同时，还应考虑发生风险的可能性。

财务活动中，低风险与低收益并存、高风险与高收益为友是不争的事实。无论投资人还是受资人都要求收益与承担的风险相匹配。为达到酒店财务管理的目标，决策人必须对项目的收益与风险做出客观评价，认真分析财务活动的收益性和安全性，在实际经营活动中，采用两利相衡取其重、两弊相衡取其轻的原则，趋利避害，争取更多的收益。

（三）成本效益原则

成本效益原则是指对酒店经营活动中的成本费用与所得收入进行比较分析，使收益和成本得到相比之下最优配置的原则。财务活动中，收入是取得利润的基本前提，收入一定时，成本的高低直接决定利润的数额。

为达到酒店价值最大化的财务管理目标，必须考虑成本效益原则。在投资过程中，将投资额与预期收益进行比较，衡量其经济效益指标；在筹资过程中，将资金成本与利润率进行比较，考核其投入产出比等。总之，在酒店经营过程中，应随时注意将经营成本与投资收益相联系，把成本效益原则作为酒店财务管理的重要原则。

（四）资金收支平衡原则

资金收支平衡原则也是酒店财务管理的一项基本原则。资金收支是酒店经营资金周转的纽带。财务活动中，资金支出意味着资金循环的开始，资金收入则表明资金循环的结束。要保证资金周转的正常进行，应尽可能使资金流量在数量上和时间上达到平衡。如果收入小于支出，必然会使经营资金不能正常运转，造成资金链中断。此时应采用向银行借款、发行短期债券等方式积极筹措资金，弥补资金的不足，保证资金链不断裂。如果收入大于支出，则应将现金用于投资或偿还借款本息，以保证资金收支的基本平衡。

总之，控制财务活动的过程就是追求资金运动平衡的过程。只有资金收支达到平衡，财务管理的目标才能得以实现。

（五）利益关系协调原则

酒店在组织财务活动过程中，自然会与有关各方发生相应的利益关系，如国家、其他法人单位、所有者、债权人及酒店员工等。在处理酒店与相关利益者的关系时，必须在保证酒店财务目标实现的同时，注意维护有关各方的合法权益。

在协调与各方的利益关系过程中，酒店通过缴纳税款的行为保证国家财政收入的实现；通过资本的保值增值和适时的利润分配维护所有者的权益；通过按时还本付息，保证债权人的利益；在以商业信用方式提供或接受劳务时，维护双方的经济利益……只有尽力均衡酒店及其相关利益者的利润分配，尽可能地减少与各相关者的利益冲突，才能保证更好地实现酒店财务目标。

第三节　酒店财务管理的环境

财务管理环境是酒店财务管理活动的基础。各行业的财务活动都有其特定的财务环境,酒店理财环境在很大程度上直接影响到酒店的财务活动。因此,理财活动必须适应各种情况下的理财环境,进行财务管理工作也应以理财环境为依据,正确地判定并实施理财策略。

一、经济环境

酒店财务管理的经济环境指影响酒店财务管理的相关环境,是影响酒店财务管理的主要因素。影响酒店经济管理环境的因素很多,主要是经济周期、经济发展水平和宏观经济政策等。

(一)经济周期

经济周期是经济发展的必然规律,是指经济发展表现出的复苏、繁荣、衰退、萧条再回到复苏的周期性特征。市场经济条件下,经济运行带有一定的波动性,呈现出特有的经济周期现象。在不同的经济周期,由于酒店的经营规模、获利能力及客房入住率等均出现重大差异,因此,应采取不同的财务管理策略。具体见表 1-1。

表 1-1　经济周期中的理财策略

复　苏	繁　荣	衰　退	萧　条
增加客房	扩充客房	停止扩张	建立投资标准
提高服务质量	继续巩固稳定的客源	缩减服务	保持市场份额
建立稳定的客源	提高服务质量和价格水平	停止不利于收入的服务	压缩管理费用
开发新的服务项目	开展营销规划	削减客源	放弃次要利益
增加雇员	增加雇员	停止扩招雇员	削减客源
			裁减雇员

经济周期的波动性对于理财活动有重要影响。在经济萧条阶段,由于整个宏观经济环境不景气,社会资金处于紧缩状态。一般而言,会出现酒店客房入住率锐减,投资额降低,资金供应可能出现闲置或紧张的现象;在经济繁荣阶段,市场需求旺盛,酒店经营收入大幅上升,为扩大经营规模,酒店就需要增加投资。此外,由于我国与世界各国的经济交往日益紧密,其他国家经济周期的影响也会波及我国。因此,酒店财务人员必须充分认识经济周期对本酒店经营活动的影响,预测经济变化情况,及时调整理财策略。

(二)经济发展水平

国家的经济发展水平对行业发展的影响也极为重要。事实是,经济发展水平直接影响酒店的财务管理水平。当国民经济发展速度较快时,酒店也会扩大经营规模,调整投资方向,不断开拓市场,创造盈利良机。当国家经济发展水平降低时,酒店财务管理水平也会相应降低。因此,酒店的财务管理规模必须与国家经济发展水平相适应。

(三)宏观经济政策

宏观经济政策是国家进行宏观经济调控的重要手段。国家的金融政策、财税政策、货币政策等直接影响着我国各行业的财务活动。因此,财务人员必须深刻理解国家的宏观经济政策及其对经营单位造成的影响,把握经济发展给本单位经营活动带来的机遇,更好地进行理财活动。

(四)物价指数变动

物价变动会造成通货膨胀或通货紧缩,直接影响经济单位的财务活动。

1. 通货膨胀。通货膨胀对酒店及各类型企业造成的影响是较为严重的。通货膨胀会导致:①资金占用增加,以致资本需求增加,从而出现资本供求关系紧张;②借款利率上升,直接增加筹资的资金成本;③有价证券价格下跌,相应加大直接筹资难度;④经营利润虚增,形成资本流失;⑤实际经营能力下降等。因此,为了减少通货膨胀给酒店经营带来的不利影响,财务人员应根据实际经营情况及时调整财务政策,以避免财务风险或减少通货膨胀带来的损失。

2. 通货紧缩。物价下跌会形成通货紧缩。通货紧缩对经营单位的筹资活动也会产生直接的影响。总体而言,通货紧缩会抑制经济增长,甚至使经济发生衰退。通货紧缩会导致:①物价持续下降,使生产者利润减少甚至亏损,继而减产或停产;②物价持续下降,使债务人受损,直接影响生产和投资;③生产投资减少,会导致失业增加,居民收入减少,最终加剧社会总需求不足。

除此之外,经济环境因素还包括经济体制、经济结构、税率变动及外汇状况等。

二、法律环境

财务管理的法律环境指酒店与外界发生经济关系时所应遵循的各种法律、法规及规章制度。法律在规定酒店活动空间的同时,也为酒店的自主经营提供了相应的法律依据。酒店应依照国家法律、法规组织财务活动。影响酒店财务活动的法律环境主要有:公司组织形式、公司治理的有关规定、税收法规及财务法规。

(一)公司组织形式

作为市场经济的主体,不同的公司组织适用于不同的法律。公司组织形式不同,财务活动的内容也有所不同。按照不同的组织形式,公司(或企业)可以有独资、合伙制和公司制三类组织形式。

1. 独资公司(或企业)。个人独资公司指依法设立,由一个自然人投资,财产为投资个人所有,投资人以其个人财产对公司债务承担无限责任的经营实体。一般而言,独资公司的财务管理活动较为简单,在法律上不具有法人地位,并不作为公司所得税的纳税主体,其收益与所有者的其他收益一起计算并缴纳个人所得税。由于独资公司的出资人既是所有者也是管理者,所以应对公司的债务承担全部责任。

独资公司具有结构简单、开办容易、利润独享、限制较少等优点。但其主要缺点是:①出资者承担无限偿债责任。②筹资困难。限于独资者的财力,独资公司往往筹资艰难,主要利用自己的资本和供应商提供的商业信用筹集资金。

2. 合伙企业(或公司)。合伙企业(或公司)是依法设立,由各合伙人订立合伙协议,共同出资,合伙经营,共享收益,风险共担,并对合伙企业债务承担无限连带责任的营利组织。合伙制企业由两个或两个以上投资人共同出资兴办,联合经营,共负盈亏。这类企业往往用书面协议的形式确立收益分享的权利和亏损的责任。与独资企业相同的是,该类企业在法律上也不具有法人地位,不作为企业所得税的纳税主体。合伙人对债务需求也需承担全部责任。一般情况下,合伙企业开办容易,信用较佳,但比较明显的弱点是:①出资者负无限偿债责任;②企业存续期间与合伙人撤出或死亡有直接关系;③由于采用合伙人制,合伙人之间的意见和权利不易集中,导致决策过程延长;④外部筹资困难,合伙企业的筹资渠道虽然较独资企业略为宽松,但筹集资金上仍较为困难。

3. 公司制企业。公司制企业指依照公司法登记设立,若干股东共同出资,以其全部法人财产依法自主经营、自负盈亏的企业法人。公司股东以其投入企业的资本额享有获得收益、参与重大决策和选择管理者等权利,并以认缴的出资额或认购的股份对公司承担有限责任,公司以其全部财产对其债务承担有限责任。我国《公司法》所指的公司指依照《公司法》在中国境内设立的有限责任公司和股份有限公司。

有限责任公司的特点是:股东人数有限;公司资本不分为等额份额;公司不发行股票而向股东签发出资证明书;严格限制公司股份的转让;股东以其出资比例享受经济权利,承担经济义务。股份有限公司的特点是:股东人数无上限限制;公司资本平均分为金额相等的股份;经批准后,股票可以向社会公开发行并自由转让;股东以其所持股份享受经济权利和承担经济义务。

公司制企业的主要优点是:①产权明晰,易于转让;②存续期不受限制;③承担有限责任;④与独资企业相比,筹资较容易。

(二)税收法规

税收是国家为了实现其职能,按照法律规定,凭借政治权力,强制、无偿地征收货币或实物的一种经济活动,是国家参与经济管理活动,实行宏观调控的重要手段之一。税收具有强制性、固定性和无偿性三个显著特点。

税收不仅可以调节社会供求和经济结构,而且还具有保护酒店经济实体地位、促进公平竞争、改善经营管理和提高经济效益的作用。税法是调整我国税收征纳关系的法律规范。税法中有关国家各税种的设置、税率的调整等都与酒店经营活动和盈利水平直接相关。因此,酒店财务人员必须熟悉国家税法的有关规定,使财务决策适应税收政策的要求,按照税收政策组织酒店正常的经营活动。

(三)财务法规

财务法规是酒店组织财务活动,协调财务关系的行为规范。目前,我国的财务法规制度有《企业财务通则》和《企业财务制度》。企业可根据自身经营管理需要制定内部财务制度。

1. 企业财务通则。《企业财务通则》是酒店财务活动必须遵循的基本原则和规范,是制定酒店财务制度和酒店内部财务制度的依据。在财务法规制度体系中,《企业财务通则》起着极其重要的作用。《企业财务通则》主要围绕与企业设立、经营、重组过程伴随而生的财务活动,规定了企业财务要素的内容和财务管理主体应当履行的职责、享有的权利、承担的义务及其财务行为,特别是解决了我国长期以来形成的经济实体的所有者与经营者职责不分、角色错位等问题,规范了财政部门在新形势下管理企业财务的任务、方式和途径。

2. 企业财务制度。《企业财务制度》也由财政部制定,它是根据《企业财务通则》的基本要求,按照管理需要而制定的财务制度,是酒店进行财务活动应遵循的具体规定。

3. 企业内部财务制度。企业内部财务制度是酒店管理层根据《企业财务通则》和《企业财务制度》制定的，专门用于规范酒店内部财务行为，处理内部财务关系的具体规则。各酒店在制定内部财务制度时，必须与《企业财务通则》保持高度一致。在这一前提条件下，根据酒店的实际经营状况和特点，制定适合本酒店的内部财务制度。

在财务法规体系中，《企业财务通则》起主导作用，其他财务法规以《企业财务通则》为标准。《企业财务制度》是财务法规体系的基础，企业内部财务制度则是财务法规体系的操作性规定。

三、金融环境

酒店从事经营和投资活动所需的资金主要来源于金融机构和金融市场。金融市场是指资金融通的场所。广义的金融市场泛指所有的融资活动，包括金融机构存贷款、有价证券的发行和买卖、票据抵押和贴现、黄金的买卖、外汇的买卖及信托、租赁和保险等。狭义的金融市场一般指有价证券市场，即股票和债券发行及买卖的市场。国家金融政策的变化必然直接影响到酒店的筹资、投资和经营活动。因此，金融环境也是酒店主要的经营环境之一。

（一）金融机构

社会资金由资金供应者转移到资金需求者手中，需要通过金融机构这一重要渠道，使原本不会投入生产经营用途的资金从投资者手中转移到生产经营领域。在资金转移活动中，金融机构可以间接地促进经济发展，起到其他行业不可替代的作用。

从基本构成体系看，金融机构由银行和非银行金融机构组成。银行的主要职能是充当信用中介、企业之间的支付中介，提供信用工具，充当投资手段及国民经济的宏观调控手段。我国的银行除中央银行外，还有商业银行和政策性银行。非银行金融机构包括金融资产管理公司、信托投资公司、财务公司和金融租赁公司等。

（二）金融工具

金融工具又称信用工具，是能够证明债权债务关系或所有权关系并据以进行货币资金交易的合法凭证，对于交易双方的权益和义务均具有法律效力。在金融市场上，市场交易的客体虽然是资金，但却以其金融工具作为载体完成交易。任何一种金融工具都具有两重性：对发行者而言，它是一种债务；对购买者（或持有者）来说，它是一种债权或金融资产。

1. 金融工具的特征。总体看，金融工具具有以下特征：

（1）期限性。它是指金融工具具有偿还期限，即债务人必须在规定期限之前全部归还本金。

（2）流动性。它是指持有者把金融工具在必要时迅速转变为现金的难易程度和可能承受的损失。其流动性的大小由合约的性质、二级市场的存在与否决定。凡在二级市场上交易的证券都具有一定的流动性，但通过经纪人进行交易时必须付出交易成本。

（3）风险性。它是指购买金融工具的本金和预定收益有遭受损失的可能性。从现实情况看，各种金融工具的风险性是不同的。因为风险是由利率风险、违约风险、汇率风险、通货膨胀风险和破产风险组成的，不同的金融工具有不同的风险。如：银行定期存款只有利率风险，而股票或债券则有违约风险。

（4）收益性。它是指一定时期内持有金融工具能够带来收益。

2. 金融工具的分类。金融工具的种类很多，划分的方法也有多种。一般情况下，金融工具可有以下几种。

（1）按照发行者的性质划分，金融工具可以分为直接金融工具和间接金融工具。直接金融工具指非金融机构，如政府（包括中央政府和地方政府）发行的政府债券，公司（或企业）发行的商业票据、股票、公司（或企业）债券等。间接金融工具指金融机构发行的银行券、存单和各种银行票据。

（2）按发行的期限不同，金融工具可以分为货币市场金融工具和资本市场金融工具。货币市场金融工具主要有支票、银行汇票、银行本票等商业票据以及国库券（国债）、可转让大额定期存单和回购协议等；资本市场金融工具主要是股票、债券等。

（3）按偿还期限不同，金融工具可以分为短期金融工具和长期金融工具。短期金融工具指借贷期限在一年以下的金融工具，如银行短期借款、同业拆借市场、商业票据等。长期金融工具指借贷期限在一年以上的金融工具，如银行的中长期贷款，政府发行的中、长期政府债券，公司债券等。

（三）金融市场

金融市场是指资金供需双方通过金融工具融通资金的市场，是实现货币借贷和资金融通、办理各种票据和进行有价证券交易活动的市场。金融市场是以资金为交易对象的市场。金融市场可以是有形市场，如证券交易所与银行等；也可以是无形市场，如利用电脑、电话、电传、网络等载体通过经纪人进行资金商品交易活动，使用这些载体进行的交易活动没有国界、城市和地区的划分。

金融市场存在于发生金融交易的任何时刻，可以按照不同方式划分金融市场的种类。金融市场主要分为资金市场、外汇市场和黄金市场。此处主要介绍资金市场。

1. 按照期限划分，资金市场分为货币市场和资本市场。货币市场指融资期限在一年以内的金融市场，包括票据承兑和贴现市场、同业拆借市场、大额定期存单市场和短期债券市场，主要是政府、银行及工商企业发行的短期信用工具。在货币市场进行交易的目的是为了满足短期资金周转的需要。货币市场的主要特点是：①交易期限短；②进行交易的金融工具货币性较强。

资本市场指融资期限在一年以上的金融工具，包括股票市场和债券市场。在资本市场进行交易的目的是满足长期投资性资金的供求需要。资本市场主要以筹集和运用长期资金为特点。与货币市场相比，资本市场的主要特点是：①资金借贷量大；②价格变动幅度较大；③收益较高；④资金的流动性差。

2. 按照证券交易的方式，资金市场可以分为初级市场和次级市场。初级市场是由证券首次发行而形成的市场，亦称为发行市场或一级市场。这类市场使资产交易成为可能。次级市场是对现有证券进行买卖交易而形成的市场，也称流通市场或二级市场。

除此之外，金融市场还可以按交割方式、交易对象、区域范围等方式进行划分。

（四）利息率

1. 利息率的作用。利息率也称利率，是资金的增值额与投入本金之比，是衡量资金增值状况的数量指标，在酒店进行筹资、投资及分配决策等财务活动中起着非常重要的作用。

（1）利率是酒店进行筹资决策的标准。酒店进行筹资决策时的重要标准之一就是利率。利率是确定筹资成本高低的依据。当利率高于筹资的预期成本时，该筹资方案就应放弃，反之，当利率低于筹资的预期成本时，就应选用该项筹资方案。

（2）利率是酒店进行投资决策的依据。在进行投资决策时，酒店将利率作为衡量标准评价投资项目的可行性标准。当市场利率下降时，酒店的投资规模会相应增大；而当市场利率提高时,酒店的投资规模会相应减少。

(3)利率是酒店进行股利分配的重要依据。在会计期末进行利润分配时,决策人一般会以利率水平作为利润分配的标准。投资人希望得到的回报率至少要高于市场平均无风险报酬率。

2. 利息率的构成。正如商品价格均由供需双方决定一样,资金市场的价格即利率也是由资金的供需状况来决定的。除此之外,经济周期、通货膨胀或通货紧缩、国家的宏观调控政策、国际市场经济情况等都会直接影响利率水平。利息率通常由以下几部分构成:

(1)纯利率。纯利率是指没有风险和没有通货膨胀情况下的均衡点利率。由于影响纯利率的基本因素即资金的供需量不断变化,因此纯利率总是随着市场资金的需求量不断发生变化。实际工作中,由于纯利率的测算较为困难,我国往往以无风险证券的利率代表纯利率。

(2)通货膨胀补偿(或称通货贴水)。通货膨胀补偿是指由于持续通货膨胀会降低货币购买力,为补偿其购买力损失而要求提高的利率。即在纯利率之上,还应考虑通货膨胀因素,补偿由于通货膨胀造成的购买力损失。

(3)风险报酬。利率构成除纯利率和通货膨胀补偿外,还包括风险报酬。风险报酬又分为违约风险报酬、流动性风险报酬和期限风险报酬三类。

利息是资金的吸纳者需要支付的成本,也是资金的投出者所获得的收益。通货膨胀和投资风险直接影响利率水平。因此,利息率的一般计算公式如下:

$$\underset{(K)}{\text{利率}} = \underset{(K_0)}{\text{纯利率}} + \underset{(IP)}{\text{通货膨胀补偿}} + \underset{(DP)}{\text{违约风险报酬}} + \underset{(LP)}{\text{流动性风险报酬}} + \underset{(MP)}{\text{期限风险报酬}}$$

为了达到酒店的经营目标,决策者必须熟悉酒店营运的金融体系,适应金融环境的变化,以满足酒店财务活动的需要。

第四节　酒店财务管理的基本环节

酒店财务管理的基本环节指酒店财务管理的工作步骤和一般程序。这些基本环节密切联系,既相互制约又环环相扣,形成财务管理的循环过程,构成完整的财务工作体系。酒店财务管理的基本环节包括以下内容。

一、酒店财务预测

酒店财务预测是酒店根据财务活动的历史数据,结合酒店当前的经营情况,对酒店未来的财务状况做出科学预计和测算。财务预测是财务决策的基础,是编制财务预算的基本前提,是组织日常财务活动的必要条件。

酒店财务预测一般包括以下工作过程:①确定预测内容及目的;②收集与预测内容相关的资料;③整理资料;④进行财务预测。

酒店财务预测的主要方法有定性预测法和定量预测法两种。实际工作中,往往将定性预测法和定量预测法结合使用。

二、酒店财务决策

酒店财务决策是指酒店财务人员为了实现财务管理的目标,从若干备选方案中选择最优方案的过程。市场经济条件下,财务管理的核心在于决策。财务预测为财务决策服务,财务预算是财务决策的具体体现。因此,财务决策的正确与否,直接关系到经营者的成败。

酒店财务决策一般包括以下步骤:①根据酒店财务预测提供的信息确定决策对象;②根据酒店的决策目标提供可供选择的备选方案;③分析、评价和对比各备选方案的优劣;④拟定择优标准,选择最优方案。

酒店财务决策常用的方法有优选对比法、数学微分法、线性规划法、概率决策法和损益决策法等。

三、酒店财务预算

酒店财务预算是指酒店运用科学的技术手段和数量方法,对其未来的财务目标及其财务活动的内容进行协调和综合平衡的具体规划。酒店财务预算是在酒店财务预测提供相关信息、财务决策确定备选方案的基础上编制的,是酒店财务预测和决策的具体化,是酒店财务控制的依据。

酒店财务预算一般包括以下工作步骤:①根据酒店财务决策的要求,确定酒店财务预算的相关指标;②合理分配人力、物力和财力,实现综合平衡;③协调酒店财务预算指标,编制财务计划。

编制酒店财务计划的方法有平衡法、因素推算法、比例计算法等。除此之外,进行财务预算时,还可以使用将定额作为酒店财务预算指标编制预算的方法。

四、酒店财务控制

酒店财务控制在财务管理过程中,利用有关信息和特定手段,影响或调节酒店的财务活动,以便实现酒店财务预算的目标要求。完成酒店财务预算目标的有效措施之一是进行相应的财务控制,以确保酒店财务预算指标的完成。

酒店财务控制一般包括以下步骤:①按照酒店财务预算的要求,将预算指标分解到部门乃至个人;②按照酒店财务预算的标准,实施事中控制;③根据酒店财务预算的执行情况,确定和调整财务预算执行中的差异;④考核财务预算的执行结果,奖优罚劣。

酒店财务控制的主要方法有事前控制、事中控制和事后控制。事后控制是进行财务控制的典型方法。

五、酒店财务分析

酒店财务分析是根据会计核算资料提供的信息,采用特定方法,对酒店财务活动过程及结果进行分析和评价的工作。利用财务分析得出的数据,财务人员可以掌握财务预算的完成情况,评价酒店的财务状况,分析酒店的财务成果,更好地进行下一年度的财务预算、财务决算和财务控制工作。

酒店财务分析一般包括以下步骤:①确定酒店财务活动的基本目标;②对比和评价现有的财务指标;③揭露财务活动中存在的问题,明确责任;④提出相关措施,改进工作。

酒店财务分析的方法一般包括比较分析法、比率分析法和综合分析法等。

【重要概念】

财务活动　财务关系　财务管理　财务决策　价值最大化　金融市场

第二章

酒店理财的基本因素

【学习目标】

通过学习，学生应理解资金时间价值的概念，掌握复利终值、复利现值、年金终值和年金现值的计算方法；理解风险及风险报酬的概念，掌握风险报酬的计算方法。

【情景思考】

如果你现在存入银行10 000元，复利利率为5%，30年后连本带息你能从银行得到多少元？如果你每月存入银行3 000元作为养老金，复利利率为5%，30年后连本带息你又能从银行得到多少元？比较一下，结果一定会令你大吃一惊。

【本章重点】

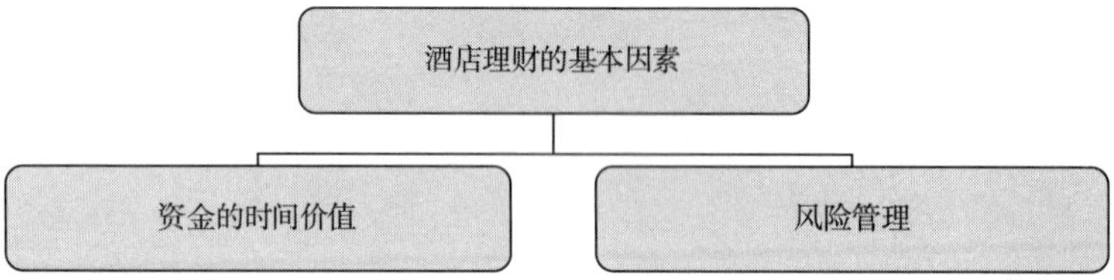

第一节　资金的时间价值

时间价值是酒店财务管理中客观存在的、非常重要的基本概念，是财务决策的基本依据。它揭示了一定量的资金在一定时间和空间范围内采取不同的运作方式或一定量的资金采用同一运作方式而在不同时间内具有不同增值量的规律性。离开了资金的时间价值就无法正确计算不同时期的财务收支，无法正确评价酒店的经营状况。因此，酒店财务人员必须了解资金时间价值的概念及其计算方法。

一、资金的时间价值

资金的时间价值是指一定量资金在不同时点上的价值量差额，即指随着时间的推移，一定量货币所发生的增值。货币资金投入经营活动后，由于其在生产过程中的运动和转化，可以实现货币增值。因此可以说，资金的时间价值就是资金在不断地循环和周转的产物。

二、资金时间价值的计算

资金的时间价值可以按照单利和复利的方式进行计算。

(一)单利

资金时间价值的计算涉及两个重要概念:终值和现值。终值又称将来值,是现在一定量的资金折算到未来某一时点所对应的金额,通常用“F”表示。现值指未来某一时点上一定量的资金折算到现在所对应的金额,通常用“P”表示。

单利是指只计算本金所应获得利息的一种方法。按照这一方法,只以本金作为计算利息的基数,本金所生利息不加入本金重复计算利息。我国的国库券等都是按照单利计算利息的。

1. 单利终值的计算。单利终值指按照单利计算的现在时点的资金在未来时刻的价值。计算公式如下:

设:F 为终值(即本利和);P 为现值(即本金);i 为利率;n 为计息期数;I 为利息额。则:

$$F=P+I=P+Pin=P(1+in)$$

【例 2-1】将 10 000 元现金存入银行,银行以单利计息,年利息率为 5%,计算 5 年后连本带息可得到多少元?

【解】 $$F=P(1+in)=10\,000(1+5\%\times5)=12\,500(\text{元})$$

2. 单利现值的计算。单利现值指按照单利计算的未来时点的资金在现在时点的价值。求现值是求终值的逆运算。因此,单利现值的计算公式为:

$$P=\frac{F}{(1+in)}$$

【例 2-2】某人想在 5 年后从银行提取 10 000 元。若银行以单利计息,年利率为 5%,问现在应存入多少钱?

【解】 $$P=\frac{F}{(1+in)}=\frac{10\,000}{(1+5\%\times5)}=8\,000(\text{元})$$

(二)复利

复利,指每经过一个计息期,就要将该期所产生的利息加入本金作为下期利息计算的基础,逐期滚算(俗称“利滚利”)。即不但本金要计息,而且利息也要生息的情况。资金的时间价值通常按复利计算。按照复利计息的方法计算出的终值和现值分别被称为复利终值和复利现值。

1. 复利终值的计算。复利终值的计算公式如下:

第一期末的复利终值:$F_1=P(1+i\times1)$

第二期末的复利终值:$F_2=P(1+i\times1)(1+i\times1)$

第三期末的复利终值:$F_3=P(1+i\times1)^2(1+i\times1)$

⋮

⋮

第 n 期末的复利终值:$F_n=P(1+i)^n$

式中,$(1+i)^n$被称为复利终值系数。

复利终值系数用符号$(F/P,i,n)$表示。如$(F/P,5\%,5)$表示利率为 5%、5 期的复利终值系数。复利终值的计算公式可以写成:

$$F=P(F/P,5\%,5)$$

为了便于计算,可查复利终值系数表(见本书附表 1)。该表的第一行是利率 i,第一列是计息期数 n,相应的 $(1+i)^n$ 的值在其纵横相交处,交叉所列数字为一元的复利终值系数。通过该表可以查出 $(F/P,5\%,5)=1.2763$。根据该系数可以把现值换算成终值。

【例 2-3】宏坊酒店拟用 10 000 万元投资于某开发项目,预计该项目的年平均投资报酬率为 5%,投资回收期为 5 年,则 5 年后宏坊酒店的预期收益是多少?

该问题是求一次性投资 5 年后的预期收益,就是求复利终值问题。计算如下:

【解】

$$F_n=P(1+i)^n=10\ 000(F/P,5\%,5)$$
$$=10\ 000\times1.2763=12\ 763(\text{万元})$$

结论:宏坊酒店 5 年后预期收益为 12 763 万元。

2. 复利现值的计算。为分析和评价酒店的投资效果,需要将若干年后的收入和支出折算成当前价值或期初投资时的价值,以便与投资额或其他价值相比较,这就需要进行复利现值的计算。

复利现值是复利终值的逆运算。其计算可由复利终值的计算公式推出:

$$P=\frac{F}{(1+i)^n}$$

式中:$\frac{1}{(1+i)^n}$ 被称为复利现值系数,用符号 $(P/F,i,n)$ 表示。

如 $(P/F,5\%,5)$ 表示利率为 5%,5 期的复利现值系数。复利现值的计算公式可以写成:$P=F(P/F,5\%,5)$

为便于计算,可查复利现值系数表(见本书附表 2)。该表的第一行是利率 i,第一列是计息期数 n,相应的 $\frac{1}{(1+i)^n}$ 的值在其纵横相交处,交叉所列数字为 1 元的复利现值系数。通过该表可以查出 $(P/F,5\%,5)=0.7835$。再根据该系数可以将终值换算成现值。

【例 2-4】宏坊酒店某开发项目的预期投资报酬率为 15%,拟在 5 年后获得本利和 1 000 万元,计算现在应投资多少元?

【解】该问题是 5 年后获得收益 1 000 万元,求一次性投资额,就是求复利现值问题。计算如下:

$$P=\frac{F}{(1+i)^n}=1\ 000(P/F,15\%,5)=1\ 000\times0.7835=783.5(\text{万元})$$

结论:宏坊酒店现在应投资 783.5 万元。

(三)年金

年金指在一定时期内每隔相同时期发生的相等金额的收付款项。如定期收入或付出的利息、保险费、发放养老金、折旧费、租金等都表示为年金的形式。

年金是复利的一种特殊形式,其计算方法也建立在复利计算的基础上,包括年金终值和年金现值两种。按照收入或支出形式的不同,年金通常分为普通年金、预付年金、递延年金和永续年金四种。实际工作中最常使用的是普通年金和预付年金。

1. 普通年金。普通年金又称后付年金,指在每期期末收入或支出的相等金额的款项。

(1)普通年金终值的计算。普通年金终值是指在一定时期内每期期末收入或支出等额款项的复利终值之和。每期期末等额收入或支出的款项称为年金。设:F_A 为普通年金终值,年金为 A,利率为 i,期数为 n。则计算方法如图 2-1 所示。

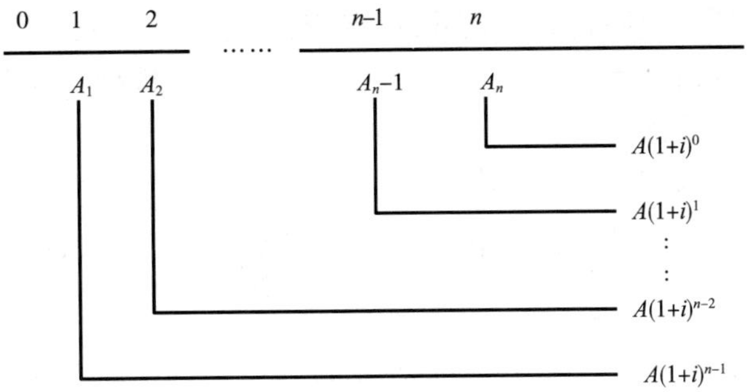

图 2-1 普通年金终值的计算

从图 2-1 可以看出,普通年金终值的计算方法如下:

$$F_A=A(1+i)^0+A(1+i)^1+A(1+i)^2+\cdots+A(1+i)^{n-2}+A(1+i)^{n-1}$$

$$=A[(1+i)^0+(1+i)^1+(1+i)^2+\cdots+(1+i)^{n-2}+(1+i)^{n-2}]$$

利用等比数列前 n 项和计算公式,上述公式简化后得到:

$$F_A=A\times\frac{(1+i)^n-1}{i}$$

式中:$\frac{(1+i)^n-1}{i}$ 称为年金终值系数,用符号$(F/A,i,n)$表示。如$(F/A,5\%,5)$表示利率为 5%、5 期的年金终值系数。其年金终值的计算可以表示为:

$$F_A=A(F/A,5\%,5)$$

为便于计算,可查年金终值系数表(见本书附表 3)。该表的第一行是利率 i,第一列是计息期数 n,相应的 $\frac{(1+i)^n-1}{i}$ 的值在其纵横相交处,该表的使用方法与复利终值系数表相同。

【例 2-5】宏坊酒店自盈利以来,从 2012 年起,每年年末向希望工程捐款 1 000 000 元,若复利利率为 3%,则至 2021 年年末,宏坊酒店的捐款本息共多少元?

【解】此案例计算 2012 年至 2021 年共捐款多少元。由于每年捐款数额相等,且在每年年末捐款,为求年金终值的问题。查 1 元年金终值系数$(F/A,3\%,10)=11.464$,则:

$$F_A=A(F/A,i,n)=1\ 000\ 000\times11.464=11\ 464\ 000(\text{元})$$

结论:宏坊酒店 10 年共捐款 11 464 000 元。

(2)偿债基金的计算。偿债基金指为了在约定的未来某一时点清偿某笔债务或积聚一定数额的资金而必须分次等额形成的年金数额,在普通年金终值计算公式中求出的 A 值,即为偿债基金。计算公式为:

$$A=F_A\times\frac{i}{(1+i)^n-1}$$

式中:$\frac{i}{(1+i)^n-1}$ 为偿债基金系数。

从公式中可以看出,偿债基金和普通年金终值互为逆运算,且偿债基金系数与年金终值系数 $\frac{(1+i)^n-1}{i}$ 互为倒数。

【例 2-6】宏坊酒店为扩大综合接待能力,准备增加一个能同时接待 500 人就餐的中餐厅。贷款修建餐厅所需资金除自有资金外,还有贷款本息 10 000 万元。宏坊酒店拟在第 6 年末一次还清债务。从现在起,每年年末需有等额款项存入银行。若银行贷款利率为 7%,则每年必须存入银行多少元?

【解】计算每年年末需存多少元,即求偿债基金。

$$A = F_A \times \frac{i}{(1+i)^n - 1} = 10\,000 \times \frac{7\%}{(1+7\%)^6 - 1} = 1\,397.958(\text{万元})$$

结论:宏坊酒店每年末需存入银行 1 397. 958 万元。

(3)普通年金现值的计算。普通年金的现值指一定期间内每期期末等额的系列收付款项的复利现值之和。如年金为每期期末等额的取款数,年金现值即相当于目前需存入的本金。设:P_A 为普通年金现值,年金数额为 A,利率为 i,期数为 n。则计算方法如图 2-2 所示。

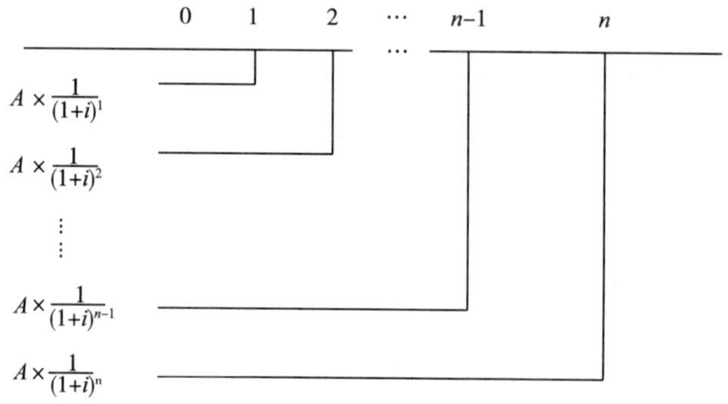

图 2-2 普通年金现值的计算

由图 2-2 可知,普通年金现值的计算方法如下:

$$P_A = A(1+i)^{-1} + A(1+i)^{-2} + A(1+i)^{-3} + \cdots + A(1+i)^{-n+1} + A(1+i)^{-n}$$

利用等比数列前 n 项和计算公式,化简后得:

$$P_A = A \times \frac{1-(1+i)^{-n}}{i}$$

式中,$\frac{1-(1+i)^{-n}}{i}$ 被称为年金现值系数,用符号($P/A,i,n$)表示。如(P/A,5%,5)表示利率为 5%、5 期的年金现值系数。年金现值的计算可以表示为:

$$P_A = A(P/A, 5\%, 5)$$

为便于计算,可查年金现值系数表(见本书附表 4)。该表的第一行是利率 i,第一列是计息期数 n,相应的 $\frac{1-(1+i)^{-n}}{i}$ 的值在其纵横相交处。该表的使用方法与复利现值系数表相同。

【例 2-7】宏坊酒店预备建造一座能同时接待 500 人就餐的中餐厅。假设当年施工当年投产。从投产之日起,每年可收益 2 000 000 元。按年利率 7%计算,宏坊酒店中餐厅 6 年收益的现值是多少?

【解】计算 6 年的总收益,每年收益相等,为求年金现值问题。查 1 元的年金现值系数(P/A,7%,6)= 4. 766 5,则

$$P_A = A(P/A, 7\%, 6) = 2\,000\,000 \times 4.766\,5 = 9\,533\,000(\text{元})$$

结论：宏坊酒店中餐厅预期 6 年的总收益为 9 533 000 元。

2. 即付年金(预付年金)。即付年金又称先付年金，指在一定时期内，每期期初的系列等额收付款项。由于即付年金在每期期初收付款项，它与普通年金的区别仅在于支付期的不同，即支付期比普通年金提前了一期。

(1)即付年金终值的计算。即付年金终值是指把即付年金每个等额款项 A 都换算成第 n 期期末的数值，再求和。

设：F 为即付年金终值，年金为 A，利率为 i，期数为 n。根据定义，n 期即付年金终值的计算公式如下：

$$F=A(1+i)^1+A(1+i)^2+\cdots+A(1+i)^{n-1}+A(1+i)^n$$
$$=(1+i)\left[A+A(1+i)^1+A(1+i)^2+\cdots+A(1+i)^{n-2}+A(1+i)^{n-1}\right]$$

经计算化简得：

$$F=A\times\frac{(1+i)^n-1}{i}(1+i)=A(F/A,i,n)(1+i) \tag{2.1}$$

即付年金与普通年金的区别仅在于付款时间的不同。其对比如图 2-3 所示。

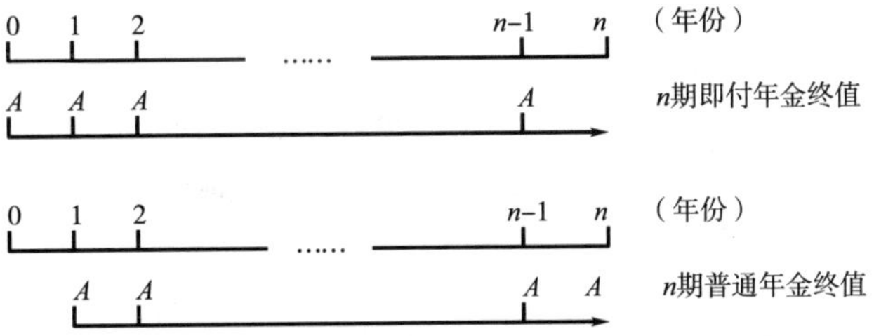

图 2-3　即付年金终值与普通年金终值的对比

可以看出，这两种年金付款次数相同，但由于付款时间不同，先付年金终值比后付年金终值多计算一期利息，因此，可先求出后付年金终值，再乘以$(1+i)$即可求出先付年金终值。

另外一种公式推导方法为：

$$F=A(1+i)^1+A(1+i)^2+\cdots+A(1+i)^{n-1}+A(1+i)^n$$
$$=\left[A+A(1+i)^1+A(1+i)^2+\cdots+A(1+i)^{n-1}+A(1+i)^n\right]-A$$

经计算化简得：

$$F=A\times\frac{(1+i)^{n+1}-1}{i}-A=A\left[\frac{(1+i)^{n+1}-1}{i}-1\right] \tag{2.2}$$

需要说明的是：式(2.1)中 $\frac{(1+i)^{n+1}-1}{i}$ 是普通年金 $n+1$ 期的年金终值系数，因此上式可以写成 $F=A(F/A,i,n+1)-A=A[(F/A,i,n+1)-1]$。式(2.2)中 $\left[\frac{(1+i)^{n+1}-1}{i}-1\right]$ 被称为即付年金终值系数，与普通年金终值系数 $\frac{(1+i)^n-1}{i}$ 相比，期数加 1，系数减 1，可以利用“年金终值系数表”找到$(n+1)$期的值，减去 1 后得出 1 元年金的终值系数。

【例 2-8】某人连续 6 年在每年年初存入银行 50 000 元。若银行存款复利率为 3%，则该人在第 6 年末一次可得到本利和多少元？(要求用两种方法计算)

【解】第一种方法：

$$F = A(F/A, i, n)(1+i)$$
$$= 50\,000 \times 6.468\,4 \times 1.03 = 333\,122.60(\text{元})$$

第二种方法：

$$F = A[(F/A, i, n+1) - 1]$$
$$= 50\,000 \times (7.662\,5 - 1) = 333\,125(\text{元})$$

两种计算方法有误差，是因为小数点尾数造成的。

(2)即付年金现值的计算。即付年金的现值就是把每期年金 A 都换算成第一期期初的数值(即第 0 期期末的数值)再求和。设：P 为即付年金现值，年金为 A，利率为 i，期数为 n。根据定义，n 期即付年金现值的计算公式如下：

$$P = A + A(1+i)^{-1} + A(1+i)^{-2} + A(1+i)^{-3} + \cdots + A(1+i)^{-n+1}$$
$$= (1+i)\left[A(1+i)^{-1} + A(1+i)^{-2} + A(1+i)^{-3} + \cdots + A(1+i)^{-n}\right]$$

经计算化简得：

$$P = A \times \frac{1 - (1+i)^{-n}}{i}(1+i) = A\,(P/A, i, n)(1+i)$$

n 期即付年金现值与 n 期普通年金现值的区别仅在于付款时间的不同。将其比较如图 2-4 所示。

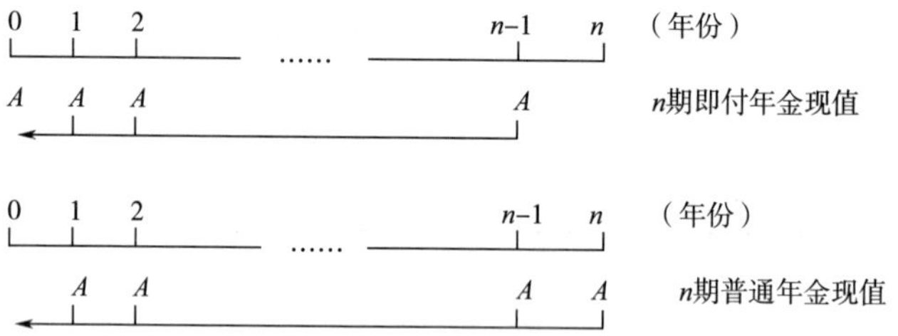

图 2-4　即付年金现值与普通年金现值的对比

从图 2-4 中可以看出，n 期即付年金现值与 n 期普通年金现值的付款期数相同，但由于 n 期普通年金是期末付款，n 期即付年金是期初付款，在计算现值时，n 期普通年金现值比 n 期即付年金现值多贴现一期。故可以先求出 n 期普通年金现值，然后再乘以 $(1+i)$，就求得 n 期即付年金现值，即多计算一期利息。

另外一种公式推导方法为：

$$P = A + A(1+i)^{-1} + A(1+i)^{-2} + A(1+i)^{-3} + \cdots + A(1+i)^{-n+1}$$
$$= \left[A(1+i)^{-1} + A(1+i)^{-2} + A(1+i)^{-3} + \cdots + A(1+i)^{-n+1}\right] + A$$

经化简后得：

$$P = A \times \frac{1 - (1+i)^{-(n-1)}}{i} + A = A \times \left[\frac{1 - (1+i)^{-(n-1)}}{i} + 1\right]$$

需要说明的是，公式中 $\frac{1 - (1+i)^{-(n-1)}}{i}$ 是普通年金 $(n-1)$ 期的年金现值系数，因此上式可以写成：

$$P = A(P/A, i, n-1) + A = A[(P/A, i, n-1) + 1]$$

式中：$\left[\frac{1 - (1+i)^{-(n-1)}}{i} + 1\right]$ 被称为预付年金现值系数，与普通年金现值系数

$\frac{(1+i)^n-1}{i}$相比，预付年金现值是普通年金现值系数期数减 1、系数加 1 的结果，所以可以利用“年金现值系数表”找到$(n-1)$期的值，加上 1 后得到 1 元即付年金现值系数。

【例 2-9】宏坊酒店用分期付款的方式购入一套营业用房，从 2021 年开始每年年初支付款项 1000 000 元。若复利率为 5%，问 10 年付款金额相当于一次现金支付的价款是多少？（要求用两种方法计算）

【解】第一种方法：

$$P = A\ (P/A,i,n)(1+i)$$
$$= 1\ 000\ 000 \times 7.721\ 7 \times 1.05 = 8\ 107\ 785(\text{元})$$

第二种方法：

$$P = A[(P/A,i,n-1)+1]$$
$$= 1\ 000\ 000 \times (7.107\ 8+1) = 8\ 107\ 800(\text{元})$$

由于小数点尾数的原因，使两种计算方法出现误差。

3. 递延年金。递延年金指在最初若干期没有发生收付款项的情况下，后面若干期发生等额系列收付款项。如图 2-5 所示。

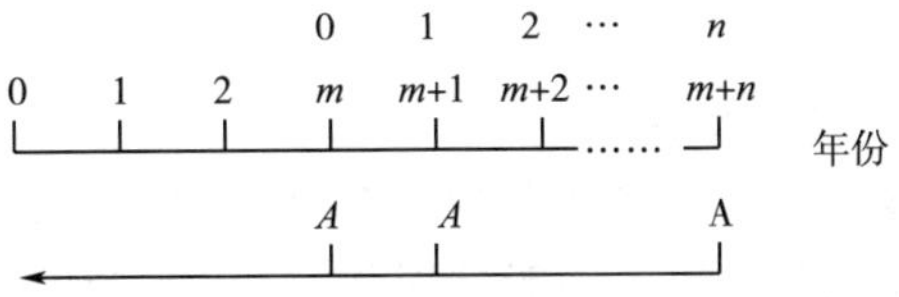

图 2-5 递延年金的计算

设 m 为递延期数，n 为等额收付款项连续收支的期数。最初有 m 期未发生收付款项，后面 n 期有等额的收付款项，则递延年金的现值应为后 n 期年金贴现至 m 期期初的现值。

因为递延年金终值的计算与前期是否发生收支无关，所以递延年金终值的计算与普通年金终值的计算方法相同，按实际支付期计算即可。

$$F = A(F/A,i,n)$$

递延年金的现值有两种计算方法。第一种方法是把递延年金看成 n 期的普通年金，求出递延期末的现值，然后将此现值调整到第一期期初，计算过程见公式：

$$P = A(P/A,i,n) \times (P/F,i,m)$$

第二种方法是假设递延期中也进行支付，先求出$(m+n)$期后付年金现值，再减去没有支付的递延期 m 期的后付年金现值，二者之差就是延期 m 期的 n 期后付年金现值。计算公式如下：

$$P = A[(P/A,i,m+n) - (P/A,i,m)]$$

【例 2-10】某旅游集团贷款 5 亿元建造一酒店。银行贷款年利率为 10%，每年复利一次。贷款合同规定，前 5 年不用还本付息，从第 6 年开始至第 15 年每年年末偿还本息 5 000 万元，要求用两种方法计算借款本金。

【解】方法一：$P = A(P/A,i,n) \times (P/F,i,m)$

$$= 5\ 000 \times 6.144\ 6 \times 0.620\ 9 = 19\ 075.910\ 7(\text{万元})$$

方法二：$P = A[(P/A,i,m+n) - (P/A,i,m)]$

$$= 5\ 000 \times (7.606\ 1 - 3.790\ 8) = 19\ 076.5(\text{万元})$$

4. 永续年金。永续年金指无限期收入或支出相等金额款项的年金。如商业银行中的“存本取息”类存款、优先股股利即属于永续年金。

永续年金没有终止时间，期限趋于无穷，也就没有终值，因此，永续年金的现值可以看成是一个 n 为无穷大的普通年金的现值。永续年金的现值可以用普通年金现值的计算方法推导如下：

$$P = A \times \frac{1 - (1 + i)^{-n}}{i}$$

当 $n \to \infty$ 时，$(1+i)^{-n} \to 0$，$(P/A, i, \infty) = \frac{1}{i}$，因此：

$$P = A \times \frac{1 - (1 + i)^{-n}}{i} = A \times \frac{1}{i}$$

【例 2-11】宏坊酒店若投资于某上市公司优先股，希望每年年末得到股息收入 160 000 元。当股利率为 8%时，投资额应为多少？

【解】由于希望每年都得到 160 000 元，因此优先股股利的性质是永续年金，其现值应为

$$P = A \times \frac{1}{i} = 160\ 000 \times \frac{1}{8\%} = 2\ 000\ 000（万元）$$

三、利率的计算

（一）复利计息方式下的利率

在此前计算终值和现值时，均假定利率为已知，但在财务活动过程中，经常会遇到已知终值、现值和计息期数求利率的问题。一般情况下，可以按照以下步骤计算其利率：①求出换算系数；②根据换算系数和有关系数表求利率。

采用复利计息时，利率与现值（或终值）系数之间存在一定的数量关系，但这种关系计算出的数据往往不能直接通过查表求得利率数据。因此，已知现值（或终值）系数，就可以通过插值法计算对应的利率。计算公式如下：

$$i = i_1 + \frac{B - B_1}{B_2 - B_1}(i_2 - i_1)$$

公式中：i 为所求利率，B 为对应的现值或终值系数，B_1、B_2 分别为现值（或终值）系数表中与 B 相邻的系数，i_1、i_2 分别为对应的利率。

1. 若已知复利现值（或终值）系数 B 及期数 n，即可用“复利现值（或终值）系数表”找出与已知复利现值（或终值）系数上下相邻的两个系数及其对应利率，按插值法计算利率。

【例 2-12】宏坊酒店预计存入 5 000 000 元，准备用该款项进行酒店维修。若希望该款在 10 年后连本带息为 8 000 000 元，则应向银行要求多高的利率？

【解】已知现值、终值和时期，为求利率问题，应先找到对应的复利终值系数。

$$5\ 000\ 000 \times (F/P, i, 10) = 8\ 000\ 000$$

$$(F/P, i, 10) = 8\ 000\ 000 / 5\ 000\ 000 = 1.600\ 0$$

采用插值法计算：

当 $i=4\%$时，$(1+4\%)^{10}=1.480\ 2$；$i=5\%$时，$(1+5\%)^{10}=1.628\ 9$。因此，i 在 4%和 5%之间，运用插值法计算：

$$i = i_1 + \frac{B - B_1}{B_2 - B_1}(i_2 - i_1) = 4\% + \frac{1.600\ 0 - 1.480\ 2}{1.628\ 9 - 1.4\ 802}(5\% - 4\%)$$

$$= 4\% + \frac{0.119\ 8}{0.148\ 7} \times 1\% = 4.81\%$$

因此,如果银行存款的利率为4.81%时,可以达到宏坊酒店的存款要求。

2. 若已知年金现值(或终值)系数 B 及期数 n,即可用“年金现值(或终值)系数表”找出与已知年金现值(或终值)系数上下相邻的两个系数及其对应利率,按插值法计算利率。

【例2-13】宏坊酒店第一年年初借款2 000 000元,在以后的8年中连续每年年末还本付息500 000元,问银行借款利率是多少?

【解】已知现值、期款和时期,要求利率,应先找到对应的年金现值系数。

$$(P/A,i,8)=2\ 000\ 000/500\ 000=4.000$$

查1元年金现值系数表可知,当 $i=18\%$ 时,$(P/A,i,8)=4.078$;当 $i=19\%$ 时,$(P/A, i, 8)=3.954$。因此,i 在18%和19%之间,运用插值法计算:

$$i=i_1+\frac{B-B_1}{B_2-B_1}(i_2-i_1)=18\%+\frac{4-4.087}{3.954-4.087}(19\%-18\%)$$
$$=18.629\%$$

（二）实际利率与名义利率

在资金时间价值的计算中,还需要明确实际利率与名义利率的概念。在前面的计算中,均假定利率为年利率,每年计算一次复利。这种情况下的年利率为名义利率。若按照短于一年的计息期计算复利,并用年利息额除以年初的本金,则所得利率为实际利率。

设:r 为实际利率,i 为名义利率,m 为一年中复利次数,则名义利率与实际利率的换算公式如下:

$$i=(1+\frac{r}{m})^m-1$$

【例2-14】宏坊酒店年初存入银行200 000元,若银行存款年利率为10%,一年计息两次,求(1)实际利率是多少?(2)到第10年年末,宏坊酒店的本利和是多少?

【解】先计算出以年利率表示的实际利率,然后按照复利计息年数计算到期本利和。

(1)根据名义利率与实际利率的计算公式,实际利率为:

$$i=(1+\frac{r}{m})^m-1=(1+\frac{10\%}{2})^2-1$$
$$=1.102\ 5-1=10.25\%$$

(2)计算到期本利和:

$$F=200\ 000\times(1+10.25\%)^{10}=530\ 600(元)$$

可见,当每年复利不止一次时,实际利率大于名义利率,年利率相同时,计息期数越短,计息次数越多,本利和越大。这种方法的缺陷在于:调整后的实际利率往往不是整数,不利于查表计算,因此,计算此类数据时,还可以使用如下公式:

$$r=\frac{i}{m}$$
$$t=m\times n$$

式中:r 为期利率;i 为年利率;m 为每年的计息次数;n 为年数;t 为换算后的计息期数。

则上例也可计算如下:

$$r=\frac{i}{m}=\frac{10\%}{2}=5\%$$
$$t=m\times n=2\times10=20$$
$$F=P\ (F/P,5\%,20)=200\ 000\times2.653\ 3=530\ 660(元)$$

以上关于资金时间价值的计算方法在酒店财务管理中广泛使用,如存货管理、成本费用管理、长期投资决策等。由于酒店经营上的特殊性,就更需要加强对资金时间价值的认识,树立资金时间价值的科学理念,在客房服务、餐饮、销售等各方面融入资金时间价值的概念,使酒店的经营理念和经营方式更加科学合理。

第二节　风险管理

一、财务风险的定义

风险是财务管理活动中必须考虑的重要因素。在财务管理的各环节,经营单位不可避免地要遇到风险。按照风险形成的原因,财务管理中的风险一般可以分为经营风险和财务风险两大类。

经营风险是酒店因经营等方面的原因给酒店盈利带来的不确定性。酒店经营过程中会受到内部、外部诸多因素的影响,具有极大的不确定性。这些经营上出现的不确定性,直接反映在利润指标上,给酒店经营带来风险。也就是说,酒店的经营活动从来都是在经营风险和不确定性情况下进行的。鉴于酒店经营的特点,决策人必须充分考虑经营活动的风险因素,正确评价经营报酬,尽可能准确地测算经营风险与报酬。

在各项财务活动中,因酒店内、外部环境及各种难以预计或无法控制因素的影响,导致在一定时期内,酒店的实际财务结果与预期财务结果发生偏离,从而蒙受损失的可能性在财务管理活动中被称为财务风险,这一风险有时也特指债务筹资风险。在市场经济条件下,财务风险贯穿于酒店财务活动全过程,是各种风险因素在酒店财务上的集中表现,对酒店实现财务管理目标有直接影响。因此,酒店的理财活动中必须研究风险、计量风险并尽可能地规避风险,以求最终相对尽可能小的风险或尽可能多的收益。《企业财务通则》第十条规定,“企业应当建立财务风险管理制度,明确经营者、投资者及其他相关人员的管理权限和责任,按照风险与收益均衡原则,不相容职务分离等原则控制财务风险”。

二、酒店财务风险的来源

在市场经济条件下,酒店财务风险主要来源于以下几部分。

(一)筹资风险

筹资风险指酒店在筹资活动中,由于资金供需市场、宏观经济环境的变化或者筹资来源结构、币种结构、期限结构等因素而给酒店财务成果带来的不确定性。我国酒店筹资渠道主要是权益筹资和债务筹资两种。权益筹资的风险在于直接受股权资本的影响,而债务筹资直接受按期支付利息、债务期限结构、债务规模等因素的影响。为了避免筹资风险,在筹集资金时,酒店必须选择适当的筹资方式和筹资规模,抓住适当的筹资时机选择适当的筹资比例,保证合理筹集资金。

(二)投资风险

投资风险是指酒店在投资活动中,由于各种难以预料或无法控制的因素使投资收益率达不到预期目标而产生的风险。酒店筹资的资金来源主要用于对内投资,如对固定资产、流动资产及无形资产的投资。但固定资产和无形资产投资带来的风险尤其明显,投资失败造成的风险失控可能会直接使经营者走向衰败。酒店也可以将暂时闲置的资金用于对外投资,如对股票市场、债券市场的投资。投资项目不同,对财务风险的影响也不同。如果投资前没有进行正确的可行性分析,投资决策不科学,投资结构不合理,就不能达到投资预期,直接影响酒店的偿债能力和获利能力,造成财务风险,更不用说由于决策错误出现投资失败的后果了。

(三)现金流量风险

现金流量风险是酒店现金流出与现金流入在时间上不一致所形成的风险。酒店经营活动中,为避免风险,求得资金平衡,应尽可能使现金流入量等于现金流出量。但若经营不善,酒店现金流入量小于现金流出量,即现金净流量出现问题时,资金的短缺就无法满足酒店日常经营及投资活动需要。此外,由于丧失支付能力、经营不善等原因造成财务状况恶化而无法偿还到期债务时,也可能会导致酒店经营陷入困境甚至倒闭。因此,现金流量风险是财务活动中必须重视的风险之一。

(四)利率风险

利率风险指酒店在一定时期内由于利率水平的变动而导致经济损失的可能性。由于诸多因素,如国家宏观调控政策、社会平均利润率、通货膨胀或通货紧缩、金融货币政策、投资者预期等的影响都会使利率发生变动,直接影响酒店的各项经营指标,导致酒店经营成本上升,收益下降,使一定时期内的利润水平降低甚至出现亏损。

三、风险报酬的评价

风险报酬又称风险价值,是指由于冒风险进行投资而获得的超额报酬。风险报酬有两种表示方法:即风险报酬额和风险报酬率。风险报酬额指投资者因冒风险进行投资而获得的超过时间价值的那部分额外报酬。风险报酬率指投资者因冒风险进行投资而获得的超过时间价值率的那部分额外报酬率(即风险报酬额与原投资额之比)。财务活动中,通常用风险报酬率衡量风险报酬。因此谈到风险报酬,一般指风险报酬率。

投资报酬率是时间价值率和风险报酬率之和。一般情况下,风险越大,投资者要求的投资报酬率就越高;反之,风险越小,投资者要求的投资报酬率就越低。酒店决策者对于风险报酬率的衡量是在相应条件下进行的。根据风险的大小程度可以把决策分为确定型决策、风险型决策和不确定型决策三种。

(一)确定型决策

确定型决策是决策者对未来情况完全确定或已知的决策,如投资于国库券。确定型决策必须具备如下条件:

第一,目标明确,即决策目标必须是决策者希望达到的目标;

第二,有两个或两个以上的备选方案可供决策者做出选择;

第三,只有一个确定的自然形态;

第四,可以计算出各备选方案在确定状态下的损益值(如收入值或损失值)。

【例 2-15】宏坊酒店可以向中国工商银行、中国建设银行、中国银行和北京银行借入款项,还款期相同,但利率不同。方案一:向中国工商银行贷款,利率为 7.8%;方案二:向中国建设银行贷款,利率为 6.9%;方案三:向中国银行贷款,利率为 7.2%;方案四:向北京银行贷款,利率为 6.3%。

【解】此决策为确定型决策问题。

第一,目标明确:即支付最少的利息;

第二,有足够的备选方案:4 个方案可供选择;

第三,只有还本付息一种方法;

第四,可以计算出各备选方法在确定状态下的损益值:只能付利息,以此作为损失。

结论:第四方案为最佳方法。

确定型决策问题看起来似乎比较容易,但在实际提出问题和解决问题的过程中有许多不可预知因素,因此,可能会有许多方案可供选择。此时需要使用其他方法进行计算。具体问题见投资决策的有关章节。

(二)风险型决策

风险型决策指决策者对未来情况不完全确定,但它们出现的可能性——概率的具体分布是已知或可以估计的。在进行不确定型风险报酬的决策时,可以使用概率和统计的方法。

1. 概率及概率分布。事件的概率是指这一事件可能发生的机会,如酒店经营者在进行经营决策时,决策失误而造成亏损或达不到预期目标的可能性。这些可能性意味着经营可能存在的风险。出现风险的主要原因是经营环境的变化。

酒店经营人员经常要对某一事前无法确定是否发生的事件进行估计。例如:宏坊酒店客房的出租率有 40%的可能增加,45%的可能与去年持平,15%的可能比去年下降。根据资料分析,认为下年度这三种可能的结果对应的概率分别为 0. 4、0. 45 和 0. 15。如将所有可能结果或事件都列示在一起,且每一事件都给予一种概率,就形成了概率的分布。上例概率分布见表 2-1。

表 2-1　概率分布表

可能出现的结果(i)	概率(P_i)
客房出租率增加	0. 4 = 40%
客房出租率不变	0. 45 = 45%
客房出租率降低	0. 15 = 15%

由表 2-1 中可以看出,概率分布必须符合以下两条件:

(1)所有概率分布 P_i 都在 0 和 1 之间,即 $0 \leq P_i \leq 1$;

(2)所有结果的概率之和等于 1,即 $\sum_{i=1}^{n} P_i = 1$, 此处,n 为可能结果的个数。

概率分布有离散型分布和连续型分布两种。如果事件的发生只在 n 种有限的情况之中,并且每种情况发生的概率均可以确定,则这种概率分布为离散型概率。如上例,见图 2-6。

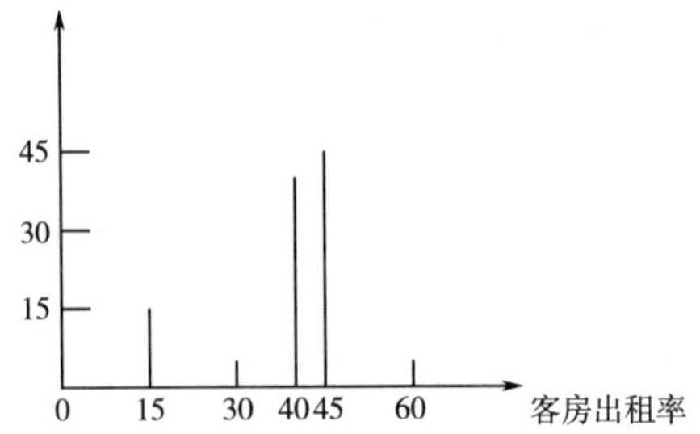

图 2-6　离散型概率分布

但经济活动中离散型概率事件极少，许多事件往往有无数种可能存在的结果。因此，当某一事件既有无数种可能存在的结果，又能使每一种可能性有其对应概率时，就可以在直角坐标图上用一段连续的曲线来反映概率的大小与可能结果之间的关系。这种概率分布被称为连续型概率分布，如图 2-7 所示。

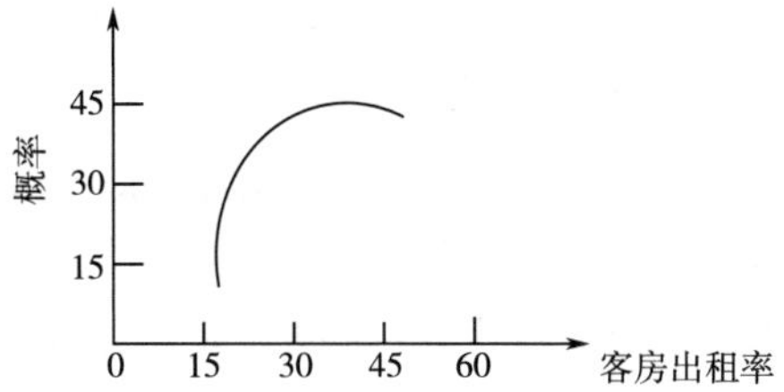

图 2-7 连续型概率分布

2. 期望报酬率。期望报酬率也称期望值，指各种可能的报酬率按其概率进行加权平均得到的报酬率，是衡量预期结果平均化水平的指标，是反映集中趋势的一种量度。期望值可以按照以下公式进行计算：

$$\bar{K} = \sum_{i=1}^{n} K_i P_i$$

式中：$\bar{K}$ 为期望报酬率；n 为可能结果的个数；K_i 为第 i 种可能结果的报酬率；P_i 为第 i 种可能结果的概率。

【例 2-16】宏坊酒店餐厅有 A、B 两个方案对外供应快餐。A 方案每份售价 15 元，B 方案每份售价 20 元。两种方案的单位成本均为 8 元。若当天不能售出，第二天只能处理，即每份快餐损失 8 元。现餐厅需要决策的问题是，每天应准备多少份快餐。餐厅对外供应快餐的概率分布见表 2-2。

表 2-2 餐厅销售利润率的概率分布 金额单位：万元

销售情况	销售情况发生的概率	K_i	
		A 方案的预期净收益	B 方案的预期净收益
好	0.30	40	60
一般	0.50	20	20
差	0.20	10	-20

要求：根据上述期望报酬率公式计算 A、B 两种快餐的期望报酬率。

【解】A 方案：$\bar{K} = \sum_{i=1}^{n} K_i P_i = K_1P_1 + K_2P_2 + K_3P_3$

$= 40\times0.30+20\times0.50+10\times0.20 = 24$（万元）

B 方案：$\bar{K} = \sum_{i=1}^{n} K_i P_i = K_1P_1 + K_2P_2 + K_3P_3$

$= 60\times0.30+20\times0.50+(-20)\times0.20 = 24$（万元）

计算结果是，两种方案的期望值都为 24 万元，但 A 方案的销售计划在各种销售情况下的期望值比较集中，B 方案的销售计划在各种销售情况下的期望值比较分散。根据规律，概率分布越集中,实际可能的结果就越接近预期收益;反之,则投资风险越大。决策者可以通过计算离散程度确定投资方案风险的大小。

3. 离散程度。反映随机变量离散程度的指标主要有标准离差和标准离差率。

(1)标准离差。标准离差是各种可能的报酬率偏离期望报酬率的综合差异,是反映离散程度的一种量度。标准离差的计算公式如下:

$$d = \sqrt{\sum_{i=1}^{n}(K_i - \bar{K})^2 \times P_i}$$

式中:d 为期望报酬率的标准离差;$\bar{K}$ 为期望报酬率;K_i 为第 i 种可能结果的报酬率;P_i 为第 i 种可能结果的概率;n 为可能结果的个数。

【例 2-17】将例 2-16 表 2-2 的资料代入(标准离差计算公式),即可求出 A、B 两方案的标准离差。

【解】A 方案:$d = \sqrt{(40-24)^2 \times 0.3 + (20-24)^2 \times 0.5 + (10-24)^2 \times 0.2} = 11.14$

B 方案:$d = \sqrt{(60-24)^2 \times 0.3 + (20-24)^2 \times 0.5 + (-20-24)^2 \times 0.2} = 28$

标准离差小,说明离散程度小,则风险也小。根据标准离差的测量可以看出,A 方案的预期收益比较集中,B 方案的预期收益比较分散,因此,A 方案比 B 方案的风险小。

(2)标准离差率。标准离差是反映随机事件可能发生结果的离散程度的指标,但它是绝对值,只能用于比较期望值相同的各投资的风险程度,对期望值不相同的投资的风险程度则难以比较。因此,对期望值不相同的各投资的风险程度往往使用标准离差率这一指标进行比较,即标准离差与期望值的比值。其具体计算公式是:

$$V = \frac{d}{\bar{K}} \times 100\%$$

式中:V 为标准离差率;d 为标准离差;$\bar{K}$ 为期望值。

【例 2-18】承上例。计算例 2-17 中两方案的标准离差率。

【解】A 方案:$V = \frac{11.14}{24} \times 100\% = 46.42\%$

B 方案:$V = \frac{28}{24} \times 100\% = 116.67\%$

很显然,A、B 两方案的期望值相等,即可以直接根据标准离差比较其风险程度。如果其期望值不相等时,必须计算标准离差率用以对比其各项目的风险程度。若例 2-16 中,A 与 B 两方案的标准离差不变,但 A 方案的期望值为 40 万元,B 方案的期望值为 30 万元,则

A 方案:$V = \frac{11.14}{40} \times 100\% = 27.85\%$

B 方案:$V = \frac{28}{30} \times 100\% = 93.33\%$

显然,B 方案的投资风险大于 A 方案。

总体而言,决策者可以通过期望值和标准离差的比较来选择投资方案。对于单一方案,决策者一般会根据标准离差率与此项指标最高限比较值做出判断。若某方案的标准离差率小于设定值,则应选取该方案。对于多方案的选择,决策者总的原则是选择低风险高收益的方案。总体原则是:若 n 个方案的期望值基本相同,应选择标准离差小的方案;若 n 个方案的标准离差基本相同,应选择期望值大的方案;若 A 方案的期望值大于 B 方案,且标准离差

又小于 B 方案,则应选择 A 方案;若 A 方案的期望值大于 B 方案,且标准离差又大于 B 方案,则应将二者的期望值进行比较,若 A 方案的期望值高于 B 方案,一般选择 A 方案。

实际工作中,投资方案的选择也可能会取决于决策者对风险的态度,比较谨慎的经营者往往选择期望值低同时风险也低的方案。

4. 风险报酬率。标准离差率虽然可以正确评价投资的风险程度,但它并不是风险报酬率,无法将风险与报酬结合起来考虑。风险报酬率指投资者因承担风险而获得的超过无风险利息率的那部分额外报酬率。该报酬率可以同时反映风险和报酬因素,因此可以将其看成综合性指标。

为了评价投资方案,应计算出投资方案的风险报酬率,将不同投资的投资报酬率进行对比,以确定最优方案。

有关公式计算如下:

$$R_R = bV$$

式中:R_R 为风险报酬率;b 为风险报酬系数;V 为标准离差率。

由于资金的时间价值表现为无通货膨胀和无风险时资金的时间价值增值,无风险报酬率是以利率形式表示的资金的时间价值,则投资的总报酬率可以表示为:

$$K = R_F + R_R = R_F + bV$$

式中:K 为投资报酬率;R_F 为无风险报酬率。

财务管理中一般将短期政府债券的报酬率作为无风险报酬率;风险报酬系数则是将标准离差率转变为风险报酬的一种系数。

【例 2-19】若按例 2-18 数据,A 方案的风险报酬系数为 12%,B 方案的风险报酬系数为 10%,两种方案的风险报酬率分别为:

A 方案:$R_R = bV = 12\% \times 46.42\% = 5.57\%$

B 方案:$R_R = bV = 10\% \times 116.67\% = 11.67\%$

如目前的无风险报酬率为 30%,则 A 与 B 两方案的投资报酬率分别为:

A 方案:$K = R_F + bV = 30\% + 5.57\% = 35.57\%$

B 方案:$K = R_F + bV = 30\% + 11.67\% = 41.67\%$

(三)不确定型决策

不确定性决策指决策者对未来的情况不仅不能完全确定,而且对其只能预测有关因素可能出现的状况及可能出现的概率也不可预知,这种情况下的决策称为不确定型决策。对不确定型的决策,不同的决策者会使用不同的决策标准进行判断。不确定型决策包括以下三种。

1. 小中取大法。小中取大法也称悲观准则,指把各方案的最小收益值都计算出来,然后取其最大者。该法认为事情的结果总是向着不利的方向发展。为保险起见,决策时只求在最坏的情况下找到一个结果相对较好的方案。

【例 2-20】某快餐配送中心调查市场情况后准备直接对外销售快餐。制作快餐有好、中、差三种可能的销售状态。由于直接销售快餐是该公司的一项新创意,既无历史销售数据,也无法估计市场销售概率。经过测算,在好、中、差三种销售状态下,预计在旅游旺季大批销售,每天可分别获得收入 8 000 元、5 000 元和 400 元;中批销售每天可分别获得收入 6 500 元、3 000 元和 600 元;小批销售每天可分别获得收入 3 000 元、1 000 元和 800 元。用小中取大法决策,应选择哪一方案?

【解】根据有关数据列表,见表 2-3。

表 2-3　预计日销售收入情况　　金额单位:元

方案	销售状态			小中取大
	好	中	差	
大	8 000	5 000	400	400
中	6 500	3 000	600	600
小	3 000	1 000	800	800

小中取大的具体做法是:首先在各方案的收益值中挑选最小的收益值,大批销售的收益值为 400 元,中批销售的收益值为 600 元,小批销售的收益值为 800 元。然后“小中取大”,即选择小批销售的方案。

2. 大中取大法。大中取大法又叫乐观准则,该法认为事情的结果总是向着有利的方向发展,对客观情况持乐观态度,在决策中希望找到最好的方案。

【例 2-21】承例 2-20,用大中取大法进行决策。见表 2-4。

表 2-4　预计日销售收入情况　　金额单位:元

方案	销售状态			大中取大
	好	中	差	
大	8 000	5 000	400	8 000
中	6 500	3 000	600	6 500
小	3 000	1 000	800	3 000

大中取大的具体做法是:首先在各方案的收益值中挑选最大的收益值,大批销售的收益值为 8 000 元,中批销售的收益值为 6 500 元,小批销售的收益值为 3 000 元。然后“大中取大”,即选择大批销售的方案。

3. 大中取小法。大中取小法也称最小的最大后悔值准则,是把各方案的最大损失都计算出来,然后取其最小值。后悔值指多种状态中的最大收益值与各方案在该状态下的收益值相减所得的差额。当决策者最终选择某一方案时,都会希望决策后的后悔值能减至最小。

【例 2-22】承例 2-20,用大中取小法进行决策。见表 2-5。

表 2-5　预计日销售收入情况　　金额单位:元

方案	好		中		差		大中取小
	收益值	后悔值	收益值	后悔值	收益值	后悔值	
大	8 000	0	5 000	0	400	400	400
中	6 500	1 500	3 000	2 000	600	200	2 000
小	3 000	5 000	1 000	4 000	800	0	5 000

表 2-5 中的数据计算方法如下:首先,将每种销售状态中的最大收益值减去各方案在该状态下的后悔值。如以 8 000 元为标准,减去各方案在销售状态好的情况下的收益,得出的

后悔值分别为 0、1 500 和 5 000；以 5 000 元为标准，计算出销售状态中等的后悔值为 0、2 000 和 4 000；以 800 元为标准，计算出销售状态差的后悔值为 400、200 和 0。之后再列出各方案的最大后悔值。大批销售方案的最大后悔值为 400，中批销售方案的最大后悔值为 2 000，小批销售方案的最大后悔值为 5 000。由于最大后悔值中通常取最小后悔值的方案作为决策方案，所以应选择大批销售方案。

采用不确定型方案做出的结论很难判断好与不好，运用哪种方案主要依据决策者的主观态度和经验而定。因此，此种情况下的决策者应尽量设法预计和估计出各种自然状态下可能发生的概率，尽可能地使决策结果令人满意。

四、风险控制策略

经营过程中，选择适当的风险控制策略，可以有效地预防风险发生的可能性及其造成的损失。对风险控制可以采用以下几种方法。

（一）规避风险

酒店经营过程中，当资产风险所造成的损失不能由该资产可能获得的收益予以补偿时，就应放弃该资产以规避风险。具体做法是：①决策时，先预测风险发生的可能性及大小，尽可能选择风险较小或无风险的备选方案，规避超过酒店风险承受能力、难以掌握的财务活动，尽量在事前减少风险。②实施决策方案时，一旦发现不利于酒店财务活动的情况时，应采取有力措施，及时终止或调整方案。

（二）预防风险

当出现客观存在、无法避免的风险时，为提高自身抵御风险的能力，酒店必须从制度、决策、规划、控制等方面入手，以预防可能发生的风险，控制风险因素，注意降低风险的损害程度。如应收账款数额较大，应采取提取坏账准备、调查客户财务状况、对客户信用状况进行评级、确定信用额度、规定还款时间等措施，以降低坏账发生率。

（三）分散风险

分散风险指酒店通过多元化经营、多方投资和筹资、外汇资产多元化、吸引多方供应商和争取更多消费者等措施分散相应风险。在正常经营主业的前提条件下，酒店可以根据自身经营状况，采用多元化的经营方式，使多种服务形式或多种商品在时间、空间、利润、收入等因素上相互补充或抵消，以降低经营风险。

（四）转移风险

对可能给酒店带来损失的资产，酒店应以一定代价，采取某种措施，如采用缴纳保险金、签订远期合同等方式转移风险。

酒店必须建立风险管理机制，采取适当的控制风险的措施，以应对可能发生的财务风险，保证酒店稳健经营。

【重要概念】

资金的时间价值　复利　年金　普通年金　先付年金　递延年金　永续年金　财务风险　标准离差　标准离差率

计算与分析

1. 万佳酒店在第一年年初向银行借入 10 000 万元，银行规定从第一年到第十年每年年末等额偿还 1 380 万元。要求计算这笔借款的利息率。

2. 万佳酒店现在存入一笔款项，以便在以后 20 年中每年年末得到 100 000 元，若银行存款利率为 8%。要求计算目前应存入多少钱。

3. 万佳酒店需用一台设备，买价为 180 000 元，可用 10 年。若向租赁公司租用，则每年年初需付租金 22 000 元。除此以外，购买与租用的其他情况相同。设利率为 6%。要求：用数据说明买与租用何者为先。

4. 万佳酒店有一笔 1 250 000 元的资金，准备存入银行，希望在 7 年后利用这笔款项的本利和更新酒店的设备。若当时银行存款的复利率为 12%，该设备的预计价格为 2 600 000 元。试用数据说明 7 年后万佳酒店能否用这笔款项的本利和购买该设备。

5. 万佳酒店目前向银行借入 2 000 000 元的资金，以便在若干年后获得 4 000 000 元，若银行存款利率为 8%，每年复利一次。试求需要多少年存款的本利和才能达到 4 000 000 元。

6. 万佳酒店向银行借入一笔款项，银行贷款的年利率为 10%，每年复利一次，银行规定前 10 年不用还本付息，但从第 11～20 年每年年末偿还本息 60 000 元。要求计算该项借款的现值。

7. 某财务经理准备进行对外投资，现有 A、B、C 三家公司可供选择。三家公司的年报酬率及概率的资料如表 2-6 所示。

表 2-6　三家公司的相关资料

市场经营状况	发生概率	投资报酬率		
		A	B	C
好	0.3	40%	50%	60%
一般	0.5	50%	30%	20%
差	0.2	10%	0	-10%

若 A 公司的风险报酬系数为 10%，B 公司的风险报酬系数为 8%，C 公司的风险报酬系数为 6%，则该财务经理应选择哪家公司作为投资目标？

第三章

酒店筹资管理

【学习目标】

通过本章学习,学生应了解酒店筹资的目的、种类和方式,了解酒店资金需要量的预测、筹资风险的衡量与规避,掌握酒店权益性筹资、负债性筹资以及混合性筹资的方法及各种筹资方式的优缺点。

【情景思考】

如果你是一位经理人,想进行经营活动,第一笔资金从哪里来呢?能否在同等成本水平下,取得更多的资金?可以使用哪些方式筹得资金?

【本章重点】

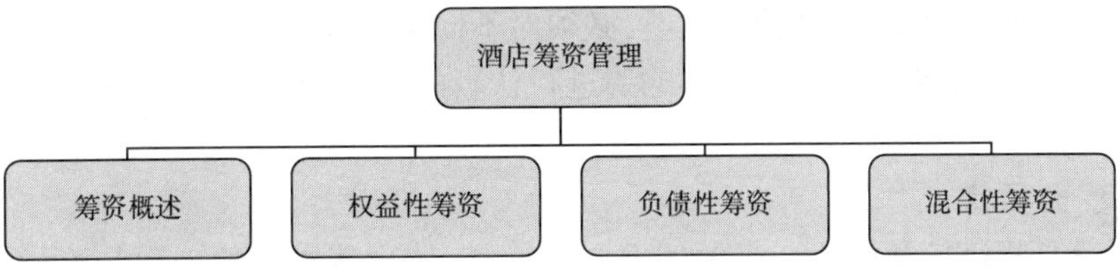

第一节　筹资概述

一、筹资的意义

酒店筹资是指酒店根据其生产经营、对外投资以及调整资本结构的需要,通过筹资渠道和资本市场,运用适当的筹资方式,有效地筹集酒店所需资金的财务活动。资金是酒店经营活动不可或缺的因素,是酒店经营活动的基本保证,而筹集资金又是酒店经营活动的起点,是酒店财务管理的主要内容之一,在酒店财务管理中具有重要意义。

(一)筹资的目的

由于所处的环境不同,不同的经营单位有着不同的筹资目的。作为资金密集型企业,无论是设立,还是维持经营以及扩充发展,酒店都需要大量的资金作支撑。酒店在经营中经常发生的资金筹集活动,主要是以筹建、扩建及偿还债务为多。创建酒店时,只有筹集到所需资金,才能注册成立相应的经济实体。在资金支持下,经过必要的建设,才能具备经营能力，进而回收投资资金。在维持生存时期，酒店能够筹集到所需资金，才能保证资金的正常运转，解决因资金周转不畅、经营不善或季节性波动对资金的需要，以保证酒店的持续经营。在扩张发展时期，酒店需要筹集扩张所需的增量资金，保证酒店扩张的实现。总之，及时有效地筹集资金是酒店经营发展的需要，是实现酒店经营目标的保证。

（二）资金运动的特点

在市场经济下，酒店筹资的基础源于资金运动的两个特点，即资金收支的不平衡性和资金使用权的可转让性。

资金收支的不平衡性是指经济主体在某一特定时点上的资金收入与支出可能出现不对等的局面。酒店在经营过程中，由于外界或内部因素导致资金的收入和支出不平衡，如旅游消费旺季、淡季的季节性，经济发展有规律的扩张和收缩的周期性，金融市场的波动性以及酒店内部经营策略的调整等情况，使得酒店资金收大于支或支大于收，这种不平衡性反映了资金运动的本质。

资金使用权的可转让性是指资金可在临时余缺的双方之间按一定条件进行转让。对于资金发生短缺的酒店来说，为使经营活动不因资金短缺而停止，就会付出一定代价（支付利息）借入资金剩余者的资金，以度过资金难关；同样，资金剩余者也愿意将闲置资金收益最大化，以到期取得一定报酬为条件暂时出让使用权。

资金运动的这两个特点为酒店多方筹集资金奠定了基础。

二、筹资的渠道与方式

要降低资金使用成本，提高使用效益，必须对不同渠道筹集到的资金的数量、时间、还款条件、资金成本及对未来财务状况的影响等进行认真的分析研究，这就涉及资金筹集方式的选择问题。

（一）筹资渠道

筹资渠道是指酒店筹措资金来源的方向与通道，体现着资金的来源与流量情况。现阶段筹资渠道主要有国家财政资金、银行信贷资金、非银行金融机构资金、其他单位资金、酒店内部员工和民间资金、酒店自留资金、外商资金等。随着社会主义市场经济体制的建立，资金筹资渠道日益呈现出多元化的趋势。酒店的筹资渠道主要有以下七个。

1. 国家财政资金。出于掌控关系国家安全和国民经济命脉的重要行业和关键领域的原因，支持和引导非国有经济发展等需要，国家财政会以各种形式投入资金。尤其是对国有企业和国有控股企业，财政资金在资金来源中占有重要的地位。

2. 银行资金。银行贷款是酒店资金的主要供应渠道，是酒店以支付利息为代价向银行购买在有限时间内的资金支配权。酒店的绝大部分资金，包括短期借款和长期借款均从银行取得。

3. 非银行金融机构资金。非银行金融机构是指除商业银行和专业银行以外的所有金融机构，主要包括信托、证券、保险、融资租赁等机构以及农村信用社、财务公司等。在我国，非银行金融机构筹资随着金融资产多元化、金融业务专业化而产生和发展。目前，由于金融创新活动不断出现，非银行金融机构有力地推动了金融业务的多元化、目标化和证券化，使得各类金融机构的业务日益综合化，银行机构与非银行金融机构的划分越来越不明显，非银行金融机构自身的业务分类也日趋融合。它们之间的业务交叉进行，只是比重有所差别。

4. 资本市场。目前，我国可以为酒店提供资金的资本市场主要是股票市场和债券市场。

5. 其他单位和个人资金。酒店可以通过发行股票和公司债券、商业信用、融资租赁等方式可以筹资社会资金。也可以吸收股份筹资，向社会法人定向募集股份及向本酒店员工募集持股。对少数获国家批准的股票上市集团，还可以通过股票上市，向社会公众募集资金。发行股票筹资可以筹措社会资金，分散经营风险。对于市场信誉较好、现有负债比率较低、资产控制权又较重要的单位，可选择申请发行债券来开展社会筹资。

6. 酒店内部资金。酒店内部资金是指所有权属于酒店，但没有被占用或没有被经济合理地占用的那部分资金。酒店提取的公积金及未分配利润等留存收益，可以再转化为酒店的经营资金，是酒店稳定的、几乎没有成本的资金来源。由于酒店内部资金是酒店最为稳妥也最有保障的筹资来源，资金完全由自己安排支配，并且筹资成本低，投资时不需支付利息，因此，合理利用酒店内部资金可以有效地降低筹资成本。但是利用酒店内部资金筹资数额会受酒店自身实力的制约，往往仅靠自身筹资很难满足酒店的资金需求。

7. 外商资金。酒店利用外资筹资包括利用国际性组织、外国政府、外国社团、外国企业与外国个人的资金。利用外资筹资不仅指以货币资金形式筹资，也包括以设备、原材料等有形资产与专利、商标等无形资产形式投入的筹资。外资的直接投资方式，主要有合资经营、合作经营、合作开发等方式。

（二）筹资方式

筹资方式指酒店筹措资金所采用的具体形式。按照资金权益特征的不同，可将酒店资金筹集分为权益性资金筹集、债务性资金筹集和混合性资金筹集，其筹资方式主要有吸收直接投资、银行借款、商业信用、发行债券或可转换债券、发行普通股股票或优先股股票和融资租赁等。

1. 权益性筹资。权益性筹资也称自有资金筹资，是指酒店通过发行股票、吸收直接投资、内部积累等方式筹集资金。酒店采用吸收自有资金的方式筹集资金，一般不用还本，财务风险小，但付出的资金成本相对较高。

2. 负债性筹资。负债性筹资也称借入资金筹资，是指经营单位通过发行债券、向金融机构借款、商业信用、融资租赁等方式筹集资金。酒店采用借入资金的方式筹集资金，到期要归还本金和支付利息，一般要承担较大风险。但相对而言，付出的资金成本较低。

3. 混合性筹资。混合性筹资指兼具债务和权益两者特征的融资工具，包括发行可转换债券、发行优先股、认股权证等。

筹资渠道解决的是资金来源问题，筹资方式则解决通过何种方式取得资金的问题。一定的筹资方式可能只适用于某一特定的筹资渠道（如向银行借款），但是同一渠道的资金往往可采用不同的方式取得，同一筹资方式又往往适用于不同的筹资渠道。因此，酒店在筹资时，应实现两者的合理配合。

三、筹资的种类

（一）按资金权益性质的不同分类

1. 权益性资金。权益性资金又称自有资金，即股东权益，它是通过发行股票、吸收直接投资、内部积累等方式筹集的资金。自有资金归酒店所有和支配，其数额大小体现了酒店的经济实力和抵御风险的能力。

2. 债务性资金。债务性资金是酒店以负债方式取得、到期需要偿还的资金，包括短期借款、长期借款、应付债券、应付账款、长期应付款等筹资方式形成的资金。筹资决策的目的就是合理确定资金来源结构，合理确定权益性资金与债务性资金的比例。

3. 混合性资金。混合性资金是酒店筹集的具有债务与权益双重属性的资金，包括优先股、可转换证券、认股权证等筹资方式形成的资金。

（二）按资金使用期限的长短分类

1. 短期资金。短期资金是指使用期限在1年以内或超过1年的一个营业周期内的资金，通常采用商业信用、短期银行借款、短期融资债券、应收账款转让等方式来筹集。

2. 长期资金。长期资金是指使用期限在1年以上或超过1年的一个营业周期以上的资金，通常采用吸收直接投资、发行股票、发行债券、长期借款、融资租赁和利用留存收益等方式来筹集。

3. 短期资金与长期资金的融通。短期资金与长期资金的融通指将部分长期资产由短期资金来融通，或将部分短期资产用长期资金来融通。用短期资金融通一部分长期资产，这种筹资策略的资金成本较低，能减少利息支出，增加酒店收益，但风险比较大；而将短期资产的一部分用长期资金来融通时，这种筹资策略的风险较小，但成本较高，会使酒店减少经营利润。

从酒店自身的实际情况、实际负担水平和偿还能力来看，合理安排酒店资金的期限结构，有利于实现酒店资金的最佳配置和筹资组合。

（三）按所筹资金的来源分类

1. 内部筹资。内部筹资是指从酒店内部开辟资金来源筹集所需资金。内部筹集资金主要来源于酒店的留存收益等。若有可能，酒店应尽可能选择这一渠道，因为这种方式不必向外支付筹资成本，而且筹资风险很小。

2. 外部筹资。外部筹资是指从酒店外部开辟资金来源筹集所需资金。外部筹资渠道是通过金融市场实现的。从酒店外部筹资具有速度快、弹性大、资金量大的优点，是筹集资金的主要来源。但这种筹资渠道需要负担高额成本，风险较高。

外部筹集资金的交易方式又分为直接融资和间接融资两种。直接融资是指直接从最终投资者手中筹措资金，双方建立起直接的借贷关系或资本投资关系，是无形市场上的资金交易。间接融资是指在我国金融市场上筹措资金，表现为间接筹资方式，是通过有形市场如银行、证券交易所等筹集的资金。

（四）筹资需要量的预测

资金需要量预测是指酒店根据经营需求，对未来所需资金的估计和推测。筹集资金时首先要对资金需要量进行预测，即对酒店未来组织经营活动的资金需要量进行估计、分析和判断，它是酒店制定融资计划的基础。

酒店持续的经营活动，不断地产生对资金的需求。同时，酒店进行对外投资和调整资本结构，也需要筹措资金。这些资金，一部分来自酒店内部，另一部分通过外部融资取得。由于对外融资时，酒店不但需要寻找资金提供者，还要做出还本付息的承诺或提供酒店的赢利前景，使资金提供者确信其投资安全并可获利，这个过程往往需要花费较长的时间。因此，酒店需要预先知道自身的财务需求，确定资金的需要量，提前安排融资计划，以免影响资金周转。

资金需要量的预测可以采用定性预测法、销售百分比法和资金习性预测法。

第二节　权益性筹资

权益性资金是指投入酒店的资本金及经营中所形成的积累,它反映所有者持有的权益,又称为自有资金、主权资本或权益资本。其筹资方式称为权益性筹资。

一、酒店权益资金的特点及形成方式

(一)酒店权益资金的特点

1. 法定性。为了确认法人资格,酒店设立、变更和注销时都必须进行工商注册登记,主要登记权益资本的投入和增减变动。一旦登记,注册资本和实收资本就不得随意改动。投资者以其出资额享有经济权利和承担经济义务。

2. 主动性。与债务资金不同,权益资本是投资人为实现特定目标自愿投资于某一经济实体的。

3. 永久性。一旦将资金投入某一经济实体如酒店,投资人就不得将其投资从经济实体中随意撤出。也就是说,经济实体可以永久占用投资者的出资,而投资者只能以利润分配或转让股权等形式取得投资回报。当然,经济实体进入清算、转让股权等特殊形式除外。

(二)酒店权益资金的形成方式

权益资金主要通过以下三种方式形成:①投资人以货币或非货币资产形式出资或增资;②酒店通过利润分配从净利润中提取公积金;③暂缓或减少向投资人分配利润,从而得到酒店所需的经营资金。总而言之,能够立即增加酒店资本总量、资本结构的,是投资人的出资或增资,这也就是经济实体改制重组的重要原因之一。

二、酒店权益资金的筹集方式

权益资金的筹集方式有吸收直接投资、发行普通股和留存收益筹资三种。

(一)吸收直接投资

吸收直接投资是指酒店以合同、协议等形式吸收国家、其他单位、个人和外商等直接投入的资金,形成酒店自有资金的一种筹资方式。吸收直接投资不以股票为媒介,无须公开发行股票,适用于非股份制酒店。它是非股份制酒店筹集自有资金的一种基本形式。

1. 吸收直接投资的种类。吸收直接投资主要有以下三类:

(1)吸收国家投资。吸收国家财政资金,即有权代表国家投资的部门或者机构以国有资产投入酒店的资本,这是我国国有酒店的主要资金来源。

(2)吸收法人投资及外商投资。向法人单位筹集资金,即酒店或其他法人单位以其依法可以支配的资产投入酒店。外商投资是国外投资者以及我国香港、澳门和台湾地区投资者投入的资本。

(3)吸收个人投资。筹集个人资金,即社会个人或者本酒店内部员工以其合法财产投入酒店所形成的资本。

2. 吸收直接投资的出资方式。酒店在采用吸收直接投资的方式筹集资金时,投资者可以用现金、实物、工业产权和土地使用权等直接出资。这就可以使酒店直接获得投资者的先进设备,甚至包括先进的管理经验,有利于尽快形成经营能力。同时,吸收直接投资的成本不需考虑筹资费用。出资形式主要有两大类:

(1)以货币资产形式出资。这是指酒店直接从投资者处吸收投入的货币资金,包括投资者以人民币投资和人民币以外货币投资两种形式。吸收投资一般以人民币计量和表示,但允许外国投资者(包括我国港、澳、台地区)以人民币以外的货币形式向被投资企业投资。外国投资者可以用可自由兑换的外币出资,经国家外汇管理局审批,也可以用其从中国境内设立的其他外商投资企业获得的人民币利润、外商投资企业外方已登记外债本金及当期利息出资,还可以用从其已投资的外商投资企业中因先行收回投资、清算、股权转让、减资等所得的财产在境内再投资。中外合作经营企业的外国合营者出资的外币,需要按照缴款当日中国人民银行公布的基准汇率折合成人民币或套算成约定的外币。现金投资是吸收投资中最重要的一种投资方式。有了现金,便可以获取其他物质资源。因此,酒店应该争取投资者采用现金方式投资。

(2)以非货币资产形式出资。按照我国《公司法》的规定,以非货币资产形式出资必须具备两个条件:能够以货币估价和能够依法转让。因此,实物、股权、特定债权及无形资产中的知识产权和土地使用权等都可以作价出资;但劳务、信用、自然人姓名、商誉、无形资产中的特许经营权或设定担保财产等则不具备出资条件。

非货币资产出资的形式主要是实物投资和无形资产投资。

以非货币形式出资时,要对资产进行合理的价值评估。双方可以按公平合理原则协商作价,也可以请资产评估机构进行资产评估,以评估后的价格形成出资额。

3. 吸收直接投资的程序。酒店吸收直接投资,一般应遵循下列程序:①确定筹资数量;②寻找出资者,协商投资事宜;③签署投资协议,明确产权关系;④按期获取资金;⑤执行投资协议。

4. 吸收直接投资的优缺点。吸收直接投资的优点是:①有利于增强酒店信誉。吸收投资所筹集的资金属于酒店自有资金,能增强酒店的信誉和借款能力。②有利于尽快形成酒店的经营能力。吸收投资可以筹措现金直接增加服务设施,或能够直接获得所需的服务设施等非现金投资,有利于尽快形成经营能力。③有利于降低财务风险。可以根据酒店的经营情况向投资者支付报酬,财务风险较其他形式的筹资风险低。

吸收直接投资的缺点是:①资金成本较高。与债务资金相比,投资人的分红不能像利息那样在税前支付,没有减税效应,因此资金成本相对较高。②由于没有证券为媒介,产权关系有时不够明确,容易发生纠纷,也不便于进行产权交易。③容易分散酒店控制权。采用吸收直接投资方式筹集资金,投资者会要求获得与投资数量相适应的经营管理权,这也是酒店接受外来投资的代价之一。

(二)发行股票筹资

股票是股份制酒店为筹措自有资金而发行的有价证券,是投资人投资入股以及取得股利的凭证,它代表了股东对股份制酒店的所有权。股票持有人即酒店的股东作为出资人,按投入酒店的资本额享有所有者的资产收益、参与酒店的重大决策和选择管理者的管理,并以其所持股票为限对酒店承担有限责任,是持股人拥有酒店股票的书面凭证。

1. 股票的特征。作为一种有价证券,股票具有如下特征:

(1)股票代表持有者对股份制酒店的所有权。

(2)股票的发行实行公开、公平、公正的原则,必须同股同权,同股同利。任何单位或者个人所认购的股份,每股应当支付相同股价。

(3)股票可以在证券市场流通,具有较强的流动性和变现性。

(4)股票持有者每年获得的股息与红利,取决于酒店经营状况的好坏。当酒店倒闭、破产进入清算阶段时,股票持有人只能索偿剩余财产,而不能要求酒店按面值赔偿损失。

2. 股票的分类。由于股票发行与交易的管理方式不同,股票所代表的权利和义务关系不同,股票可划分为不同的种类。酒店可以根据自身的投资目的,选择适当类别的股票进行投资。

(1)按照股东的权利,股票可以分为普通股和优先股。普通股指在公司的经营管理和盈利及财产的分配上享有普通权利的股份,代表满足所有债权偿付要求及在优先股股东的收益权与求偿权要求后对企业盈利和剩余财产的索取权,是股票的一种基本形式,也是发行量最大,最为重要的股票。普通股是股份制酒店最重要、最基本的一种股份,是构成股份制酒店股东的基础。普通股股东享有的权利与承担的义务最为广泛,完全符合一般股东的基本标准。持股愈多,控制酒店的权力就愈大。

持有普通股的股东,享有以下权利:第一,经营参与权。普通股股东可以参与酒店的经营管理,拥有选举表决的权利。第二,收益分配权。普通股股东有权凭其所持有的股份参加酒店的赢利分配,其收益与酒店经营状况直接相关,具有不确定性。所获股息的多少取决于股份制酒店的赢利状况和利润分配政策,且普通股的赢利分配顺序在优先股之后。因此,持有普通股的酒店具有一定的风险,如果股份制酒店经营亏损,则可能不派发股息;但如果股份制酒店赢利丰厚,酒店可获得高额股息。第三,认股优先权。如果股份制酒店增发普通股票,原有普通股股东有权优先认购新发行的股票,以保证其对股份制酒店的持股比例保持不变。第四,剩余资产分配权。股份制酒店进入破产清算程序时,在其清偿债务和将剩余资产分配给优先股股东之后,其剩余资产可按普通股股东所持有股份进行分配。但股份制酒店此时可能已没有剩余财产,因此持有普通股的股东有可能面临血本无归的风险。第五,股份支配权。股票也是一种有价证券,酒店可以随时将其股份出售转让,收回投资资金。第六,检查酒店经营的权利。持有普通股的股东可以通过检查酒店的财务报表和其他报告书来了解股份制酒店的经营情况。股份制酒店必须定期向包括酒店在内的所有股东提交详细的财务报告。

优先股是指股份制酒店在筹集资本时给予认购者某些优先条件的股票。优先股有以下几个特征:第一,约定股息率。优先股股东的收益先于普通股股东支付,事先确定固定的股息率,其收益与酒店经营状况无关。因此,不论股份制酒店的经营状况如何,赢利多少,只要股东大会决定分派股息,持有优先股的酒店即可按预定的股息率优先取得股息。第二,优先清偿剩余资产。股份制酒店破产清算时,其剩余财产的清偿分配优先于普通股股东。第三,表决权受限制。优先股股东一般不参加公司的红利分配,没有股份制酒店的经营参与权和选举权。与普通股相比较,优先股虽然收益和决策参与权有限,但风险较小。

(2)按投资主体的性质,股票可分为国家股、法人股和社会公众股。国家股是指有权代表国家投资的部门或机构以国有资产向酒店投资形成的股份。法人股是指企业法人或具有法人资格的事业单位和社会团体以其依法可经营的资产向酒店非上市流通股权部分投资所形成的股份。社会公众股是指在我国境内个人和机构以其合法财产向可上市流通股权部分投资所形成的股份。内部职工股和转配股也属于社会公众股,除社会公众股、转配股和酒店高层管理人员持股之外,其他社会公共股均可上市流通。可以上市流通的社会公众股也称为流通股。

(3)按投资者是以人民币认购和买卖还是以人民币以外的货币认购和买卖股票划分,股票可分为内资股和外资股。内资股即人民币普通股,也称 A 股,是由我国境内酒店发行,供境内机构、组织或个人(不含台、港、澳投资者)以人民币认购和交易的普通股股票。外资股是指由外国和我国的香港、澳门、台湾地区投资者以购买人民币特种股票形式(以人民币标明面值,以人民币以外货币进行认购和交易),向酒店投资形成的股份。

(4)依据股票特性的不同,通常将股票分为绩优股、绩差股、成长股、成分股、蓝筹股、红筹股、ST 股和 PT 股等。

绩优股是指业绩优良酒店的股票,具有较高的投资回报和投资价值。在我国,投资者衡量绩优股的主要指标是每股税后利润和净资产收益率。若每股税后利润在全部上市公司中处于中上地位,公司上市后净资产收益率连续三年显著超过 10%的股票一般被称为绩优股。一般而言,假如酒店过去几年经营业绩和盈余表现均很好,预计未来几年仍可保持其较高的增长率、能够派发优厚股息的股票,均可称之为绩优股。

绩差股是与绩优股相对而言的股票,主要是指那些业绩较差酒店的股票。此类股票的投资回报率较低或为负数,在市场上的表现萎靡不振、股价长期低迷或一路下跌,通常不为投资者看好。如果绩差股长期保持较低的回报率甚至酒店处于连续亏损状态,则该股票一般称为垃圾股,即投资风险很高、几乎没有投资效益的股票。

成长股是指除了具有绩优股的特征,还具备以下条件的股票:①能不断开发出满足市场需求的新产品;②能筹集到大量资本进行技术改造或设备更新;③酒店自有资金实力雄厚,有良好的抗风险能力。④具有较高的赢利水平。

成分股是指能够反映一个特定股市变动趋势的代表性上市酒店的股份。成分股的选择通常应参照以下标准进行:①该股票在整个股票市场中是否重要;②发行的股票是否足以应付市场旺季的需要;③酒店的业务是否以当地为基地;④成交量是否对投资者具有影响。

蓝筹股是指那些在所属行业占有重要支配地位、业绩优良、成交活跃、红利优厚的大酒店的股票。这类股票风险适中、收益丰厚,股价呈上涨趋势,普遍受投资者青睐。

红筹股是指那些在中国境外注册、在中国香港上市的带有祖国大陆概念的股票。发行这些股票的上市酒店的主要业务在祖国大陆,主要赢利也来自该业务,或者该上市酒店为中资所控股。

ST(special treatment)股,是我国的证券交易所对境内连续两年亏损或经营状况出现异常的上市酒店股票依法进行的特别处理,以提醒该酒店改进经营管理水平。但具体问题应具体分析,有些 ST 股主要是经营性亏损,那么在短期内很难通过加强管理扭亏为盈。有些 ST 股是由于特殊原因造成的亏损,或者有些 ST 股正在进行资产重组,则这些股票往往潜力巨大。

PT 股即 PARTICULAR TRANSEER,是指我国证券交易所对存在连续三年亏损等情况、被暂停上市的上市公司的股票实施特别转让处理措施,即停止任何交易、价格清零、等待退市,这类股票即称为 PT 股。

3. 股票发行的条件与发行方式。按我国《中华人民共和国公司法》(以下简称《公司法》)、《中华人民共和国证券法》(以下简称《证券法》)及《股票发行与交易管理暂行条例》的有关规定,股份制酒店申请其股票上市发行必须符合下列条件:

(1)股票经国务院证券监督管理机构核准已向社会公开发行。

(2)酒店股本总额不少于人民币 3 000 万元。

(3)公开发行的股份达酒店股份总数的 25%以上;酒店股本总额超过人民币 4 亿元,其向社会公开发行股份的比例为 10%以上。

(4)酒店在最近三年内无重大违法行为,财务会计报告无虚假记载。

证券交易所可以规定高于上述规定的上市条件,并报国务院证券监督管理机构批准。

股票的发行方式有公募发行和私募发行,公募发行有自销方式和承销方式。自销方式指股票发行酒店不通过中介机构,而是自己直接将股票销售给认购者。这种销售方式可以节约费用,但筹资时间长,发行酒店要承担较大的风险。承销方式指股票发行酒店委托证券经营机构销售其发行的股票。根据《公司法》规定,我国的股份制酒店向社会公开发行的股票必须与依法设立的证券经营机构签订承销协议,有证券经营机构承销。

股票承销方式具体分为包销和代销。包销是根据承销协议规定的价格,由证券经营机构一次全部购进股份制酒店公开募集的股份,然后以较高的价格出售给社会的认购者。代销是指股票发行酒店委托证券经营机构代理发行酒店股票,并支付一定的手续费用,证券经营机构不承担发行风险。对于股票发行酒店而言,采取包销方式可以及时获得资金,免于承担发行风险,但发行成本较高。

私募发行指股票发行酒店不公开对外发行股票,而只向少数对象直接发行,不经过中介机构承销。这种股票相对于公募发行方式而言,发行成本较低,但筹款时间长且流动性差。

4. 股票发行的程序。股票发行一般要经过以下程序:

(1)申请与核准。

(2)向证券交易所提出申请,安排上市。

(3)上市公告。

5. 股票价格的确定。股票定价是酒店上市面临的重要财务决策。确定股票价格时,首先应确定股票的内在价值及价格底线,再根据供求关系确定股票的发行价格。确定股票内在价值的方法有:

(1)未来收益现值法。未来收益现值法是股票价值等于预期未来可收回的全部现金性股息的现值之和。此法适用于能够对未来收益做出准确判断的上市酒店。

(2)每股净资产法。每股净资产是上市酒店的账面总资产扣除负债总额后与发行在外的普通股股数的比值,是新股发行时确定发行价格的基本依据。计算公式如下:

$$\text{每股净资产} = \frac{\text{账面总资产} - \text{账面负债额}}{\text{发行在外平均股数}}$$

(3)清算价值法。清算价值是上市酒店资产的实际清算价值扣除负债后与发行在外的普通股股数的比值。每股清算价值是股票发行价的底线,是每股股票的最低价值。计算公式如下:

$$\text{每股清算价值} = \frac{\text{总资产的实际清算价值} - \text{全部负债}}{\text{发行在外平均股数}}$$

(4)市盈率法。市盈率反映投资者愿意以每股净收益若干倍的价格来购买股票。上市酒店一般根据同行业的参考市盈率及本单位的赢利情况预测值来确定酒店的股票投资价值。计算公式如下:

$$\text{股票价值} = \text{参考市盈率} \times \text{预测每股净收益}$$

【例 3-1】宏坊酒店预测本酒店股票每股收益为 1.80 元。据计算,同行业的股票平均市盈率为 12 倍,计算宏坊酒店的股票价值。

【解】宏坊酒店股票价值 = 参考市盈率×预测每股净收益

$$= 12\times1.80 = 21.60(\text{元})$$

确定发行价格时,除以上因素外,还应考虑上市酒店的市场地位、证券市场的供求关系、股价水平及国家有关政策规定等。

6. 普通股筹资的优缺点。普通股筹资既有优点又有缺点,具体分析如下:

(1)普通股筹资的优点:

①酒店不必对普通股股东支付固定的报酬。当酒店经营盈余,并认为可以分派股利时,就可以分派股利;当酒店经营亏损、经营盈余较少或虽有盈余但资金短缺或有更好的投资机会时,就可以少支付或不分派股利。

②普通股没有固定的到期日,无须偿还。普通股股本是酒店的永久性资本,只要酒店存在,就不需要清算。这对保证酒店最低的资金需求,维持酒店经营稳定有重要意义。而由于普通股股本没有固定的到期日,也不需要支付固定的股利,不存在还本付息的风险。

③发行普通股筹集自有资本可以提高酒店信誉。由于普通股股本与留存收益构成酒店偿债基金的基本保障,所以使用普通股筹资可以提高酒店的信誉,同时也为使用更多的债务资金提供了强有力的支持。

④筹资限制较少。使用其他方式筹资,通常有很多限制。如借款筹资虽然成本较低,但数量有限,不能满足经营需要。因此,这类筹资会影响酒店筹资的灵活性,而利用普通股筹资则没有这些限制。

(2)普通股筹资的缺点:

①资本成本较高。普通股筹资的资本成本大于债务筹资的成本。其原因在于,普通股的发行费用较高,同时,股利要从净利润中支付;而债务资金的利息在税前扣除,酒店因此少交一笔所得税。

②发行新普通股增加新股东,可能会分散酒店的控制权。过多发行新股,有可能会损坏酒店在公众中的形象。同时,利用普通股筹资,出售新的股票,引进新股容易导致控制权分散。由于新股东对酒店已积累的盈余具有分享权,也会降低普通股每股净收益,导致普通股市价下跌。

(三)留存收益筹资

酒店成立以前,没有正式经营活动,资金的筹集全部采取外部筹资的方式。一旦酒店开业,经营活动走入正轨,它就可以通过外部和内部两种渠道筹集资金。内部筹资的重要方式是留存收益筹资。留存收益筹资是指酒店从税后净利润中提取的积累性资金,包括盈余公积金和未分配利润,它归属于酒店的所有者,是酒店内部筹资的一个来源。盈余公积金是按照规定从净利润中提取的基金,包括法定盈余公积金和任意盈余公积金,这部分提取的基金指有特定用途的留存净利润。未分配利润是指未规定具体用途的留存收益。

留存收益是酒店税后利润形成的权益资金。为了酒店未来的发展,决策人不会将全部收益以股利的形式分配给股东,这部分留存的利润就形成了酒店资金的重要来源。

第三节 负债性筹资

负债性筹资指酒店筹资的资金中以借款形式取得的、需要以规定的利率到期还本付息的资金。负债筹资的方式主要有向银行借款、发行债券、融资租赁和商业信用等。

一、短期借款

借款指酒店向银行等金融机构或个人借入的、需要还本付息的债务资金，包括短期借款和长期借款。短期借款指酒店向银行和除银行外的其他非银行金融机构借入的期限在一年内或超过一年的一个营业周期内的借款。

（一）短期借款的种类

按照目的和用途，目前我国的短期借款分为生产周转借款、临时借款、结算借款等。按照国际惯例，按偿还方式不同，短期借款分为一次性偿还借款和分期偿还借款；按利息支付方式不同，分为收款法借款、贴现法借款和加息法借款；按有无担保，分为抵押借款和信用借款等。

（二）短期借款的信用条件

按照国际惯例，银行发放短期贷款时，经常会涉及以下信用条件：

1. 信贷额度。信贷额度即贷款限额，是借款人在与银行签订贷款协议中规定的允许贷款人贷款的最高限额。

2. 周转贷款协议。周转贷款协议是银行从法律上承诺向酒店提供不超过一定限额的贷款协定。在协定有限期内，只要酒店借款总额未超过最高限额，银行必须满足酒店任何时间段内提出的借款请求。按照周转协议，酒店通常要对贷款限额的未使用部分付给银行一笔承诺费。

【例 3-2】宏坊酒店与银行签订协议，使用周转贷款 2 500 万元，承诺费率为 0. 2%。2021 年度酒店使用贷款 2 300 万元。试计算酒店应向银行支付的承诺费。

【解】

$$\text{酒店应支付的承诺费} = 200 \times 0.2\% = 0.4(\text{万元})$$

3. 补偿性余额。补偿性余额指银行要求借款单位在银行保留按贷款一定限额或实际借款额的一定比例（大约为借款额的 10%～20%）计算出的最低存款余额留存银行。目的是为了降低银行贷款风险，提高贷款的有效利用率。补偿性余额的要求提高了银行借款的实际利率，加重了酒店的负担。有关计算公式如下：

$$\text{实际利率} = \frac{\text{名义借款额} \times \text{名义利率}}{\text{名义借款额} \times (1 - \text{补偿性余额比例})} = \frac{\text{名义利率}}{1 - \text{补偿性余额比例}}$$

【例 3-3】宏坊酒店与银行签订协议，按年利率 6%向银行借入 2 500 万元，银行要求保留 20%的补偿性余额。试计算酒店的补偿性余额和借款实际利率。

【解】

$$\text{补偿性余额} = 2\,500 \times 20\% = 500(\text{万元})$$

$$\text{实际利率} = \frac{\text{名义利率}}{1 - \text{补偿性余额比例}} = \frac{6\%}{1 - 20\%} = 7.5\%$$

4. 借款抵押。银行向财务风险大、信誉度差的单位发放贷款时，需要抵押品作担保，以减少银行遭受损失的风险。贷款的抵押品一般是不动产。

5. 偿还条件。根据银行规定，贷款到期后无力还款将被视为逾期贷款，银行会加收逾期罚息。

6. 以实际交易为贷款条件。当酒店发生临时性需求向银行借入款项时，银行通常以实际交易额为贷款基础，单独立项，单独审批，确定贷款的相应条件。

以上信用条件也适用于长期借款筹资。

（三）短期借款利息的支付方式

短期借款成本主要包括利息、手续费等。其成本的高低主要取决于贷款利率的高低和利息的支付方式。利息的支付方式主要有以下几种：

1. 收款法。收款法又称利随本清法，是在借款到期时向银行支付利息的方法。银行对外发放贷款时一般都采用这种方法收取利息。采用收款法时，短期贷款的实际利率等于名义利率。

2. 贴现法。贴现法又称折价法，是指银行对外发放贷款时，先从本金中扣除利息部分，贷款到期时，借款方偿还全部贷款本金的一种利息支付方法。在这种利息支付方式下，借款方可以利用的贷款只是本金减去利息部分后的差额，因此，贷款的实际利率要高于名义利率。实际利率的计算公式为：

$$\text{贴现贷款实际利率} = \frac{\text{利息}}{\text{贷款金额} - \text{利息}} \times 100\%$$

【例3-4】宏坊酒店从银行取得借款2 500万元，期限1年，按年利率6%计算利息。如按照贴息法计算利息。计算酒店 实际可动用的贷款和贴现贷款实际利率。

【解】 酒店实际可动用的贷款=2 500−2 500×6%=2 350(万元)

$$\text{贴现贷款实际利率} = \frac{150}{2500 - 150} \times 100\% = 6.383\%$$

3. 加息法。加息法是银行发放分期等额偿还贷款时采用的利息收取方法。在分期等额偿还贷款情况下，银行将根据名义利率计算的利息加到贷款本金上，计算出贷款的本息和，要求借款方在贷款期内分期偿还本息之和的金额。由于贷款本金分期均衡偿还，借款企业实际平均只使用了贷款本金的一半，却支付了全额利息。借款方所负担的实际利率高于名义利率大约1倍。

以上利息支付方式也适用于长期借款筹资。

(四)短期借款筹资的优缺点

1. 短期借款筹资的优点。

(1)速度快。酒店通常在较短的时间内就可以取得短期借款，与长期借款相比要快得多。因为银行在发放长期贷款前要对酒店的经营情况进行全面的调查了解，而短期借款的数额比较小，往往可以解决酒店临时的资金需要，银行不需要对酒店进行全面的调查分析。

(2)借款弹性好。短期借款的数额和借款时间弹性较大，酒店可以在需要资金时随时借入款项，资金充裕时随时还款，便于酒店灵活安排资金。

2. 短期借款筹资的缺点。

(1)筹资风险大。由于短期借款的偿还期较短，在资金需要量较大的情况下，若酒店资金使用不合理，可能会还款困难。

(2)筹资成本较高。与其他短期筹资方式相比较，短期借款的筹资成本较高。尤其是在补偿性余额借款条件下，实际利率高于名义利率。

(3)筹资数量有限。由于不能对酒店进行全面的调查分析，银行将款项借给酒店时对数量有一定限制，因此借入的款项有可能满足不了酒店的需要。

二、长期借款

长期借款是指酒店向银行等金融机构及其他单位借入的，偿还期限在一年以上的债务资金，主要用于固定资产投资和流动资产的长期占用。长期借款与短期借款在借款信用条件上基本相同。

（一）长期借款的程序

酒店向银行等金融机构借入款项时，通常要经过以下步骤：①酒店提出借款申请；②银行审核申请；③签订借款合同；④酒店取得借款；⑤酒店归还借款。

（二）长期借款筹资的优缺点

1. 长期借款筹资的优点：

（1）筹资速度快。酒店利用长期借款方式筹资，通常只需银行审批。因此，贷款手续简便，所需时间较短，可以快速获得资金。

（2）成本较低。借款筹资的利息可在所得税前列支，故可减少酒店实际负担的成本，因此比股票筹资的成本要低得多；与债券相比，银行借款利率一般低于债券利率；此外，由于借款属于间接筹资，筹资费用也极少。

（3）弹性较大。在借款时，酒店与银行直接商定贷款的时间、数额和利率等；在用款期间，酒店如因财务状况发生某些变化，也可与银行再行协商，变更借款数量及还款期限等。因此，长期借款筹资有较大的灵活性。

（4）可以发挥财务杠杆的作用。酒店利用借款筹资，与债券一样可以发挥财务杠杆的作用。

2. 长期借款筹资的缺点：

（1）筹资风险较高。长期借款通常有固定的利息负担和固定的偿付期限。对于筹资方——酒店而言，无力偿还贷款时，会导致酒店陷入困境。

（2）限制条件过多。作为投资方，银行为了降低自己的投资风险，往往会采用担保、抵押或者附加限制条件等方式发放贷款。这种举措将会直接影响酒店今后的筹资和投资活动。

（3）筹资数量有限。长期借款的筹资数额有限，一般不能像股票、债券那样可以一次筹集到大笔资金。

一般情况下，规模较小，历史较短的酒店，资金需要量较小的酒店，资金需求时间较短的酒店（1~5 年），采用长期借款的筹资方式更为有利。

三、发行债券

债券是债务人在向社会借债筹措资金时，向投资者发行，承诺按规定利率支付利息并按约定条件偿还本金的债权债务凭证。债券包含了以下含义：①债券的发行人（政府、金融机构、酒店等实体单位）是资金的借入者；②购买债券的投资者是资金的出借者；③发行人（借入者）需要在一定时期内还本付息；④债券是债权的证明书，具有法律效力；⑤债券购买者与发行者之间是债权债务关系，债券发行人即债务人，债券持有人即债权人。

（一）债券的种类

债券的种类很多，不同的分类标准有不同的分类方法。

1. 按照发行主体的不同，债券分为政府债券、金融债券和公司债券。政府债券指政府为筹集资金而发行的债券。主要包括国债、地方政府债券等，其中最主要的是国债。金融债券是经中央银行或其他政府金融管理部门批准，由银行或其他金融机构发行的债券。公司债券是企业依照法定程序发行，约定在一定期限内还本付息的债券。

2. 按照偿还期限的长短，债券分为短期债券、中期债券和长期债券。短期债券指偿还期限在 1 年以下的债券。中期债券指偿还期限在 1 年或 1 年以上、10 年以下（包括 10 年）的债券。长期债券一般指偿还期限在 10 年以上的债券。

3. 按照利率是否固定,债券分为固定利率债券和浮动利率债券。固定利率债券指在发行时规定利率在整个偿还期内不变的债券。这种债券能保证投资者在偿还期限内获得固定的利息,因而可以较好地抵御通货紧缩风险。浮动利率债券是与固定利率债券相对应的一种债券。它是指发行时规定债券利率随市场利率定期浮动的债券,其利率通常根据市场基准利率加上一定的利差来确定。浮动利率债券往往是中长期债券。

4. 按照是否记名,债券分为记名债券和无记名债券。记名债券是指在债券上写有债权人的名称,转让时需要由原持有人背书,并要有金融机构鉴证的债券。无记名债券是指债券上不标明债权人名称,转让时不需背书和鉴证,债券持有人即是相应的债权人。

5. 根据发行方式的不同,债券分为公募债券和私募债券。公募债券是指按法定手续,经证券主管机构批准在市场上公开发行的债券。这种债券的认购者可以是社会上的任何人。债券的发行者一般有较高的信誉。除政府机构、地方公共团体外,一般私营企业必须符合规定的条件才能发行公募债券。私募债券是指以特定的少数投资者为对象发行的债券。这种债券发行手续简单,一般不能公开上市交易。

6. 按照有无抵押担保,债券可分为信用债券和担保债券。信用债券也称无担保债券,指仅凭债券发行者的信用而发行,没有抵押品作担保的债券。政府债券和金融债券即属于这类债券。担保债券是指以财产作为担保而发行的债券,这类债券主要有以下三种:①抵押债券,指以土地、房屋、设备等实物资产作为抵押担保品而发行的债券。当筹资者不能履行还本付息义务时,债券持有者(一般由其受托人代表)有权变卖抵押品来偿付债券本息。抵押债券是现代公司债券中比例最大、最重要的一种。②质押债券,指以酒店拥有的其他债券或股票等有价证券作为担保品所发行的酒店债券。发行这种债券的酒店必须将作为担保品的有价证券交给信托机构(即受托人)。当酒店到期不能偿债时,即由受托人处理质押的证券并代为偿债。③保证债券,指由第三者担保偿还本息的债券。担保人可以是政府、银行、连锁酒店总店等。这种债券可以提高筹资者的信誉,扩大债券销路,还可以减轻筹资者的利息负担。

7. 按照付息方式,债券分为贴现债券、零息债券和附息债券。贴现债券是指债券券面上不附息票,发行时按规定的折扣率,以低于债券面值的价格发行,到期按面值支付本息的债券。贴现债券的发行价格与其面值的差额即为债券的利息。短期国库券的发行可以采用贴现方式。零息债券是指债券到期时和本金一起一次性付息、利随本清,也可称为到期付息债券。其付息特点有两个:一是利息一次性支付,二是债券到期时支付,是一种长期贴现债券。附息债券是指债券券面上附有息票的债券,是按照债券票面载明的利率及支付方式支付利息的债券。附息国债的利息支付方式一般是在偿还期内按期付息,如每半年或一年付息一次。

8. 按照债券形态分类,债券分为实物债券、凭证式债券和记账式债券。实物债券(也称无记名债券)是指以实物债券的形式记录债权,券面标有发行年度和不同金额,可上市流通的债券。由于其发行成本较高,实物债券现使用极少。凭证式债券是一种储蓄债券,通过银行发行,采用“凭证式国债收款凭证”的形式,从购买之日起计息,但不能上市流通。记账式债券是指没有实物形态的票券,以记账方式记录债权,通过证券交易所的交易系统发行和交易。

9. 按照是否能转换为股票,债券分为可转换债券和不可转换债券。可转换债券是指在特定时期内可以按某一固定的比例转换成普通股的债券,它具有债务与权益双重属性,属于一种混合性筹资方式。由于可转换债券赋予债券持有人将来成为酒店股东的权利,因此其利率通常低于不可转换债券。不可转换债券是指不能转换为普通股的债券,又称为普通债券。由于其不存在债券持有人将来成为酒店股东的权利,所以其利率一般高于可转换债券。

10. 按照是否能够提前偿还,债券分为可赎回债券和不可赎回债券。可赎回债券是指在债券到期前,发行人可以按事先约定的赎回价格收回的债券。发行可赎回债券的关键问题是赎回期限和赎回价格的制定。不可赎回债券是指不能在债券到期前收回的债券。

11. 按照偿还方式不同,债券可以分为一次到期债券和分期到期债券。一次到期债券是发行酒店于债券到期日一次偿还全部债券本金的债券。分期到期债券是指在债券发行的当时就规定有不同到期日的债券,即分批偿还本金的债券。分期到期债券可以减轻发行酒店集中还本的财务负担。

(二)发行债券的资格和条件

发行债券应具备法律规定的发行资格和条件。

1. 债券发行的资格。根据我国《公司法》的规定,股份制酒店、国有独资酒店和两个以上的国有企业或者其他两个以上的国有投资设立的有限责任公司形式的酒店有资格发行公司债券。

2. 债券发行的条件。公开发行酒店债券,应当符合下列条件:

(1)股份制酒店的净资产不低于人民币3 000万元,有限责任酒店的净资产不低于人民币6 000万元;

(2)累计债券余额不超过酒店净资产的40%;

(3)最近三年平均可分配利润足以支付酒店债券1年的利息;

(4)新筹集资金的投向符合国家产业政策;

(5)债券的利率不超过限定的利率水平;

(6)我国相关机构规定的其他条件。

公开发行公司债券筹集的资金,必须用于核准的用途,不得用于弥补亏损和非经营性支出。凡有下列情况之一的发行酒店,不得再次发行公司债券:第一,前一次发行的债券尚未募足的;第二,对已发行的债券或者其债务有违约或延迟支付本息的事实,且仍处于持续状态的。

(三)债券发行的程序

债券发行的基本程序如下:①做出发行债券的决议;②提出发行申请;③公告债券募集办法;④委托证券承销机构发售;⑤交付债券,收缴债券款,登记债券存根簿。

(四)债券发行价格的确定

债券发行价格是发行债券时所使用的价格。发行债券时,必须根据有关因素,采用一定的方法确定债券的发行价格。

1. 债券发行价格的决定因素。决定债券发行价格的因素主要有:

(1)债券面值。债券的面值是指债券的票面价值,是发行人在债券到期后向债券持有人偿还的本金数额,也是发行人向债券持有人按期支付利息的计算依据。一般而言,债券面额越大,发行价格越高。债券的发行价格大于面值称为溢价发行,小于面值称为折价发行。

(2)票面利率。债券的票面利率是指债券利息与债券面值的比率,是发行人承诺支付给债券持有人报酬的计算标准。债券票面利率的确定主要受银行利率、发行者的资信状况、偿还期限和利息计算方法以及当时资金市场上资金供求情况等因素的影响。一般情况下,债券的票面利率越高,发行价格也就越高;反之则越低。

(3)市场利率。债券发行时的市场利率是衡量债券票面利率高低的参照利率。一般情况下,债券的市场利率越高,债券的发行价格越低;反之就越高。

(4)债券期限。债券的期限越长,债权人所承担的风险越大,要求得到的报酬越高,债券的发行价格就可能较低;反之则较高。

债券的发行价格是以上因素共同作用的结果。

2. 确定债券发行价格的方法。票面利率和市场利率的关系会影响债券的发行价格。公司债券的发行价格通常有等价、溢价和折价三种。等价指以债券的面值作为债券的发行价格。当债券票面利率等于市场利率时,债券发行价格等于面值,即按照面值发行债券。溢价发行指按高于债券面额的价格发行债券。当债券票面利率高于市场利率时,酒店仍以面值发行债券,会增加债券的发行成本,故一般要溢价发行债券。折价发行指按低于债券面额的价格发行债券。当债券票面利率低于市场利率时,酒店仍以面值发行就不能吸引投资者,故一般要折价发行债券。溢价发行债券或折价发行债券,主要是由于债券的票面利率与市场利率不一致造成的。理论上,债券发行价格是债券的面值与要支付的年利息按发行当时的市场利率折现所得到的现值。由于债券的票面利率在债券发行前就已确定,并标明于债券券面,当债券出售时,若出现票面利率与市场利率不一致的情况时,就需要调整发行价格。债券发行价格的计算公式如下:

$$\text{债券发行价格} = \frac{\text{债券面额}}{(1+\text{市场利率})^n} + \sum_{t=1}^{n} \frac{\text{债券年息}}{(1+\text{市场利率})^t}$$

式中:n 为债券期限;t 为付息期数;市场利率为债券发行时的市场利率;债券年息为债券面额与票面利率的乘积,通常为年利率。

【例 3-5】宏坊酒店发行面额为 500 元,票面利率 10%,期限 8 年的债券,每年末付息一次。试计算宏坊酒店在等价、溢价和折价情况下债券的发行价格。

【解】(1)市场利率为 10%,与票面利率一致,为等价发行。债券的发行价格计算如下:

$$\text{债券发行价格} = \frac{500}{(1+10\%)^8} + \sum_{t=1}^{8} \frac{50}{(1+10\%)^t} = 500\ (\text{元})$$

(2)市场利率为 8%,低于票面利率,为溢价发行。债券的发行价格计算如下:

$$\text{债券发行价格} = \frac{500}{(1+8\%)^8} + \sum_{t=1}^{8} \frac{50}{(1+8\%)^t} = 557.47\ (\text{元})$$

(1)市场利率为 12%,高于票面利率,为折价发行。债券的发行价格计算如下:

$$\text{债券发行价格} = \frac{500}{(1+12\%)^8} + \sum_{t=1}^{8} \frac{50}{(1+12\%)^t} = 450.32\ (\text{元})$$

(五)债券筹资的优缺点

1. 债券筹资的优点。

(1)资本成本低。债券的利息可以税前列支,具有抵税作用;另外,债券投资人比股票投资人的投资风险低,因此其要求的报酬率也较低。故公司债券的资本成本要低于普通股。

(2)具有财务杠杆作用。债券的利息是固定的费用,债券持有人除获取利息外,不能参与酒店净利润的分配,因而具有财务杠杆作用,在息税前利润增加的情况下会使股东的收益以更快的速度增加。

(3)筹集资金属于长期资金。发行债券所筹集的资金一般属于长期资金,可供酒店在 1 年以上的时间内使用,这就为酒店安排投资项目提供了有力的资金支持。

(4)债券筹资的范围广、金额大。债券筹资的对象十分广泛,它既可以向各类银行或非银行金融机构筹资,也可以向其他法人单位、个人筹资,因此筹资比较容易,并可筹集较大金额的资金。

2. 债券筹资的缺点。

(1)财务风险大。债券有固定的到期日和固定的利息支出。当酒店资金周转出现困难时,易使酒店陷入财务困境,甚至破产清算。

(2)限制性条款多,资金使用缺乏灵活性。由于债权人没有参与酒店管理的权利,为了保障债权人债权的安全,通常会在债券合同中包含各种限制性条款。这些限制性条款,使酒店资金使用缺乏灵活性。

(3)利息必须定期支付,成为酒店的固定财务负担。一旦酒店资金周转不畅,势必会面临财务困难,甚至破产,进入清算程序。因此,利用这种方式筹集资金,必须考虑酒店的经营状况及偿债能力,避免陷入债务危机。

四、租赁筹资

(一)租赁的概念和种类

1. 租赁的概念。租赁是指出租人在承租人给予一定报酬的条件下,资产的所有者在契约或合同规定的期限内,出让资产的使用权供承租者使用,按期收取租金作为报酬,而不改变其所有权的一种服务性的经济活动。租赁是一种新兴的信贷方式。租赁契约一般会规定财产的归属、使用、租金数额、维修、保管等相关内容。

2. 租赁的分类。现代租赁通常按照性质分为经营租赁和融资租赁两大类。

经营租赁又称营运租赁、服务租赁,指出租人向承租酒店租赁设备,并提供设备维修保养和人员培训的服务型业务。典型的经营租赁通常指短期租赁。其主要特点是:①承租方根据需要可随时向出租人提出租赁资产;②租赁期较短,不涉及长期而固定的义务;③设备租赁期间可随时终止租赁合同;④出租人提供专门服务;⑤租赁期满或合同终止时,租赁设备由出租人收回。

融资租赁又称资本租赁、财务租赁,指承租人(如酒店)需更新或添置设备时,不是以直接购买设备的方式投资,而是以支付租金的形式向出租人(租赁公司)借用设备,它是用于解决承租人财务困难而采用的现代租赁形式。典型的融资租赁一般是长期租赁。融资租赁的主要特点是:①不可撤销;②完全付清;③租期较长;④承租人负责设备的选择、保险、保养和维修等;⑤出资人仅负责垫付贷款,购进承租人所需的设备,按期出租及享有设备的期末残值。

符合下列条件之一,即为融资租赁:①在租赁期满时,资产的所有权转让给承租人;②承租人对租赁资产有廉价购买选择权,并且租赁开始日就能相当肯定将会行使此项选择权;③租赁期为资产使用年限的大部分。通常要等于或大于尚可使用年限的75%;④租赁开始日租赁付款额的现值占租赁资产原账面价值的90%以上(含90%);⑤租赁资产性质特殊,如果不做较大修改,只有承租人可以使用。

(二)融资租赁的形式

融资租赁按照其业务的不同特点,可以细分为以下几种具体形式:

1. 直接租赁。直接租赁指直接租赁资产付租金的形式,即承租人直接向出租人租入所需要的资产,并付出租金。它是融资租赁的典型形式,我国目前的融资租赁大部分采用该方式。

2. 售后租回。售后租回是根据协议,承租人将资产卖给出租人,再将其租回使用,并按期向租赁公司支付资金。采用这种融资租赁形式,承租方因出售资产而获得了资金,同时因将其租回而保留了资产的使用权。

3. 杠杆租赁。杠杆租赁涉及承租人、出租人和资金出借者三方当事人,出租人在资金不足时,只以购买资产的部分资金作为自己的投资,其他资金以该资产抵押形式向资金出借者借入,其既是出租人又是贷款人,同时拥有对资产的所有权,既收取租金又偿还债务。如果出租人到期不能偿还借款,资产的所有权就要转归资金的出借者。这种租赁形式不影响承租人。

4. 转租租赁。转租租赁又称再租赁,指出租人从其他租赁公司或设备制造商处租入设备,然后再转租给承租人使用的租赁形式。

(三)融资租赁的程序

融资租赁的基本程序如下:①选择租赁酒店;②办理租赁委托;③签订购货协议和购买资产;④签订租赁合同;⑤办理验货和投保;⑥支付租金;⑦租赁期满时处理设备。

(四)融资租赁筹资的优缺点

1. 融资租赁筹资的优点。

(1)迅速获得所需资产。采用租赁方式取得资产往往比借款购置资产更为迅速和灵活。原因在于,租赁是筹资与资产购置同时进行,酒店可以尽快形成经营能力,增加收入。

(2)限制条件少。与其他筹资方式相比,股票、债券、长期借款等方式的限制性条款比较多,而租赁筹资的限制性条件相对较少。

(3)设备淘汰的风险小。随着科学技术的不断进步,设备陈旧过时的风险很大,而利用融资租赁就可以减少这一风险。租赁的期限一般为资产使用年限的一定比例,不会像酒店自己购买设备那样,在整个资产使用期间都要承担风险。同时多数租赁协议规定由出租人承担设备陈旧过时的风险,这就减少了承租人(酒店)提前淘汰设备的风险。

(4)财务风险小。借款筹资一般会在借款到期日一次性归还本金及利息,给酒店带来极大压力,当酒店财务基础比较差时,有可能造成不能偿付的风险。融资租赁则可以将租金在整个租期内分摊,减少不能偿付的风险。

(5)税收负担轻。融资租赁费用可以在所得税前扣除,具有抵免所得税的效用。因此,承租人(酒店)可以享受税收利益。

2. 融资租赁筹资的缺点。融资租赁最主要的缺点是资本成本高,租金总额通常要高于租赁设备总值的30%。当酒店在经济不景气、财务出现困难时,租金的固定支付也成为酒店的一项沉重负担。若不能享有设备残值,也会造成酒店的机会损失。

目前,我国酒店极少采用融资租赁方式筹集资金。

五、商业信用

商业信用是指商品交易中延期付款或预收货款而形成的借贷关系,是酒店之间的一种直接信用行为。商业信用的形式很多,较为常见的是应付账款、应付票据、预收账款等。

(一)应付账款

应付账款指购买商品、原材料、物料用品和接受劳务供应等应付给供应单位的款项,是在卖方认可买方诚信度基础上的一种付款形式。这种赊购关系完全依靠买方的信用来维持，只有信誉度比较好的酒店才能获得供应商的赊销。采用这种方式筹集资金手续比较简便，但要控制在一定范围内，否则会造成酒店同其他供应商结算链条的失控，影响资金的正常周转和酒店的信誉，进而影响酒店进一步筹资的能力。

采用这种交易方式时，酒店收到供应商的商品后并不马上付款，而是在规定的付款期限内（从 10 天到 3 个月不等）付款。如果酒店提前付款，则可以获得一定的现金折扣作为优惠（平均在 1%~5%之间）。如信用条件为“2/10，*n*/30”，则表示若在 10 天之内付款，可享受 2%的现金折扣，若在 11~30 天之内付款，则需正常付款无折扣。在提供现金折扣的赊销方式下，买方若在折扣期内付款，就不会发生商业信用成本，即可以获得短期资金来源，并能得到现金折扣；若买方放弃了现金折扣，就会发生商业信用筹资成本，但可在较长时间内占用卖方的资金。计算公式如下：

$$\text{商业信用筹资成本} = \frac{\text{现金折扣率} \times 360}{(1 - \text{现金折扣率}) \times (\text{信用期} - \text{现金折扣期})}$$

【例 3-6】宏坊酒店购入布草，价值 80 万元，经销商给予“2/10，*n*/30”的信用条件。这就意味着酒店如在 10 天内付款，可以享受 2%的现金折扣；若不享受现金折扣，货款应在 30 天内付清。计算宏坊酒店放弃现金折扣的筹资成本。

【解】

$$\text{放弃现金折扣的成本} = \frac{2\% \times 360}{(1 - 2\%) \times (30 - 10)} = 36.73\%$$

计算表明，宏坊酒店筹资成本只要不超过 36.73%，就应在最晚第 10 天（或 10 天内）付款。

（二）应付票据

应付票据是酒店作为买方进行延期付款的商品交易时，根据购销合同，向经销商开出并承诺到期向其按条件付款的，反映债务、债权关系的商业票据，是一种正式的、具有法律效力的凭据。应付票据属于商业汇票，时间期限一般为 1~6 个月，汇票的期限由交易双方商定，是一种短期融资方式。

酒店财务人员要做好应付票据的记录，按期支付应付票据款。

（三）预收账款

预收账款指销售商品时，要求购货方在发出货物之前支付部分或全部货款的信用行为。预收账款一般用于以下情况：①已知买方的信用状况欠佳；②销售生产周期长、价格高的产品。它等于先向购买方借入款项，之后用商品归还。在这种信用条件下，销售方可以得到暂时的资金来源，购货方则需要预先垫付资金。

（四）商业信用筹资的优缺点

1. 商业信用筹资的优点。

（1）筹资便利。信用筹资与商品买卖同时进行，属于一种自然筹资，无须做出特别的计划，也无须经过买卖双方以外的其他部门审批，就可以得到资金。

（2）筹资成本低。大多数商业信用都是由卖方免费无偿提供的，与其他筹资方式相比，成本较低。如果没有现金折扣，或者酒店不放弃现金折扣，以及使用不带息应付票据，则酒店利用商业信用筹资并不发生筹资成本。

（3）限制条件少。与银行借款相比，无须担保或抵押，选择的余地较大。

2. 商业信用筹资的缺点。

（1）期限较短。商业汇票的期限范围在 1~6 个月，资金不能长期占有，属于短期筹资方式。

(2)风险大。由于应付款项发生频繁,酒店必须随时调度资金以满足付款的需要。若不能按时支付款项,就有丧失信用的风险。

第四节　混合性筹资

混合性筹资资金是指既有某些股权性资金的特征又具有某些债权性资金特征的资金形式。混合性筹资通常包括发行优先股筹资、发行可转换债券筹资和发行认股权证筹资等。

一、发行优先股筹资

(一)优先股的概念和特征

优先股是指股份制酒店发行的优先于普通股分派股利和酒店剩余财产的股票,是介于普通股与债券之间的一种有价证券。它与普通股有许多相似之处,但又具有债券的某些特征。因此优先股被视为一种混合性债券。与普通股相比较,优先股股东的特别权利就是,可优先于普通股股东以固定的股息取得酒店收益并在酒店进入破产清算程序时优先分取剩余财产,但一般不能参与酒店的经营活动,其具体的优先条件必须由酒店章程加以明确。一般来说,优先股具有如下特征:

1. 优先分配固定的股利。优先股股东会优先于普通股股东,且以约定的比率分配股利。由于其股利受筹资方经营状况和赢利水平的影响较小,从这一点上讲,优先股类似于给付固定利息的债券。

2. 优先分配酒店的剩余财产。当酒店因解散、破产等原因进入破产清算程序时,优先股股东先于普通股股东分配酒店的剩余财产,其财务风险小于普通股股东。

3. 股东无表决权。与普通股股东不同,在股东大会上,优先股股东无表决权,不享有酒店经营参与权,仅在涉及优先股股东权益问题时享有话语权并具有表决权。因此,优先股股东一般不能控制整个酒店。

4. 优先股股票可由酒店赎回。由于股份制酒店需向优先股股东支付固定的股息,因此,优先股股票实际上是股份制酒店的一种举债集资的形式,但优先股股票又不同于酒店债券和银行贷款。这是因为优先股股东取得收益和酒店资产的权利只能在酒店满足了债权人的要求之后才能行使。优先股股东不能要求退股,但可以依照优先股股票上所附的赎回条款,在某些情况下,根据酒店的需要,由股份制酒店予以赎回。大多数优先股股票都附有赎回条款。

(二)优先股的分类

按照具体权利的不同,优先股可以分为以下三类。

1. 累积优先股和非累积优先股。该分类以优先股股利在营业年度内是否可积累为标准。累积优先股指酒店以前年度未支付的股利可以累积到以后年度一起发放的优先股。酒店只有将优先股股利发放完毕,才能发放普通股股利。非累积优先股指欠发的股利不再补发的优先股。如果酒店因某些原因当年无法支付优先股股利,次年发放股利时,也只需付清当年的优先股股利即可发放普通股股利,以前年度积欠的优先股股利不会补发。因此,累积优先股具有更大的吸引力。

2. 参与优先股和不参与优先股。该分类按是否有权参加利润分配为标准。参与优先股指优先股股东在取得固定股利后，当酒店仍有盈余可供分配股利时，能够与普通股股东一同参与利润分配的股票。不参与优先股指只能取得固定股利，不能参与剩余利润分配的股票。

3. 可赎回优先股和不可赎回优先股。该分类按发行股票的股份制酒店是否在以后时期收回股票为标准。可赎回优先股指出于减轻股利负担的目的，酒店可以按照发行时的规定以原价购回的优先股。不可赎回优先股指酒店不能购回的优先股。

4. 可转换优先股和不可转换优先股。该分类按发行的优先股股票是否可以转换为普通股股票为标准。可转换优先股指按照发行时的规定可以在既定条件下转换为普通股的股票。不可转换优先股指不能转换为普通股的股票。

（三）发行优先股的优缺点

1. 发行优先股的优点。

（1）股息率固定。一般情况下，优先股采用固定股利率，但其固定股利的支付并非发行优先股酒店的法定义务。当酒店财务状况不佳时，可以不支付优先股股利。此时，优先股股东也不能向酒店债权人那样追讨股息。

（2）一般没有到期日。优先股相当于一种长期负债，即使其股息到期不能兑现也不会引发酒店的破产，因而筹资后不但不会增加财务风险，反而会增强筹资能力。优先股是酒店长期、稳定的资金来源，有利于增强酒店的举债能力。

（3）股东没有投票权，不会使普通股股东的控制权受到威胁。也就是说，能够避免优先股股东参与投票而分割酒店的支配权。当酒店既想向外界筹措股权，又想保持原有股东的控制权时，发行优先股较为恰当。

2. 发行优先股的缺点。

（1）优先股的筹资成本高于债券筹资成本。这是由于优先股股息必须从税后净收益中支付，其股息不能冲抵税前利润，与酒店债券相比，增加了支付所得税费用的负担。

（2）对优先股的制约条件较多。如为了保证优先股的固定股利，尤其在采用累计优先股的情况下，当酒店赢利较少时，普通股就有可能很长时期内分不到股利。因此，发行优先股有一定的限制条件。

二、发行可转换证券筹资

（一）可转换证券的种类及特性

可转换债券一般包括可转换债券和可转换优先股。

1. 可转换债券。可转换债券是指由酒店发行的，投资者在一定时期内一定条件下可选择自由转换成普通股的债券，通常称作可转换债券或可转债。这种债券兼具债权和股权双重属性，具有以下三个特点。

（1）债权性。与其他债券一样，可转换债券也有规定的利率和期限，投资者可以选择持有债券到期，收取本息。

（2）股权性。可转换债券在转换成股票之前是纯粹的债券，但在转换成股票之后，原债券持有人就由债权人变成了酒店的股东，可参与企业的经营决策和红利分配，这也在一定程度上会影响酒店的股本结构。

(3)可转换性。可转换性是可转换债券的重要标志,债券持有人可以按约定的条件将债券转换成股票。转股权是投资者享有的、一般债券所没有的选择权。可转换债券在发行时就明确约定,债券持有人可按照发行时约定的价格将债券转换成酒店的普通股股票。如果债券持有人不想转换,则可以继续持有债券,直到偿还期满时收取本金和利息,或者在流通市场出售变现。如果持有人看好发债酒店股票的增值潜力,可以行使转换权,按照约定转换价格将债券转换成为股票,发债酒店不得拒绝。正因为具有可转换性,可转换债券利率一般低于普通酒店债券利率,企业发行可转换债券可以降低筹资成本。

2. 可转换优先股。可转换优先股是指发行后在一定条件下允许持有者将它转换成其他种类股票的优先股。在大多数情况下,股份制酒店的可转换股票是由优先股转换成普通股,或者由某种优先股转换成另一种优先股。

(二)可转换债券筹资的优缺点

1. 可转换债券筹资的优点。

(1)节约利息支出。可转换债券给予持有者一种特殊的选择权,即按事先约定在一定时间内将其转换为酒店股票的选择权。因而发行可转换债券筹资的成本不但低于发行股票筹资的成本,而且低于普通债券的成本。

(2)有利于稳定股票市价。可转换债券的转换价格通常高于酒店当前的股价,采用可转换债券筹资,一般将转换价格设在高于普通股市价的20%~30%。同时,由于转换期限较长,有利于稳定股票市价。

(3)增强筹资灵活性。作为一项债务资本,发行酒店可以通过转换价格、转换比例等内容的变动促使持有者将可转换债券转换为股票。这一转换过程不会受到其他债权人的限制。同时,可以通过发行可转换债券融资。当发生酒店破产时,其清偿顺序在银行贷款、其他债券等债务之后。所以发行可转换债券融资不会影响酒店偿还其他债务的能力,有利于增强发行酒店融资的灵活性。

2. 可转换债券筹资的缺点。

(1)增强了对管理层的压力。如果酒店通过发行可转换债券筹资,必须首先保证可转换债券能够最终转换为股票。此外,还必须保证债券转换为股票后,不会使股票价格大幅度下跌。要做到这一点,就要保证酒店经济效益的稳定增长。否则,会给酒店管理人员带来较大的压力。若发行可转换债券后,股市低迷或酒店经营业绩较差,股价没有按照预期的水平上升,持有者不会将可转换债券转换为股票,酒店还面临兑付债券本金的压力。

(2)存在回购风险。可转换债券对投资者之所以具有吸引力,是因为投资者预计未来一定期间后,股票价格高于转换价格,股票收益提高。此时,通过债券与股票的转换,获取较高收益。如果酒店发行可转换债券后,酒店经营业绩下降,造成股票价格下跌,转换行为因此停止,此时酒店必须抽出一部分资金回购债券,这就增加了酒店的财务风险。此外,即使股票市价超过债券转换价格,可转换债券持有人不行使转换权,酒店同样必须面对还本付息的压力。

(3)股价大幅度上扬时,存在减少筹资数量的风险。当酒店发行可转换债券后,股票价格大幅度上扬,可转换债券持有人纷纷行使转换权,酒店只能按照当初约定的较低价格将债券转换为股票,从而减少了筹资数量。

除发行优先股和可转换证券筹资外,酒店还可以发行认股权证筹资。

【重要概念】

长期筹资环境　资金市场　股票　股票票面价值　股票市场价值　债券　记名债券　不记名债券　可转换债券　租赁

计算与分析

1. 万佳酒店按年利率8%向银行借入3 000万元,银行要求保留20%的补偿性余额。试计算酒店的补偿性余额和借款实际利率。

2. 万佳酒店拟发行面值为100元,年利率为10%,期限为5年的债券一批。试计算该债券分别在下列市场利率下的发行价格:8%;10%;12%。

3. 万佳酒店购入消耗性物品,价值60万元,经销商给予"2/10,n/30"的信用条件。试计算万佳酒店放弃现金折扣的筹资成本。

4. 某企业按"2/10,n/30"的条件购入布草,企业若在10日内付款,可享受2%的现金折扣;若放弃现金折扣,货款应在30日内付清。试计算:(1)企业放弃现金折扣的资金成本是多少?(2)若企业放弃现金折扣,将付款日期推迟到40天,则企业放弃现金折扣的资金成本是多少?(3)若另一家供货单位提出"1/10,n/30"的信用条件,则企业放弃现金折扣的资金成本是多少?

第四章

酒店资本成本

【学习目标】

通过本章学习,学生应了解酒店资本成本的概念、财务杠杆的含义,理解资本成本的作用、财务杠杆的作用、资本结构调整的方法;掌握个别资本成本、综合资本成本的概念和计算方法;掌握财务杠杆的计算及最佳资本结构的确定方法。

【情景思考】

资金是一种“稀缺资源”,使用资金必须付出代价。你在筹集资金时考虑过使用资本的成本吗?如果需要购买房产时你会使用商业贷款吗?你是酒店经营者,想通过何种形式使用最低的资本成本取得经营资金呢?这都是有关成本的问题。

【本章重点】

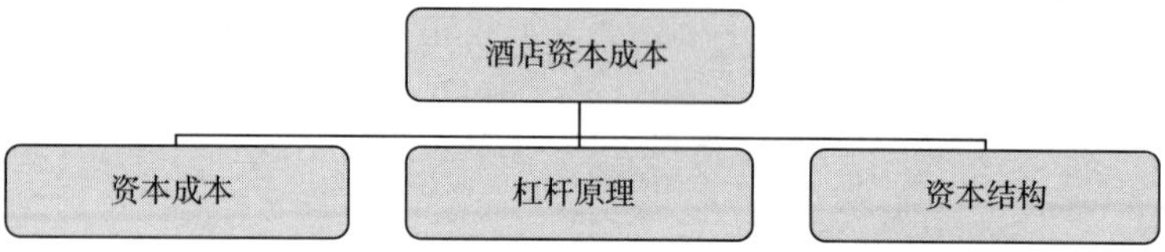

第一节　资本成本

资本成本是酒店筹资管理的主要依据,也是投资管理的重要标准。在市场经济条件下,酒店筹措和使用资本都要付出代价,也就是要向银行、债券与股票持有者等支付利息、股息。

一、资本成本的概念与作用

(一)资本成本的概念

资本成本是指酒店为筹集和使用资金而支付的各种费用,即取得和使用资金所付出的代价。它包括资金筹集费用和资金占用费用。资金筹集费用指在资金筹集过程中发生的各项费用,如向银行支付的借款手续费,发行股票或债券支付的评估、公证、注册、发行等费用。资金占用费是指在经营、投资过程中因使用资金而付出的费用,如借入资金表现为利息,自有资金表现为股息或期望的投资报酬额。一般来说,资金占用费是资本成本的主要内容,而筹资费用,在筹集资金时一次性支付,在以后资金使用过程中不再发生,因此可以将其看成是筹资数额的一项扣除。

(二)资本成本的作用

1. 资本成本是进行筹资决策的依据。酒店可以通过多种渠道筹集资金,但不同渠道取得的资金,不仅取得的难易程度不同,而且取得和使用资金所付出的代价也不一样。资本成本是选择筹资渠道与筹资方式的重要依据。对酒店而言,要以相对最少的资金代价取得所需要的资金,就必须计算和分析各种筹资方式资本成本的高低,考虑各种筹资方式使用资金期限的长短、偿还条件等,以便从中选出最经济的筹资方式。在选择筹资方案时,作为一个重要因素,资本成本直接关系到筹资的经济效益,是不容回避的问题。

2. 资本成本是评价投资决策是否可行的重要经济标准。评价投资决策是否可行的标准,要看其预期投资收益率的高低,只有预期投资收益率大于资本成本率,这项投资在经济上才是合理的。反之,如果预期投资收益率小于资本成本率,这样的投资项目就应该放弃。由此可见,资本成本率是衡量酒店投资收益率的最低标准,是投资决策最重要的经济标准之一。

3. 资本成本是评价酒店经营业绩的重要尺度。资本成本是酒店资产经营必须取得的最低收益标准。进行酒店投资评价时,往往将资本成本作为折现率来衡量各预期投资项目的净现值,以比较投资方案的优劣。对于酒店的经营业绩,一般使用利润率指标进行衡量。若利润率指标高于资本成本指标,则表明盈利。

(三)资本成本率的种类

酒店筹资过程中,时常使用资本成本率这一概念。资本成本率指酒店用资费用和有效筹资额之间的比值,通常用百分比表示。资本成本率主要包括以下几类:

1. 个别资本成本率。个别资本成本率指酒店各种长期资本的成本率。比较各种筹资方式优劣时,一般使用个别资本成本率。

2. 综合资本成本率。综合资本成本率指酒店全部长期资本成本率。当酒店对全部资本结构进行决策时,一般使用综合资本成本率指标衡量酒店全部资金成本。

3. 边际资本成本率。边际资本成本率指酒店追加长期资本的成本率。追加投资时,决策人往往使用边际资本成本率这一指标来选择筹资方案。

二、资本成本的计算

资本成本可以用相对数表示,也可以用绝对数表示,财务管理中一般用相对数表示为用资费用与实际筹资额之比。用公式表示如下:

$$K = \frac{D}{P - F}$$

或:

$$K = \frac{D}{P(1 - f)}$$

式中:K 为资本成本率,D 为资金占用费,P 为筹资额,F 为资金筹资费用,f 为资金筹资费率。

资金的来源不同、筹资渠道及筹资方式不同,其资本成本的计算方法也不相同。

(一)个别资本成本的计算

个别资本成本是指通过不同筹资渠道和筹资方式取得资金的成本,包括债务融资资本成本和权益融资资本成本。

1. 债务融资资本成本的计算。债务融资资本成本的计算又可分为以下两种：

(1)长期借款资本成本的计算。长期借款资本成本由借款利息和手续费组成。作为财务费用项目,长期借款利息一般在缴纳所得税前扣除,由此导致酒店实际负担的借款利息减少,具有减税效应。

实际负担的借款利息=借款利息×(1-所得税税率)

因此,长期借款资本成本率的计算公式为：

$$K_L = \frac{I_L(1-T)}{L(1-f)} = \frac{L \times i \times (1-T)}{L(1-f)} \tag{4-1}$$

式中：K_L 为长期借款资本成本率;I_L 为长期借款年利息额;L 为长期借款筹资总额(借款本金);i 为长期借款年利息率;f 为长期借款筹资费率;T 为所得税税率。

【例 4-1】宏坊酒店需要对 5 号餐厅进行大修,从银行取得一笔长期借款 400 万元,手续费率为 0.1%,年利率 5%,每年结息一次,到期一次还本,酒店应纳所得税税率为 25%。试计算宏坊酒店长期借款的资本成本。

【解】
$$K_L = \frac{4\ 000\ 000 \times 5\% \times (1-25\%)}{4\ 000\ 000 \times (1-0.1\%)} = 3.753\%$$

相对而言,若长期借款的筹资费用很低,公式中的筹资费率可以忽略不计,则公式(4-1)可简化为：

$$K_L = R_L(1-T) \tag{4-2}$$

式中：R_L 为长期借款利息率。

【例 4-2】承例 4-1,不考虑手续费时,计算宏坊酒店长期借款资本成本。

【解】
$$K_L = 5\% \times (1-25\%) = 3.75\%$$

(2)长期债券资本成本的计算。长期债券利息和长期借款利息一样具有减税效应,但债券的发行价格有平价、溢价和折价三种,经常会出现与面值不一致的情况。按规定,长期债券筹资额应按发行价格计算。长期债券的筹资费用较高,不能忽略不计。此外,无论债券采用平价、溢价或折价发行,支付利息时,均按面值和票面利率计算付息。其计算公式为：

$$K_b = \frac{I_b(1-T)}{B(1-f)} = \frac{B \cdot i \cdot (1-T)}{B(1-f)} \tag{4-3}$$

式中：K_b 为长期债券资本成本率;I_b 为长期债券每年支付的利息;i 为债券票面利息率;f 为债券筹资费率;T 为所得税税率。B 为债券筹资额,按发行价格确定。

【例 4-3】宏坊酒店拟发行三年期债券,债券面值总额为 l 000 万元,票面年利率为 6%:每年付息一次;按面值发行,发行费率为 4%,所得税税率为 25%。计算宏坊酒店长期债券的资本成本。

【解】
$$K_b = \frac{10\ 000\ 000 \times 6\% \times (1-25\%)}{10\ 000\ 000 \times (1-4\%)} = 4.69\%$$

与长期借款相比,由于债券利息率一般高于长期借款利息率,债券发行费用也高于长期借款手续费,因此,债券成本要高于长期借款的资本成本。

2. 权益融资的资本成本。权益融资的筹资费用不允许在税前利润支付。按照税法规定,酒店应以税后利润向股东分配股利,因此,没有抵税利润,也没有所谓的溢价、折价发行。

(1)优先股资本成本的计算。酒店发行优先股,既要支付筹资费用,又要定期支付股利。与债券不同的是,优先股的股利在税后支付,且没有固定到期日。计算公式为：

$$K_p = \frac{D}{P_0(1-f)} \tag{4-4}$$

式中：K_p 为优先股的资金成本，D 为优先股每年的股利额，P_0 为发行优先股总额，f 为优先股筹资费率。

【例 4-4】宏坊酒店拟按面值发行 500 万元的优先股，筹资费率为 4%，每年支付 12%的股利。计算宏坊酒店优先股的资本成本。

【解】

$$K_p = \frac{D}{P_0(1-f)} = \frac{5\ 000\ 000 \times 12\%}{5\ 000\ 000 \times (1-4\%)} = 12.5\%$$

酒店进入破产清算程序时，优先股股东的求偿权位于债券持有人之后，先于普通股股票持有人。因此，优先股股东的风险大于债券持有人而小于普通股股票持有人。这就使得优先股的股利率一般要大于债券的利息率。此外，优先股股利要从净利润中支付，不会减少酒店应缴纳的所得税，所以优先股成本通常要高于债券成本。

(2)普通股资本成本的计算。酒店普通股的资本成本就是普通股投资者的必要收益率。普通股资金成本的计算与优先股基本相同，但普通股的股利不固定。由于普通股的求偿权在债券和优先股之后，因此普通股股东承担的风险大于债权人和优先股股东，要求的收益率也比债券和优先股高，且通常要求逐年增长。从理论上说，股东期望的收益值就是酒店普通股的资本成本。计算公式如下：

$$K_c = \frac{D}{P_0(1-f)} + G \tag{4-5}$$

式中：K_c 为普通股的资本成本，D 为普通股年股利额；P_0 为普通股筹资总额；G 为股利固定增长率。

【例 4-5】宏坊酒店股份有限公司拟发行普通股，每股发行价格为 30 元，筹资费率为 5%，公司采用固定股利增长率政策，预定第一年分派现金股利，每股 3 元，以后每年股利增长 3%。计算宏坊酒店普通股资本成本。

【解】

$$K_c = \frac{D}{P_0(1-f)} + G = \frac{3}{30 \times (1-5\%)} + 3\% = 13.53\%$$

(3)留存收益资本成本的计算。留存收益是指酒店通过经营活动所得净利润中未向投资者分配的部分，包括按法规或公司章程等文件规定计提的盈余公积和留存的未分配利润。留存收益属于酒店的内部积累，也是酒店内部形成的资金来源。

一般认为，留存收益不存在外显性成本，但却存在内含性成本。这是因为，从投资者角度看，留存收益可以被要求作为股利分给投资者，投资者如果用这部分资金购买股票就可以从中取得收益。因此，投资者同意放弃分取股利而选择留存，就等于投资者对企业进行追加投资，这部分资金期望收益应与购买公司普通股的收益相同。因此留存收益成本的计算与普通股资本成本的计算基本相同，所不同的是不需考虑筹资费用。留存收益成本的计算公式为：

$$K_e = \frac{D}{P_0} + G \tag{4-6}$$

式中：K_e 为优先股的资金成本，D 为留存收益按下一年股利率计算的股利额；P_0 为留存收益总额；G 为股利年增长率。

【例 4-6】假定宏坊酒店留存收益为 50 万元，按下一年股利率计算的股利额为 5 万元

(按例 4-5 条件,以后每年股利增长 3%),计算宏坊酒店留存收益成本。

【解】
$$K_e = \frac{D}{P_0} + G = \frac{50000}{500000} + 3\% = 13\%$$

(二)综合资本成本的计算

上述按各种资金的具体筹资方式来确定的资本成本称为个别资本成本。由于种种条件的制约,酒店不可能只从某种资本成本较低的来源筹集资金,而是从多种渠道取得资金以形成各种筹资方式的组合。为了进行筹资决策和投资决策,确定最佳资本结构,就需要测算各种来源的全部资金的综合资本成本。酒店的综合资本成本是以各种资金占全部资金的比重为权数,对各种资金的个别资本成本进行加权平均计算确定的,所以也称为加权平均资本成本。

综合资本成本是由个别资本成本和各种长期资金占全部资金的比重这两个因素所决定的,是综合反映资本成本总体水平的一项重要指标。其计算公式为:

$$K_W = \sum_{j=1}^{n} W_j K_j \text{(其中,} \sum_{j=1}^{n} W_j = 1\text{)} \tag{4-7}$$

式中:K_W 为综合资本成本;W_j 为第 j 种资金占全部资金的比重,即权数;K_j 为第 j 种资金的成本率;n 为全部资金来源总数。

【例 4-7】宏坊酒店股份有限公司目前的资本结构为:长期债券 900 万元,普通股 1 200 万元,留存收益 500 万元,长期借款 400 万元。长期债券资本成本为 5.13%,普通股资本成本为 10.2%,留存收益资本成本为 10.12%,长期借款资本成本为 5%。计算宏坊酒店的综合资本成本。

【解】
$$K_W = \frac{900}{3000} \times 5.13\% + \frac{1200}{3000} \times 10.2\% + \frac{500}{3000} \times 10.12\% + \frac{400}{3000} \times 5\%$$
$$= 7.973\%$$

(三)边际资本成本的计算

边际资本成本指每增加一个单位资金而增加的成本。酒店追加筹资时,需要计算边际资本成本。经营活动中,酒店无法以某一固定的筹资方式、按固定的加权平均资本成本筹集到无限的资金。往往是酒店以某一种筹资模式筹资时,其筹资数额超过一定限度时,边际资本成本率会发生变化。即使酒店仍保持原有的资本结构,也可能会导致加权平均资本成本的上升。假如酒店向银行借入款项 500 万元,借款利率为 6.3%;当酒店向银行借入款项 1 000 万元时,银行要求的借款利率会提高到 8.4%。其原因在于,银行借出款项的风险加大,会因此要求更高的利率。边际资本成本就是追加筹资时所使用资金的成本。

通过计算边际资本成本,可以知道筹资总额达到什么水平时,会引起资本成本发生变化,再将边际资本成本与追加投资项目的收益进行比较,确定是否需要追加投资。

【例 4-8】以例 4-7 资料为例。酒店为满足投资要求,准备筹集更多资金,要求确定资金的边际成本。

【解】计算资金的边际成本应按以下步骤进行。

(1)确定酒店目标资本结构。假如酒店财务人员经测算认定,目前的资本结构为最优结构,仍以其结构为目标资本结构。今后筹资时,长期债券所占资金比重为 30%;普通股所占资金比重为 40%;留存收益所占资金比重为 16.67%;长期借款所占资金比重为 13.33%。

(2)确定各种筹资方式的资金成本。酒店财务人员认为,随着筹资规模的不断增加,筹资成本也会增加,宏坊酒店详细数据见表 4-1。

表 4-1　宏坊酒店筹资资料

资金来源	目标资本结构	新筹资数量范围	资金成本
长期债券	30%	15 万元以下	7.20%
		15 万元以上	8.10%
普通股	40%	25 万元以下	13.20%
		25 万元以上	15.00%
留存收益	16.67%	20 万元以下	11.50%
		20 万元以上	12.60%
长期借款	13.33%	10 万元以下	5.40%
		10 万元以上	6.30%

(3)计算筹资总额分界点。计算最合理的筹资额时,首先应计算筹资总额分界点。筹资总额分界点是指在现有资本结构下,按照某一资金成本可以筹集到的资金总额。具体计算公式为:

$$筹资总额分界点 = \frac{新筹集资金的范围界限(个别资金)}{相应目标结构}$$

宏坊酒店计算的筹资总额分界点见表 4-2。

表 4-2　筹资总额分界点计算表　　金额单位:万元

筹资方式及目标结构	资金成本	特定筹资方式的筹资范围	筹资总额分界点	筹资总额范围
长期债券(30%)	7.20%	0~15	15/30%=50	0~50
	8.10%	大于 15	—	大于 50
普通股(40%)	13.20%	0~25	25/40%=62.5	0~62.5
	15.00%	大于 25	—	大于 62.5
留存收益(16.67%)	11.50%	0~20	20/16.67%=119.98	0~119.98
	12.60%	大于 20	—	大于 119.98
长期借款(13.33%)	5.40%	0~10	10/13.33%=75	0~75
	6.30%	大于 10	—	大于 75

在筹资总额分界点内,原资金成本不会发生改变,一旦超过筹资总额分界点,即使维持原有资本结构,资金成本也会增加。从表 4-3 中可以看到,长期债券数额在 15 万元以内,资金成本为 7.20%,而在最佳资本结构中,长期债券占筹资总额的比重为 30%,这表明,当筹资总额在 50 万元(15/30%=50)以内时,长期债券的资金成本为 7.20%,当筹资总额超过 50 万元时,长期债券的资金成本将上升到 8.10%。

(4)计算资金的边际成本。根据以上计算出的筹资分界点,可以得出以下几组筹资范围:0~50 万元;50 万~62.5 万元;62.5 万~75 万元;75 万~119.98 万元;119.98 万元以上。对以上筹资范围分别计算加权平均资金成本,即可得到各种筹资范围的边际资本成本。有关计算见表 4-3。

表 4-3　边际资本成本计算表

序号	筹资总额的范围(万元)	筹资方式	目标资金结构	资金成本	边际资本成本
1	0~50	长期债券	30%	7. 20%	2. 16%
		普通股	40%	13. 20%	5. 28%
		留存收益	16. 67%	11. 50%	1. 92%
		长期借款	13. 33%	5. 40%	0. 72%
		第一范围的边际成本=2. 16%+5. 28%+1. 92%+0. 72%=10. 08%			
2	50~62. 5	长期债券	30%	8. 10%	2. 43%
		普通股	40%	13. 20%	5. 28%
		留存收益	16. 67%	11. 50%	1. 92%
		长期借款	13. 33%	5. 40%	0. 72%
		第二范围的边际成本=2. 43%+5. 28%+1. 92%+0. 72%=10. 35%			
3	62. 5~75	长期债券	30%	8. 10%	2. 43%
		普通股	40%	15. 00%	6. 00%
		留存收益	16. 67%	11. 50%	1. 92%
		长期借款	13. 33%	5. 40%	0. 72%
		第三范围的边际成本=2. 43%+6. 00%+1. 92%+0. 72%=11. 07%			
4	75~119. 98	长期债券	30%	8. 10%	2. 43%
		普通股	40%	15. 00%	6. 00%
		留存收益	16. 67%	11. 50%	1. 92%
		长期借款	13. 33%	6. 30%	0. 84%
		第四范围的边际成本=2. 43%+6. 00%+1. 92%+0. 84%=11. 19%			
5	119. 98 以上	长期债券	30%	8. 10%	2. 43%
		普通股	40%	15. 00%	6. 00%
		留存收益	16. 67%	12. 60%	2. 10%
		长期借款	13. 33%	6. 30%	0. 84%
		第五范围的边际成本=2. 43%+6. 00%+2. 10%+0. 84%=11. 37%			

第二节　杠杆原理

一、杠杆效应

财务管理中的杠杆效应是指由于特定费用的存在而导致的,由于某一财务变量以较小的幅度变动时，另一财务变量以较大幅度变动的现象。合理使用财务杠杆，有利于酒店合理降低风险，提高酒店经济效益。财务管理中的杠杆效应一般以经营杠杆、财务杠杆和复合杠杆三种形式表示。

二、成本习性、贡献毛益与息税前利润

（一）成本习性及其分类

成本习性指成本总额与业务量总数的依存关系。这种依存关系是客观存在的，揭示这种依存关系，掌握它们之间的规律性，有助于酒店开展科学的预测和决策，提高经营管理水平，实现最佳经济效益。与会计核算中的成本概念不同，此处的成本按照成本习性对成本进行分类，把成本分为固定成本、变动成本和混合成本三类。

1. 固定成本。固定成本指成本总额在一定时期和一定业务量范围内不受业务量增减变动影响而固定不变的成本。其特点是：单位业务量中的固定成本与业务量的增减变动成反比例变动。固定资产可以分为约束性固定成本和酌量性固定成本两种。

约束性固定成本，是指酒店为维持一定的经营业务量必须负担的最低成本，如折旧费等。酒店的经营规模一旦形成，在短期内很难有重大改变，即使业务经营中断，该固定成本仍保持不变。即使管理当局的决策行动也不能轻易改变其数额。要降低该成本，应从提高经营能力入手。

酌量性固定成本，是指酒店根据经营方针确定的一定时期（通常为一年）的成本，如广告费、人员培训费等。这部分项目开支数额的多少，可以随酒店经营方针和财务状况的变化情况有所增减。要降低该成本，应从减少绝对额入手。

固定成本总额只是在一定时间和一定业务量范围内保持不变，超出这个范围，固定成本也会发生变动，这个范围通常称为“相关范围”。因此，从较长的时期看，所有的成本都在变动中，没有绝对不变的固定成本。

2. 变动成本。变动成本指成本总额与业务量成正比例变动关系的那部分成本。其特点是单位业务量中包含的变动成本相对不变。

与固定成本相同，变动成本也存在相关范围。在此范围内，业务量和经营成本保持某种线性关系，一旦超出这一范围，它们之间就可能是另一种线性关系或非线性关系。

3. 混合成本。混合成本是既具有变动成本特性又具有固定成本特性的成本。这类成本随着业务量的变动而不成比例地增加，不能将其简单地计入变动成本或固定成本。因此将其称为混合成本。

4. 总成本。如前所述，按照成本习性，可以将成本分为变动成本、固定成本和混合成本三类。混合成本又可以按照一定的方法分解为变动部分和固定部分。因此，总成本模型可以表示为：

$$y=a+bx$$

式中：y 为总成本；a 为固定成本；b 为单位变动成本；x 为业务量。

若能够求出公式中 a 和 b 的值，就可以利用这一直线方程式进行成本预测、成本决策和其他短期决策。

（二）贡献毛益及其计算

贡献毛益是营业收入减去变动成本后的余额。其计算公式为：

$$M=px-bx=(p-b)x=mx$$

式中：M 为贡献毛益总额；p 为销售单价；b 为单位变动成本；x 为业务量；m 为单位贡献毛益。

（三）息税前利润及其计算

息税前利润指酒店支付利息和缴纳所得税前的利润。其计算公式为：

$$EBIT=px-bx-a=(p-b)x-a=M-a$$

式中：$EBIT$ 为息税前利润，p 为销售单价；b 为单位变动成本；x 为业务量；M 为贡献毛益总额。

很显然，按照成本习性分类时，固定成本和变动成本中都不包括利息费用。息税前利润也可以用利润总额加利息费用计算。

三、经营杠杆

（一）经营杠杆的含义

酒店经营风险的一部分取决于其对固定资产的利用程度。其他条件不变时，业务量的增加虽然不会改变固定资产数额，但以固定成本的特性分析，业务量增加会降低单位业务量中包含的固定成本，直接提高单位利润，从而给酒店带来额外利润，并使息税前利润的增长率大于业务量的增长率。从息税前利润指标的计算可以看出，如果没有固定成本，贡献毛益就是息税前利润，此时的息税前利润变动率与业务量的变动率完全一致。这种由于固定成本的存在而导致的息税前利润变动率大于业务量变动率的现象被称为经营杠杆。

（二）经营杠杆的计算

只要酒店存在固定成本，就存在经营杠杆效应。经营杠杆的计算通常用经营杠杆系数来表示。经营杠杆系数指息税前利润的变动率相当于业务量变动率的倍数。计算公式为：

$$DOL=\frac{\Delta EBIT/EBIT}{\Delta(px)/px}=\frac{\Delta EBIT/EBIT}{\Delta x/x}$$

由于 $\Delta EBIT=m\times\Delta x$，可以将以上公式简化为：

$$DOL=\frac{M}{EBIT}$$

式中：DOL 为报告期经营杠杆系数；$EBIT$ 为基期息税前利润；M 为基期贡献毛益总额；m 为单位贡献毛益；px 为基期营业收入；$\Delta(px)$ 为营业收入的变动额；x 为基期业务量；Δx 为业务量的变动数；$\Delta EBIT$ 为息税前利润的变动额。

【例 4-9】宏坊酒店有关资料见表 4-4。试计算该酒店 2019 年和 2020 年的经营杠杆系数。

表 4-4　宏坊酒店相关资料　　金额单位：万元

项目	2019 年	2020 年	变动额	变动率（%）
营业收入总额	1 200	1 800	600	50
变动成本总额	720	1 080	360	50
贡献毛益总额	480	720	240	50
固定成本总额	240	240	0	—
息税前利润	240	480	240	100

【解】根据公式计算 2019 年的经营杠杆系数：

$$DOL = \frac{\Delta EBIT/EBIT}{\Delta(px)/px} = \frac{240/240}{600/1200} = 2$$

也可以用简化公式计算：

$$DOL = \frac{M}{EBIT} = \frac{480}{240} = 2$$

同理，可计算 2020 年的经营杠杆系数：

$$DOL = \frac{M}{EBIT} = \frac{720}{480} = 1.5$$

将两期的营业额与固定成本总额相对比可以看出，营业额越多，经营杠杆越小；反之，营业额越少，经营杠杆越大。

（三）经营杠杆与经营风险的关系

经营风险是由于经营原因导致的风险，即未来利润的不确定性。引起酒店经营风险的主要原因是市场需求和成本变动等不确定性因素，经营杠杆本身并不是利润不稳定的根源，但它的存在扩大了不确定因素对利润变动的影响。而且，经营杠杆系数越大，对利润的影响就越剧烈，经营风险也就越大。经营杠杆系数的大小，直接反映经营风险的大小。一般来说，营业情况多变时，保持较低的经营杠杆系数较为有利。

从 $DOL = \frac{M}{EBIT}$ 这一公式看，只要存在固定成本，经营杠杆系数就总大于 1。而且，经营杠杆系数还会随着固定成本的变动成同方向变化。即利润一定，固定成本在总成本中所占的比重越大，经营杠杆系数就越大。相关范围内，固定成本降低，不仅能降低等额利润，而且能降低酒店的经营风险。

四、财务杠杆

（一）财务杠杆的含义

在长期资金总额不变的情况下，酒店从息税前利润中支付的债务成本是固定的。息税前利润越多，每一元盈余所负担的债务成本就会越少，就会给普通股股东带来额外收益，这种由于固定债务支出存在而导致的普通股每股税后利润变动率大于息税前利润变动率的杠杆效应被称为财务杠杆。

（二）财务杠杆的计算

负债利息和优先股股息是企业的固定支付义务，与企业实现利润的多少无关。因此，当营业利润增大时，企业固定财务费用负担就会相对减少，从而给普通股股东带来更多的收益。同样，当营业利润减少时，企业固定财务费用水平就会相对加重，从而会大幅减少普通股股东的收益。也就是说，只要酒店在筹资过程中存在固定债务利息支出和优先股股利，就会存在财务杠杆。对财务杠杆进行计量的主要指标是财务杠杆系数。财务杠杆系数是指普通股每股收益的变动率相当于息税前利润变动率的倍数。计算公式为：

$$DFL = \frac{\Delta EPS/EPS}{\Delta EBIT/EBIT} = \frac{EBIT}{EBIT - I}$$

式中：DFL 为报告期财务杠杆系数；ΔEPS 为普通股每股税后利润变动额；EPS 为基期普通股每股税后利润；$\Delta EBIT$ 为息税前利润的变动额；$EBIT$ 为基期息税前利润；I 为基期利息。

酒店若需支付优先股股利，分母还应当减去“$D/(1-T)$”。其中：D 为基期优先股股利；T 为所得税税率。

【例 4-10】宏坊酒店与蓝天酒店的有关资料见表 4-5。试计算两酒店 2021 年的财务杠杆系数。

表 4-5　宏坊酒店与蓝天酒店的有关资料　　金额单位：万元

项目	蓝天酒店	宏坊酒店
普通股	2 000（1 000 万股）	1 000（1 000 万股）
债券（利率 8%）	—	1 000
资金总额	2 000	2 000
息税前利润	400	400
减：利息	0	80
税前利润	400	320
减：所得税费用（税率 25%）	100	80
税后利润	300	240
普通股每股税后利润（元/股）	0.30（300/1 000）	0.24（240/1 000）
净资产收益率	15%	24%

$$蓝天酒店 2021 年的 DFL=400/(400-0)=1$$

$$宏坊酒店 2021 年的 DFL=400/(400-80)=1.25$$

从表中计算可得，蓝天酒店没有负债，未使用财务杠杆，其财务杠杆系数为 1，说明蓝天酒店 *EBIT* 与 *EPS* 一致；宏坊酒店使用了财务杠杆有负债，其财务杠杆系数为 1.25，说明宏坊酒店 *EPS* 是 *EBIT* 的 1.25 倍。若 2021 年两酒店的 *EBIT* 都增长 15%，蓝天酒店的 *EPS* 会增加 15%（15%×1），即增加 15%的 1 倍，达到 0.345 元/股；宏坊酒店的 *EPS* 会增加 18.75%（15%×1.25），即增加 15%的 1.25 倍，达到 0.285 元/股。当酒店息税前利润较多，增长幅度较大时，适当地利用负债筹资，可以使普通股每股税后利润的增长幅度大于息税前利润的增长幅度，就可以增加每股收益，使股票的价格上涨，酒店价值增加，普通股股东得到收益。

（三）财务杠杆与财务风险的关系

酒店风险除了经营风险还有财务风险。财务风险是指酒店财务资本结构不合理、融资不当使酒店可能丧失偿债能力而导致投资者预期收益下降的风险。即酒店为取得财务杠杆利益而利用负债资金时，增加了破产机会或普通股每股利润大幅度变动的机会所带来的风险。

在其他条件不变的情况下，合理负债经营，能够使酒店普通股每股利润高于未运用财务杠杆酒店的普通股每股利润，取得收益。

由于财务杠杆的作用，当息税前利润下降时，税后利润下降得更快，从而给股东造成财务风险。负债经营是现代酒店常用的经营策略，通过负债经营可以弥补酒店自有资金的不足，还可以利用借贷资金来实现盈利。股份制酒店在经营中所需的资金一般都来自发行股票和举借债务两方面，其中债务的利息负担是一定的。如果资金总量中债务比重大，或资金利润率低于利息率，就会使股东的可分配盈利减少，股息下降，股票投资的财务风险增加。因此财务杠杆作用犹如一把双刃剑，当融资产生的利润大于利息率时，给股东带来的是收益增长的效应;反之,就是收益减少的财务风险。财务杠杆会加大财务风险,举债比重越大,财务杠杆效应越强,造成的财务风险越大。酒店的财务风险主要来源于息税前利润率与负债利率的不确定性。若酒店完全靠自有资金从事经营活动,虽然不会发生财务风险,但也不能利用杠杆利益,并且资本成本高。而适度负债经营可以增强酒店资金实力,加快发展步伐,降低酒店综合资本成本,还可以获得财务杠杆收益。

五、复合杠杆

(一)复合杠杆的含义

如前所述,由于存在固定成本,产生了经营杠杆效应,使业务量的变动影响息税前利润,我们将其称为经营杠杆;由于负债筹资,增加了利息支出,又产生财务杠杆效应,使息税前利润对普通股每股收益产生扩大作用,我们将其称为财务杠杆。如果两种杠杆共同起作用,业务量的变动会对每股收益产生更大的影响。复合杠杆是指由于固定经营成本和固定财务费用共同作用而导致的普通股每股收益的变动率大于业务量变动率的杠杆效应,是经营杠杆作用与财务杠杆作用对酒店收益的综合影响,亦被称为联合杠杆。

(二)复合杠杆的计算

复合杠杆系数反映了经营杠杆与财务杠杆之间的关系,只要酒店同时存在固定经营成本和固定财务费用就会存在复合杠杆的作用。复合杠杆是用来估计业务量变动对每股利润造成的影响,显示经营杠杆和财务杠杆的相互关系,是每股利润变动率相当于营业额(或营业数量)变动率的倍数。其计算公式为:

$$
\begin{aligned}
DCL &= \frac{\Delta EPS/EPS}{\Delta x/x} \\
&= \frac{\Delta EBIT/EBIT}{\Delta x/x} \times \frac{\Delta EPS/EPS}{\Delta EBIT/EBIT} \\
&= DOL \times DFL \\
&= \frac{M}{EBIT - I}
\end{aligned}
$$

式中:DCL 为报告期复合杠杆系数;$EBIT$ 为基期息税前利润;EPS 基期普通股每股税后利润;x 为基期业务量;M 为基期贡献毛益;I 为基期利息;$\Delta EBIT$ 为息税前利润的变动额;ΔEPS 为普通股每股税后利润变动额;Δx 为业务量的变动数。酒店若需支付优先股股利,分母还应当减去“$D/(1-T)$”。其中:D 为基期优先股股利;T 为所得税税率。

【例 4-11】宏坊酒店的有关资料见表 4-6。试分析该酒店复合杠杆效应并计算复合杠杆系数。

表 4-6 宏坊酒店有关资料 金额单位:万元

项目	2019 年	2020 年	变动额	变动率(%)
营业收入总额	1 200	1 800	600	50%
变动成本总额	720	1 080	360	50%
贡献毛益总额	480	720	240	50%
固定成本总额	240	240	0	—
息税前利润	240	480	240	100%

续表

项目	2019 年	2020 年	变动额	变动率(%)
利息	120	120	0	—
利润总额	120	360	240	200%
所得税费用(税率 25%)	30	90	60	200%
净利润	90	270	180	200%
普通股发行在外股数(万股)	1 000	1 000	0	—
每股收益(*EPS*/元)	0. 09	0. 27	0. 18	200%

从表 4-6 可以看到,在复合杠杆作用下,业务量增加 50%,每股收益增加 200%;若业务量下降 50%,每股收益也会减少 200%。

用表 4-6 中 2019 年数据计算 2020 年的复合杠杆系数如下:

$$DCL = \frac{M}{EBIT - I} = \frac{480}{240 - 120} = 4$$

这就是说,酒店业务量每增加或减少 1%,每股收益会相应增减 4%。

也可用表 4-6 中 2019 年数据计算 2020 年的复合杠杆系数如下:

$$DCL = \frac{M}{EBIT - I} = \frac{720}{480 - 120} = 2$$

(三)复合杠杆与酒店风险的关系

通过以上计算可以看出,复合杠杆系数越大,每股收益的波动幅度越大,这种由于复合杠杆作用使普通股每股收益大幅度波动造成的风险称为复合风险。复合风险直接反映酒店的整体风险。在其他因素不变的情况下,复合杠杆系数越大,复合风险越大。由复合杠杆系数公式得知,高经营杠杆系数与高财务杠杆系数配合是不明智的,因为这样风险过大,只有发展前景良好的酒店才可能采用。一般情况下,可以高经营杠杆系数与低财务杠杆系数相配合。为了得到期望的每股利润,必须恰当地匹配经营杠杆与财务杠杆,找到适当的复合杠杆。

第三节　资本结构

一、资本结构

酒店各种资金的构成及其比例关系称为资本结构。酒店采用各种方式筹集的资金,都可以分为负债资金和自有资金两类。既然酒店不可能完全依靠自有资金从事经营活动,债务资金在全部资金中所占比重的问题就是资本结构问题。资本结构是酒店筹资决策的核心问题。

资本结构有广义和狭义之分。狭义的资本结构是指酒店长期资本价值的构成及其比例关系;广义的资本结构是指酒店全部资本价值(包括长期资金、短期资金)的结构及其比例关系。

二、最佳资本结构的确定方法

负债筹资具有双重作用。适度负债可以降低酒店的资本成本，但负债比率过高时，又会给酒店带来较大的财务风险。因此酒店必须权衡财务风险和资本成本之间的关系，确定最佳资本结构。最佳资本结构是指酒店在一定时期内，使综合资本成本最低、酒店价值最大时的资本结构。其判断标准如下：第一，有利于最大限度地增加所有者财富，使酒店价值最大化；第二，酒店综合资本成本最低；第三，资产保持适当的流动，并使资本结构具有弹性。其中，加权平均资本成本最低是其主要标准。以下资本结构的决策方法可以有效地帮助决策人确定合理的资本结构。

（一）比较资本成本法

比较资本成本法，是通过计算各方案综合平均资本成本，选择综合平均资本成本最低的方案来确定最佳资本结构的方法。这种方法确定的最佳资本结构即是综合平均资本成本最低的资本结构。

【例 4-12】宏坊酒店筹资方案的有关资料见表 4-7。试评价该酒店筹资方案。

表 4-7 宏坊酒店筹资方案 金额单位：万元

筹资方式	筹资方案甲		筹资方案乙	
	筹资额（万元）	资金成本（%）	筹资额（万元）	资金成本（%）
长期借款	200	6	400	6.9
公司债券	300	8.1	200	7.5
普通股	500	12	400	12
合计	1 000	—	1 000	—

【解】甲方案的综合资本成本为：

$$K_W = \frac{200}{1000} \times 6\% + \frac{300}{1000} \times 8.1\% + \frac{500}{1000} \times 12\% = 9.63\%$$

乙方案的综合资本成本为：

$$K_W = \frac{400}{1000} \times 6.9\% + \frac{200}{1000} \times 7.5\% + \frac{400}{1000} \times 12\% = 9.06\%$$

经计算得出，乙方案的综合资本成本比甲方案的综合资本成本低。在其他条件相同的条件下，应将乙方案作为最佳资本结构方案。

比较资本成本法通俗易懂，计算过程简单，是常用的确认资本结构的方法，一般适用于资本规模较小、资本结构简单的非股份制公司。

（二）每股收益无差别点法

每股收益无差别点法又称每股利润无差别点法，也称息税前利润—每股利润分析法（或写成 *EBIT-EPS* 分析法），是通过分析资本结构与每股利润之间的关系，计算各种筹资方案每股利润的无差别点，进而确定合理的资本结构的方法。

资本结构是否合理可以通过分析每股收益的变化来衡量，只要能提高每股收益的资本结构就是合理的资本结构。按每股收益大小来判断资本结构优劣可以使用该法。其计算公式为：

$$\frac{(\overline{EBIT}-I_1)(1-T)}{N_1}=\frac{(\overline{EBIT}-I_2)(1-T)}{N_2}$$

$$\overline{EBIT}=\frac{N_2I_1(1-T)-N_1I_2(1-T)}{(N_2-N_1)\cdot(1-T)}$$

将以上公式简化,得: $$\overline{EBIT}=\frac{N_2I_1-N_1I_2}{N_2-N_1}$$

式中:$\overline{EBIT}$ 为每股收益无差别点处的息税前利润;I_1、I_2 为两种筹资方式下的年利息;N_1、N_2 为两种筹资方式下的流通在外的普通股股数;T 为所得税税率。

根据每股收益无差别点,可以计算、分析在何种情况下,适用于哪一种资本结构。每股收益无差别点可以用业务量、息税前利润来表示,也可以用贡献毛益表示。如果已知每股收益相等时的业务量水平,还可以计算出有关的成本水平。当筹资方案预计的息税前利润大于无差别点时,选择债务筹资更为有利,其表现是债务筹资方案的每股税后利润较大,此时应选择资本结构中债务比重较高的方案。反之,当筹资方案预计的息税前利润小于无差别点时,则选择债务筹资不利,其表现是债务筹资方案的每股税后利润较小,此时应选择资本结构中债务比重较小的方案。

【例 4-13】宏坊酒店的资本结构变化情况见表 4-8。试评价该酒店筹资方案。

表 4-8　宏坊酒店资本结构变化情况　　金额单位:万元

筹资方式	原资本结构	增加筹资后资本结构	
		增发普通股	增发公司债券
公司债券(利率 8%)	1 000	1 000	3 500
普通股(每股面值 1 元)	1 000	2 000	1 000
资本公积	3 500	6 000	4 500
留存收益	3 000	3 000	3 000
资金总额合计	8 500	12 000	12 000
普通股股数(万股)	1 000	2 000	1 000

根据资本结构的变化情况,可以采取每股收益无差别法分析资本结构对普通股每股收益的影响。见表 4-9。

表 4-9　宏坊酒店不同资本结构下的每股收益　　金额单位:万元

项　目	增发新股	增发债券
预计息税前利润	680	680
利息(利息率 8%)	80	280
利润总额	600	400
所得税费用(税率 25%)	150	100
净利润	450	300
普通股股数(万股)	2 000	1 000
每股收益(元)	0.225	0.30

从表 4-9 可以看出,在息税前利润为 680 万元的情况下,利用增发公司债券的形式筹集资金可以使每股利润上升较多,因此更有利于股票价格上涨。但息税前利润为多少时适宜发行股票或是发行债券?这就需要测算每股收益无差别点处的息税前利润。

将有关数据代入公式计算:

$$\overline{EBIT}=\frac{N_2I_1-N_1I_2}{N_2-N_1}=\frac{1000\times80-2000\times280}{1000-2000}=480\,(\text{万元})$$

这就是说,当息税前利润等于 480 万元时,采用负债筹资或发行普通股方式筹资的收益无差别。当息税前利润大于 480 万元时,增发债券的每股收益大于增发股票的每股收益,此时利用负债筹资较为有利;当息税前利润小于 480 万元时,增发债券的每股收益小于增发股票的每股收益,此时不应使用负债筹资的方式,而应代之以发行普通股筹资的方式。宏坊酒店预计税前利润为 680 万元,所以,采取发行债券的方式较为合理。

每股收益无差别点法的计算原理较易理解,测算过程简单。它以普通股每股收益最高为决策标准,没有考虑风险因素,其决策目标是每股收益最大化。此方法一般适用于资本规模不大、资本结构简单的股份有限公司。

(三)价值分析法

价值分析法,是通过计算和比较各种资本结构下酒店的市场总价值来确定最佳资本结构的方法。

与比较资本成本法和每股收益无差别点法相比,价值分析法充分考虑了酒店的财务风险和资本成本等因素的影响,进行资本结构决策时,以酒店价值最大化为标准,因而更符合酒店价值最大化的财务目标。由于测算复杂,这种方法通常适用于规模较大的上市公司。

【重要概念】

资金成本　　综合资本成本　　营业杠杆系数　　财务杠杆系数　　复合杠杆系数　　财务风险

计算与分析

1. 万佳酒店发行 5 年期、利率为 10% 的债券 10 000 万元,发行费率 4%,所得税税率 25%。试计算该债券的资本成本。

2. 万佳酒店拟发行优先股 10 000 万元,年股利率为 12.5%,预计筹资费用 5 万元。试计算该优先股的资本成本。

3. 万佳酒店的普通股每股市价 25 元,现准备增发 80 000 股,预计筹资费用率为 5%,第一年每股发放股利 2 元,股利增长率为 3%。试计算本次增发普通股的资本成本。

4. 万佳酒店目前的资本结构为:长期债券 5 000 万元,普通股 2 000 万元,留存收益 1 000 万元,优先股 2 000 万元。债券资本成本为 5%,普通股资本成本为 10%,留存收益成本为 8.1%,优先股资本成本为 9%。试计算综合资本成本。

5. 万佳酒店 2021 年商品销售部销售旅游纪念品 10 万件,销售单价 50 元,单位变动成本 30 元,固定成本总额 100 万元。公司负债 60 万元,年利息率 12%。每年支付优先股股利 10 万元,所得税率为 25%。试计算商品销售部 2021 年的以下指标:(1)贡献毛益总额;

(2)息税前利润总额;(3)总杠杆系数。

6. 万佳酒店客房部年营业额为2 900万元,税前利润900万元,固定成本为320万元,变动成本率60%;全部资本200万元,负债比率为40%,负债利率12%。试分别计算该企业的营业杠杆系数、财务杠杆系数和复合杠杆系数。

7. 万佳酒店在初创时拟筹资5 000万元,现有两个备选方案如表4-10所示。

表4-10　万佳酒店筹资方案

筹资方式	甲筹资方案		乙筹资方案	
	筹资额(万元)	资本成本(%)	筹资额(万元)	资本成本(%)
长期借款	500	6	800	7.2
公司债券	1 800	8.4	1 000	7.8
普通股	2 700	12	3 200	12
合计	5 000		5 000	

试确定万佳酒店的最佳资本结构。

第五章

酒店项目投资管理

【学习目标】

通过学习,学生应掌握项目投资的基本概念,学会进行项目投资现金流量的分析。掌握项目投资决策评价指标及其计算方法,并学会运用这些方法评价投资项目。

【情景思考】

投资并取得收益是许多人梦寐以求的。如果你有一笔资金,想投资于什么项目呢?你是否很想知道投资在这上面的回报率是多少?如何衡量投资项目是否可行及盈利的大小呢?评价投资项目优劣的方法很多,你该如何使用这些评价方法做出正确的投资决策呢?

【本章重点】

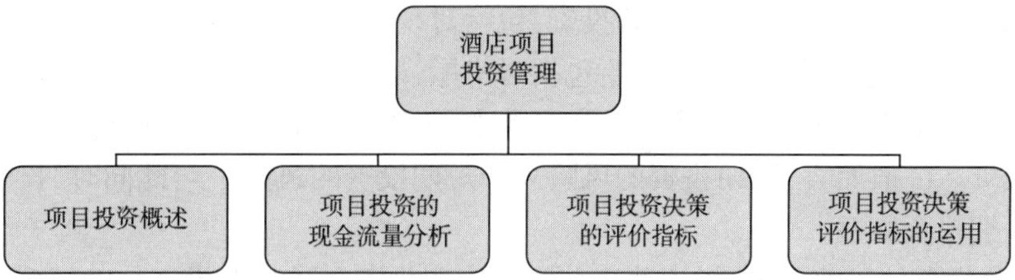

第一节　项目投资概述

一、投资的含义

投资是指特定经济主体为了在可预见的未来获得收益或使资金增值,在一定时期向一定领域的标的物投放足够数额的资金或实物等的经济行为,即经营者投入财力,期望在未来获取收益的行为。投资不仅能够维持酒店的一般经营,保证酒店的生存,还是酒店发展的必要条件。它既包括对有价证券的投资,也包括对固定资产的投资。

固定资产投资指酒店将资金用于购建固定资产的投资活动。在市场经济条件下,为提高酒店在同行业的竞争力,获取更大经济效益,就必须扩大经营规模,在将酒店做强的同时做大。此外,为了降低经营风险,实现多元化经营,也需要通过投资这一方式实现经营规模的扩张和资产的增值。

二、投资的种类

按照不同的分类标准，投资可以分为以下几种类型：

(1)按照投资与酒店经营的关系，投资可以分为直接投资和间接投资。直接投资是指投资人将货币资金直接投入经营性资产，形成实物资产或购买现有资产，以便获取利润的投资。间接投资也称证券投资，指投资者将资金直接投放于证券等金融资产上，以便获得一定收益的投资。

(2)按照资金投入领域的不同，投资可以分为生产性投资和经营性投资。生产性投资是指将资金投入生产建设等物质生产领域，并最终可以形成生产能力或产出生产资料的投资。经营性投资指将资金投入经营领域，以满足消费者物质文化生活需要的投资。这种方向的投资可以形成社会消费或服务能力，最终形成各种非生产性资产。

(3)按照投资的范围，投资可以分为对内投资和对外投资。对内投资是为保证酒店经营过程的连续和规模的扩大而对酒店内部经营所需资产进行的投资。从酒店的角度看，对内投资即项目投资，是酒店将资金投放于为取得供酒店经营所使用的固定资产、无形资产、其他资产和垫支在流动资产上的投资。对外投资是酒店将其暂时闲置的资金直接投入其他企业、购买有价证券、其他金融资产或以货币资金、实物资产、无形资产等向其他单位注入资金，目的是为了获取投资收益或控股。按照其投资形式，对外投资可以分为股票投资、债券投资和其他投资。

(4)按照投资时间的长短，投资可以分为短期投资和长期投资。短期投资又称流动资产投资，是能够并且准备在一年内收回的投资，包括对现金、有价证券、存货等的投资。长期投资指在一年以上才能收回的投资。主要包括对房屋、建筑物、机器设备等固定资产的投资及对无形资产和长期有价证券的投资。由于长期投资多为固定资产的投资，有时也将其专指固定资产投资。一般而言，长期投资的风险大于短期投资的风险。与此同时，长期投资收益通常高于短期投资收益。

(5)按照投资的风险程度，投资可以分为确定型投资和风险型投资。确定型投资是指可以准确预计未来情况的投资。这类投资可以不考虑风险问题。风险型投资是指难以准确预测未来状况的投资。这类投资应考虑投资活动给投资人带来的风险问题。

(6)按照投资在再生产过程中的作用，投资可以分为初始投资和后续投资。初始投资是指建立一个新酒店时的投资。后续投资是指为了巩固和发展酒店经营所进行的投资，包括更新性投资和为调整经营方向的转移性投资等。一般地，后续投资至少要维持以前投资的收益水平。按照风险和收益并存的原理，后续投资的风险相对较高。

(7)按照投资的内容，投资可以分为固定资产投资、无形资产投资、流动资产投资和有价证券投资等多种形式。

三、投资的程序

投资的一般程序如下：

(1)确定投资对象。投资项目的提出需要酒店考虑长期发展战略、中期发展目标及是否具有良好的投资环境。通常情况下，酒店高级管理人员大多会提出战略性投资的方案，中层及以下人员提出的多为战术性投资的方案。

(2)评价投资项目。投资项目的评价应注重以下几项工作：①评价投资项目的技术可行性;②评价投资项目的经济可行性,包括被评价项目的预计收入、预计成本和预计现金流量;③确定投资项目中评价指标可行性的顺序;④撰写评价报告,确定其财务可行性。

(3)选择投资方案。在财务可行性评价的基础上,对可供选择的多个投资方案进行比较和选择,最终确定投资方案。

(4)执行投资方案。确定对某方案进行投资后,要积极筹措资金,执行投资方案。方案执行过程中,要对工程进度、工程质量、工程成本等实施控制,以保证达到投资预算指标。

(5)投资方案的再评价。执行方案的过程中,应注意方案的合理性,对方案执行过程中不适应当前实际的变化情况,随时进行调整。

第二节　项目投资的现金流量分析

一、项目投资的特点及类型

(一)项目投资的概念

按照投资内容的不同,酒店投资可以分为项目投资、证券投资和其他投资等。其中,项目投资是以特定的建设项目为对象,直接与新建项目或更新改造项目有关的酒店内部长期投资行为。

与其他投资方式相比,项目投资具有以下特点:①投资内容各异。即每个投资项目都至少涉及一个固定资产投资。②投资影响时间长,即每个投资项目完成后影响酒店经营的时间一般在一年以上或超过一年的一个营业周期以上。③投资风险大。由于投资所需金额大,往往是日常经营所需流动资金的数十倍、数百倍乃至更多,导致投资所冒风险极大,一旦投资失败,可能直接导致投资方破产。④变现能力差。投资项目一旦建成,在需要资金时,变现将会十分困难,直接制约资金的流动。

(二)投资项目的类型

酒店的投资项目主要指针对新增服务能力的新建项目和恢复或改善服务的更新改造投资项目两大类。作为外延式扩大再生产的新增服务能力,项目投资往往与新增客房、新增营业面积等相联系,包括单纯固定资产投资项目和完整的酒店投资项目。单纯固定资产投资项目是只涉及固定资产投资而不涉及流动资产投资和其他资金投资的项目,而完整的酒店投资项目不仅包括固定资产投资,还包括流动资产及其他长期项目的投资。内涵式扩大再生产的更新改造投资则与改善服务质量、完善服务设施等相提并论。在进行项目投资时,投资人和债权人虽然都是资金的出让者,但却会从不同角度关注投资项目的成败,关心投资资金的使用。而决策人最关心的是项目投资的投放和回收情况。

二、投资项目的构成和资金投入方式

(一)投资项目的构成

1. 项目投资计算期的构成。项目计算期是指投资项目从投资建设开始至最终清理结束整个过程的时间,包括建设期和运营期。其中:建设期是指投资项目所需资金正式投入开始到项目建成投产为止。建设期的第一年称为建设起点,建设项目完工经验收合格、达到竣工验收标准、正式移交生产(或使用)的时间为投产日期。项目计算期的最后一年年末称为终结点,从投产日到终结点之间的时间间隔被称为运营期。运营期一般根据项目主要设备的经济使用寿命周期确定。

项目计算期、建设期和运营期的关系如下:

$$项目计算期(n)=建设期(s)+运营期(p)$$

【例 5-1】宏坊酒店拟增加一项固定资产,预计使用寿命 15 年。要求:就以下两种情况分别确定该投资项目的计算期:(1)在建设起点投资并投产;(2)建设期为 2 年。

【解】(1) 项目计算期(n)=0+15=15(年)

(2) 项目计算期(n)=2+15=17(年)

2. 项目投资总额的构成。项目投资总额考核原始投资额和投资总额两项指标。

(1)原始投资额。原始投资额是指为使项目完全达到设计生产能力,能够进行正常经营而投入的资金,包括建设投资和流动资金投资两部分。其中:

建设投资=固定资产投资+无形资产投资+开办费

建设投资是指在酒店经营期内按照一定经营规模和建设内容进行的投资。固定资产投资指项目用于购置或安装固定资产应当发生的投资。固定资产投资与建设期资本化借款利息之和构成固定资产原值。无形资产投资是指项目投资用于取得无形资产应当发生的投资。其他资产投资指建设投资中除固定资产和无形资产以外的投资,如开办费等。

流动资产投资=本年流动资金需用额-截至上年末的流动资金投资额

流动资产投资指项目投产前后一次或分次垫支于流动资产项目上的投资增加额。

本年流动资金需用额=该年流动资金需用额-该年流动负债需用额

(2)投资总额。投资总额是反映项目投资总体规模的价值指标。其金额为原始投资与建设期资本化利息之和。

(二)项目投资资金的投入方式

就项目投入资金的方式来看,可以分为一次性投资和分次投资两种形式。一次性投资方式指一次性发生在项目计算期第一年的期初或期末的投资行为。分次投资方式指投资行为涉及两个或两个以上年度,或虽然只涉及一个年度,但发生在年初和年末的投资行为。

【例 5-2】宏坊酒店拟增加客房,需在建设起点一次性投入 8 000 万元,在建设期末投入无形资产 100 万元。该基建工程建设期为一年,资本化利息为 624 万元,将其计入固定资产原值。基建工程完工后,流动资金投资 200 万元。根据上述资料计算有关数据如下:

(1) 固定资产原值=8 000+624=8 624(万元)

(2) 建设投资=8 000+100=8 100(万元)

(3) 原始投资=8 100+200=8 300(万元)

(4) 项目总投资=8 300+624=8 924(万元)

三、项目投资决策

固定资产投资一般经过该项目的前期调研和充分组织材料的过程,才能进行可行性研究并进行固定资产决策。

(一)固定资产投资的可行性研究

固定资产投资指酒店购建固定资产及对现有固定资产进行相应的技术更新或改造。对于购建金额较大、进行重大技术改造或对酒店经营活动有重大影响的固定资产增加均属重大的固定资产投资决策,应进行可行性研究,对投资项目在技术上和经济上是否可行进行科学的分析和论证,讨论其技术上是否可行,经济上是否节约。同时还应考虑国家有关政策、法律规定、市场情况、经营者的发展战略、资金筹集、投资回报率、财务及经营风险等情况。财务部门对于投资分析,往往注重资金的筹集和投资回报率,而这也是投资可行性研究应重点分析的问题,必须给予极大的关注。进行可行性分析时,一般由财务部门组织,即使不是财务部门主导,也应充分听取其意见。必要时,酒店可以委托专业机构进行可行性分析,或征询专业机构、有关专家的意见。

(二)固定资产项目决策程序

在进行固定资产项目决策时,应按照以下程序进行。

1. 投资项目的提出。不同管理层的人员提出的投资项目有所不同。一般而言,酒店高级管理人员提出的项目多数是酒店投入规模较大和时间较长的战略性投资项目,如为扩大经营规模兴建客房等;酒店中层管理人员提出的项目主要是更新设备、改造客房设施等战术性项目。

2. 投资项目的初审。项目提出后,决策人应组织相关部门进行投资项目初审,及时论证可行方案,审核投资项目的可行性,分析各种投资方案的优劣。如同时出现多个投资项目的方案时,应按照一定的标准排出选用方案的先后顺序。

3. 投资项目的决策。投资项目初审后,在投资项目决策前,应将选定的投资项目提交投资人或经营者,进行一定范围的讨论和审议。由于个体决策容易出现判断上的失误,因此重大决策应当尽量采取集体决策的形式,召开董事会或经理办公会进行讨论和决议。

4. 投资项目责任的落实。投资人或决策人做出相应决策后,应进一步落实执行责任,责任到人,制定项目的具体实施方案并组织实施,以尽量避免投资失败后各方推诿责任的问题。

(三)固定资产的实施与监控

为确保责任到人,投资项目决策确定后,应及时要求有关部门和人员积极组织项目的实施,对投资项目进行有效的监督和控制。包括:①采用内部调度资金或外部筹集资金的方式,保证项目资金及时到位;②按照投资项目的实施方案,有计划、有步骤地实施项目;③及时调整实施方案,监督和控制项目的实施过程;④落实执行责任,对已完投资项目进行审计和评价,落实执行责任,判断投资效果。

四、现金流量的构成及其估计

(一)现金流量的含义

进行项目决策时,首先应估计投资项目的预计现金流量。现金流量指投资项目的预计现金流入量与现金流出量的总称。与资金的时间价值、投资的风险价值和资金成本这三个因素一样,现金流量也是进行项目投资决策所需考虑的重要因素之一。

为了对项目投资进行合理的分析和评价,酒店需要计算资金的时间价值,对投资方案各期的现金流入量和现金流出量进行测算。现金流量包括初始现金流量、营业现金流量和终结现金流量三部分。

(二)现金流量的构成

1. 现金流入量。现金流入量是投资项目引起的酒店现金收入的增加额。通常包括:

(1)营业现金收入。这是指投资项目每年可以增加的营业现金收入,是酒店经营期间的主要现金流入量。如酒店投资某项目直接导致客房收入增加,增加的收入扣除相关付现成本(此处的付现成本指需要立即支付现金的成本)后的余额,即为该项目投资引起的营业现金流入。

(2)投资项目建成后每年计提的固定资产折旧额。

(3)固定资产的残值收入或中途变价收入。固定资产的残值收入或中途变价收入指固定资产更新时,原固定资产在报废时的残值收入或使用期限未满的中途变现收入。该项收入是由于固定资产购置所引起的,应列入该项目的现金流入。

(4)由于固定资产使用期满导致的原垫支在营运资金上的流动资金的收回。

(5)其他现金流入。这是指除以上所述内容以外的现金流入量的项目。

2. 现金流出量。现金流出量指投资项目引起的酒店现金支出的增加额,如酒店扩大营业面积、增加客房等会引起以下现金支出增加。通常包括投资于固定资产上的价款和固定资产的营运成本。

(1)固定资产的初始投资。该项投资指酒店在建设初期按照一定经营规模和建设要求进行的固定资产等投资的总称,是现金流出量的主要组成部分。这项投资支出一般根据酒店的经营规模及投资计划所确定的土建工程费用、设计及施工成本、酒店服务设施的购置成本,设备安装、运输和安装费用等确认。

(2)流动资产投资。流动资产投资指酒店投资项目中发生的用于经营期周转使用的营运资金投资,它与固定资产投资统称为原始投资。由于固定资产投资使酒店经营规模和经营范围扩大,客房数量增加,服务项目增多,因此追加的流动资金垫支也计入现金流出量。

(3)经营成本。经营成本是酒店在经营期内为保证正常经营活动而实际发生的成本费用支出。固定资产的维护保养费、修理费等也在酒店经营期间同时发生,构成了相当一部分费用支出。该项支出是酒店经营活动过程中最主要的现金流出量的内容。

(4)税金。税金是酒店项目完工从事经营活动获得利润后依法缴纳的税款,如企业所得税等。在进行新开工投资项目研究,或进行更新改造项目投资时,通常会估算应缴纳的企业所得税。

(5)其他现金流出量,是指不包括以上内容的现金流出量项目。

3. 现金净流量。现金净流量又称净现金流量,是指在项目计算期内,同一时期的现金流入量与现金流出量之差。

现金净流量=现金流入量-现金流出量
=每年营业收入-付现成本-所得税费用
=每年增加的净利+每年计提的折旧

年现金净流量计算公式中包括“折旧”这一因素,是因为在计算每年营业净利时已扣减了当年全部营业成本,而当年的营业成本中又包括了计提的折旧额这类不需用现金支付的项目。同时,计算当年现金净流量的公式中不需考虑项目投资支出的补偿,原因在于计算投资项目全过程的现金净流量公式中,“固定资产投资额”被列为减项,已使其得到补偿。

(三)现金流量的计算

为了评价投资项目的优劣,必须正确地计算现金流量。

【例 5-3】宏坊酒店洗衣房准备购进烘干设备,现有甲、乙两个方案可供选择。甲方案投资 200 000 元,使用寿命为 5 年,用直线法计提折旧,期末无残值。5 年中,每年营业收入 80 000 元,付现成本 30 000 元。乙方案投资 230 000 元,使用寿命为 5 年,用直线法计提折旧,使用期满后有残值 30 000 元。5 年中,每年营业收入 100 000 元,付现成本第一年为 36 000 元,以后随着设备的陈旧,每年需要增加 3 000 元。此外,乙方案需要垫支流动资金

40 000 元。若酒店适用的所得税税率为 25%,试确定甲、乙方案各自的现金流量。

(1)甲方案现金流量的计算:

$$甲方案的年折旧额=200\ 000/5=40\ 000(元)$$

甲方案的年现金流量表见表 5-1。

表 5-1 甲方案各年的现金流量 金额单位:元

项目(t)	0	1	2	3	4	5
固定资产投资	-200 000					
流动资金垫支	0					
营业收入		80 000	80 000	80 000	80 000	80 000
付现成本		30 000	30 000	30 000	30 000	30 000
折旧		40 000	40 000	40 000	40 000	40 000
税前净利		10 000	10 000	10 000	10 000	10 000
所得税费用		2 500	2 500	2 500	2 500	2 500
税后净利		7 500	7 500	7 500	7 500	7 500
营业现金流量		47 500	47 500	47 500	47 500	47 500
营运资金回收						0
固定资产残值收回						0
各年现金流量	-200 000	47 500	47 500	47 500	47 500	47 500

(2)乙方案现金流量的计算:

$$乙方案的年折旧额=(230\ 000-30\ 000)/5=40\ 000(元)$$

乙方案的年现金流量见表 5-2。

表 5-2 乙方案各年的现金流量 金额单位:元

项目(t)	0	1	2	3	4	5
固定资产投资	-230 000					
流动资金垫支	-40 000					
营业收入		100 000	100 000	100 000	100000	100 000
付现成本		36 000	39 000	42 000	45 000	48 000
折旧		40 000	40 000	40 000	40 000	40 000
税前净利		24 000	21 000	18 000	15 000	12 000
所得税费用		6 000	5 250	4 500	3 750	3 000
税后净利		18 000	15 750	13 500	11 250	9 000
营业现金流量		58 000	55 750	53 500	51 250	49 000
营运资金回收						40 000
固定资产残值收回						30 000
各年现金流量	-270 000	58 000	55 750	53 500	51 250	119 000

在表 5-1 和表 5-2 中,各年现金流量项目中,$t=0$ 列代表第一年年初现金投入量,$t=1$ 列代表第一年年末的现金流量,以此类推。为简化计算工作,一般假定各年投资在年初一次进行,各年现金流量看成是各年年末一次发生,把终结现金流量看成是最后一年年末发生。

第三节 项目投资决策的评价指标

项目投资决策的评价指标是用于衡量和比较投资项目的可行性,以便进行正确的指标评价方案决策。它要求在有关决策分析中利用已知的信息资料,使用特定的技术方法对备选方案进行数量上的分析和对比,以确定最优方案。从财务管理的角度看,投资决策评价指标主要有非贴现现金流量指标和贴现现金流量指标两大类。

非贴现现金流量指标是在进行项目投资效益分析时,把现金流量指标看成时期指标,即以利润指标作为分析基础,不考虑资金的时间价值;贴现现金流量指标则是在进行项目投资分析时,将现金流量指标看成时点指标,认为不同时点现金流量的经济意义不同,故而考虑资金的时间价值。贴现现金流量指标脱胎于非贴现现金流量指标,但贴现现金流量指标的产生使非贴现现金流量指标对于投资项目的分析处于辅助地位。

一、贴现现金流量指标

贴现现金流量指标是目前经济活动中进行项目投资分析时的主要指标,使用贴现现金流量指标进行项目投资分析是以贴现的现金流量为计算基础。此处的"贴现"是指按照某种预定的复利利率(即贴现率)将以后不同时期的现金流量折算成现在的价值。由于考虑资金的时间价值,把不同时期的现金流量建立在科学可比的基础上,使分析评价的结果更接近于实际。常见的使用贴现现金流量指标进行项目评价的方法包括净现值法、净现值率法、内含报酬率法和现值指数法四种。

(一)净现值法

净现值(NPV)是指投资项目投入使用后的现金净流量按照资金成本或酒店要求达到的报酬率计算出的现值减去初始投资额的现值以后的余额。对于投资者而言,要求未来所获得的收益大于初始投资额是必然的,但由于获得报酬的时间与初始投资的时间不一致,两者之间缺乏可比性,因此,必须将资金时间价值的概念运用于同一时点上的未来报酬与原投资额的比较,以确定实际收益。净现值法是根据某一方案未来现金流入的现值与未来现金流出的现值之间的差额来评价投资方案的方法。

净现值指标是将项目投资的全部收入与支出统一到一个时点上进行对比的结果。其评价标准是:若净现值大于0,投资项目可行;若净现值小于0,投资项目不可行。若为多个备选方案的互斥选择决策,则应以净现值最大的方案为最佳方案。净现值指标的具体计算公式是:

$$NPV = \left[\frac{NCF_1}{(1+i)^1} + \frac{NCF_2}{(1+i)^2} + \cdots + \frac{NCF_n}{(1+i)^n}\right] - A = \sum_{t=1}^{n} \frac{NCF_t}{(1+i)^t} - A$$

$$= \sum_{t=1}^{n} [NCF_t \times (P/F,i,t)] - A$$

式中:NPV 为净现值;NCF_t 为第 t 年的现金净流量;t 为时期;i 为贴现率(资本成本或酒店投资要求的报酬率);n 为投资项目预计使用年限;A 为初始投资额的现值。

净现值法的计算步骤如下:

1. 预测每年的现金净流量。

$$\text{每年的现金净流量}=\text{每年的现金流入量}-\text{每年的现金流出量}=\text{每年使用该项固定资产所获得的净利}+\text{每年使用该项固定资产应计提的折旧}$$

2. 根据资金成本(或酒店投资要求的报酬率)计算未来报酬总现值。

首先,将每年的现金净流量折成现值。若每年的现金净流量相等,则按年金折成现值;若每年的现金净流量不相等,则按普通复利分别折成现值,再加以计算。

其次,将固定资产的期末残值或中途变现价值按照普通复利折成现值。

最后,将每年的现金净流量及固定资产期末残值或中途变现价值的现值相加,计算出未来报酬总现值。

3. 计算原始投资的现值。若原始投资为一次性投资,则原始投资的现值就是初始投资额;若原始投资为分次投资,则应将其分别折成现值,再加以计算。

4. 计算净现值,根据净现值的正负及大小判断投资方案的可行性及优劣。

【例 5-4】宏坊酒店准备购入健身设备。现有三个方案可供选择:

甲方案:投资 180 000 元,使用寿命为 6 年,采用直线法计提折旧,6 年后设备无残值。6 年中每年的营业收入为 100 000 元,每年的付现成本为 20 000 元。

乙方案:投资 200 000 元,另需垫付营运资金 60 000 元。使用寿命为 6 年,采用直线法计提折旧,6 年后预计有残值 20 000 元。6 年中每年的营业收入为 160 000 元,付现成本第一年为 30 000 元,以后随着设备陈旧,每年增加维护保养费 3 000 元。

丙方案:投资额为 250 000 元,另需垫付营运资金 80 000 元。使用寿命也为 6 年,采用直线法计提折旧,6 年后预计有残值 10 000 元。6 年中每年的付现成本为 50 000 元。丙方案准备将服务对象扩大,因此,预计营业收入第一年为 160 000 元,以后每年增加 5 000 元。

要求:若所得税税率为 25%,资本成本为 8%,用净现值法计算三方案的净现值,并比较三方案的优劣。

【解】(1)为计算现金流量,先分别计算三方案的年折旧额:

甲方案的年折旧额 = 180 000/6 = 30 000(元)

乙方案的年折旧额 = (200 000−20 000)/6 = 30 000(元)

丙方案的年折旧额 = (250 000−10 000)/6 = 40 000(元)

(2)分别计算三方案的现金净流量。甲方案各年的现金流量计算表见表 5-3。

表 5-3 甲方案各年的现金流量 金额单位:元

项目(t)	0	1	2	3	4	5	6
固定资产投资	−180 000						
流动资金垫支	0						
营业收入		100 000	100 000	100 000	100 000	100 000	100 000
付现成本		20 000	20 000	20 000	20 000	20 000	20 000
折旧		30 000	30 000	30 000	30 000	30 000	30 000
税前净利		50 000	50 000	50 000	50 000	50 000	50 000
所得税费用		12 500	12 500	12 500	12 500	12 500	12 500
税后净利		37 500	37 500	37 500	37 500	37 500	37 500
营业现金流量		67 500	67 500	67 500	67 500	67 500	67 500
营运资金回收							0
固定资产残值收回							0
各年现金流量	−180 000	67 500	67 500	67500	67 500	67 500	67 500

乙方案各年的现金流量计算见表5-4。

表5-4 乙方案各年的现金流量 金额单位:元

项目(t)	0	1	2	3	4	5	6
固定资产投资	-200 000						
流动资金垫支	-60 000						
营业收入		160 000	160 000	160 000	160 000	160 000	160 000
付现成本		30 000	33 000	36 000	39 000	42 000	45 000
折旧		30 000	30 000	30 000	30 000	30 000	30 000
税前净利		100 000	97 000	94 000	91 000	88 000	85 000
所得税费用		25 000	24 250	23 500	22 750	22 000	21 250
税后净利		75 000	72 750	70 500	68 250	66 000	63 750
营业现金流量		105 000	102 750	100 500	98 250	96 000	93 750
营运资金回收							60 000
固定资产残值收回							20 000
各年现金流量	-260 000	105 000	102 750	100 500	98 250	96 000	173 750

丙方案各年的现金流量计算见表5-5。

表5-5 丙方案各年的现金流量 金额单位:元

项目(t)	0	1	2	3	4	5	6
固定资产投资	-250 000						
流动资金垫支	-80 000						
营业收入		160 000	165 000	170 000	175 000	180 000	185 000
付现成本		50 000	50 000	50 000	50 000	50 000	50000
折旧		40 000	40 000	40 000	40 000	40 000	40 000
税前净利		70 000	75 000	80 000	85 000	90 000	95 000
所得税费用		17 500	18 750	20 000	21 250	22 500	23 750
税后净利		52 500	56 250	60 000	63 750	67 500	71 250
营业现金流量		92 500	96 250	100 000	103 750	107 500	111 250
营运资金回收							80 000
固定资产残值收回							10 000
各年现金流量	-330 000	92 500	96 250	100 000	103 750	107 500	201 250

(3)根据以上资料计算三方案的净现值。

甲方案各年的现金流量相等,可以直接采用公式计算。则

甲方案的净现值=未来报酬总现值-初始投资额的现值

$=67\ 500\times(P/A,8\%,6)-180\ 000$

$=67\ 500\times4.622\ 9-180\ 000$

$=132\ 045.75$(元)

乙、丙方案每年的现金净流量不相等,分别计算如下:

乙方案的净现值$=105\ 000\times0.925\ 9+102\ 750\times0.857\ 3+100\ 500\times0.793\ 8+98\ 250\times0.735+96\ 000\times0.680\ 6+173\ 750\times0.630\ 2-260\ 000$

=252 132.58(元)

丙方案的净现值=92 500×0.925 9+96 250×0.857 3+100 000×0.793 8+103 750×0.735+107 500×0.680 6+201 250×0.630 2-330 000

=193 789.38(元)

由计算数据可以看出,当列表分析时,甲方案的现金净流量为405 000元;乙方案的现金净流量为676 250元;丙方案的现金净流量为701 250元。丙方案的获利总额最大,似乎是最优方案。但用净现值法分析,结果出现了较大差异,甲方案的净现值为132 045.75元,乙方案的净现值为252 132.58元,丙方案的净现值为193 789.38元。按照净现值法的决策标准,在多个互斥方案的选择中,应选择净现值最大的方案。因此,乙方案为最优方案,丙方案次之,甲方案为相对最差的方案。

净现值法的优点是:考虑了资金的时间价值,能够反映各种投资方案的净现值,使投资方案各期的现金净流量的现值与原投资额具有一定的可比性,是一种较好的评价方法。但其局限性在于:①不能揭示各投资方案本身实际可能达到的投资报酬率究竟是多少,特别是在各方案原投资额不同的情况下,仅凭净现值的大小不能做出投资获利水平高低的正确评价,必须结合其他方法进行分析。②净现值法的计算比传统的静态分析法复杂,而且较难理解和掌握。③评价项目投资方案时,决策者往往以资金成本作为对投资方案各期现金净流量的贴现率。但由于人们对资金成本构成的各因素有不同的理解或不同的重视程度,因此,确定贴现率的难度较大。

(二)净现值率法

净现值率(*NPVR*)是指投资项目的净现值占初始投资额现值总和的比率,即单位初始投资的现值创造的净现值。净现值率的计算公式如下:

$$净现值率=\frac{投资项目的净现值}{原始投资的现值合计}$$

根据以上公式计算出的净现值率指标,若其大于0或等于0,投资方案为可行方案;若小于0,则投资方案为不可行方案。该指标越大,项目投资方案的效益就越好。

【例5-5】根据例5-4资料计算宏坊酒店投资项目的净现值率。

【解】

甲方案 *NPVR*=132 045.75/180 000=73.36%

乙方案 *NPVR*=252 132.58/260 000=96.97%

丙方案 *NPVR*=193 789.38/ 330 000=58.72%

从以上项目投资方案的净现值率可以看出,乙方案的净现值率为96.97%,甲方案的净现值率为73.36%,丙方案的净现值率为58.727%,三方案的净现值率均大于0,都为可行方案。按照净现值率的决策标准,在多个互斥方案中,应选择净现值率最大的方案。因此,乙方案为最优方案,甲方案次之,丙方案为最差方案。

净现值率指标的优点是:①考虑了资金的时间价值;②可以从动态角度反映项目投资的资金投入与净产出之间的关系,计算过程比较简单。缺点是:①无法直接反映投资项目的实际收益率;②在资本决策过程中,可能导致片面追求较高的净现值率;③在企业资本充足的情况下,有降低企业投资利润总额的可能。

(三)内含报酬率法

内含报酬率(又称内部报酬率,*IRR*)是使投资项目的净现值等于0的报酬率。即根据这个报酬率对投资项目每年的现金净流量进行折现,使其未来报酬总现值等于该方案原投资额的现值。实际上,内含报酬率指一项投资方案在其寿命周期内按现值计算的实际投资报酬率。

内含报酬率法是根据各投资方案的内含报酬率与事先确定的资金成本进行比较,来确定该方案是否可行的决策分析方法。使用内含报酬率法对项目投资进行评价和选择时,先计算出投资方案的内含报酬率,并用其与预先确定的资金成本进行比较。当投资方案的内含报酬率大于资本成本时,项目投资的方案可行;反之,当投资方案的内含报酬率小于资本成本时,项目投资的方案不可行。投资方案的内含报酬率越高,经济效益越好。

寻找内含报酬率的计算方法,因每期现金净流量是否相同而有所不同。

1. 若每期的现金净流量相等,内含报酬率的计算步骤如下:

首先,求年金现值系数。计算公式如下:

$$\text{年金现值系数} = \frac{\text{初始投资额}}{\text{每年的现金净流量}}$$

其次,查年金现值系数表,在相同的期数内,找出与上述年金现值系数相邻的较大和较小的两个折现率。

最后,根据上述年金现值系数与相邻的两个折现率,用插值法计算出该投资方案的内含报酬率。

2. 若每年的现金净流量不相等,可采用逐次测试法进行测试,找到内含报酬率。计算步骤如下:

第一步,估计一个折现率,并按此折现率计算净现值。如果计算出的净现值大于0,则表明估计的折现率小于投资项目的实际内含报酬率,应提高设定的折现率再进行测算;如果计算出的净现值小于0,则表明该折现率大于投资项目的实际内含报酬率,应设定一个相较低一些的折现率再进行测算。经反复测算,找到净现值由正到负的最接近于0的两个折现率。

第二步,根据上述相邻的两个折现率,用插值法计算出该投资项目的内含报酬率。

【例5-6】根据例5-4资料计算宏坊酒店投资项目的内含报酬率。

【解】由于甲方案每年的现金净流量相等,可采用如下方法计算内含报酬率。

$$\text{年金现值系数} = \frac{180\,000}{67\,500} = 2.666\,7$$

查年金现值系数表,第6期与2.666 7相邻的年金现值系数在28%和32%之间。用插值法计算甲方案的内含报酬率如下:

$$i = 28\% + \frac{2.666\,7 - 2.759\,4}{2.534\,2 - 2.759\,4} \times (32\% - 28\%) = 29.65\%$$

乙方案每年的现金净流量不相等,因而必须逐次测算。若折现率为32%,测算过程如下。

测算1:净现值 =105 000×0.757 6+102 750×0.573 9+100 500×0.434 8+98 250×0.329 4+96 000×0.249 5+173 750×0.189−260 000

=11 376.93

由计算结果得,净现值为11 376.93,说明估计的折现率低于实际报酬率,应提高折现率再测算。下面将折现率提高到36%再进行测算。

测算2:净现值=105 000×0.735 3+102 750×0.540 7+100 500×0.397 5+98 250×0.292 3+96 000×0.214 9+173 750×0.158−260 000

=−10 486.45

经计算,净现值为-10 486.45,说明乙方案的内含报酬率一定在32%~36%之间。用插值法计算乙方案的内含报酬率如下：

$$i = 32\% + \frac{0 - 11\ 376.93}{-10\ 486.45 - 11\ 376.93} \times (36\% - 32\%) = 34.08\%$$

丙方案每年的现金净流量不相等,也必须逐次测算。若折现率为24%,测算过程如下。

测算1：净现值=92 500×0.806 5+96 250×0.650 4+100 000×0.524 5+103 750×0.423+107 500×0.341 1+201 250×0.275 1-330 000

=-4 429.38

由计算结果得,净现值为-4 429.38,说明估计的折现率高于实际报酬率,应降低折现率再测算。将折现率降低到20%再进行测算。

测算2：净现值=92 500×0.833 3+96 250×0.694 4+100 000×0.578 7+103 750×0.4823+107 500×0.401 9+201 250×0.334 9-330 000

=32 427.75

经计算,净现值为32 427.75,说明乙方案的内含报酬率一定在20%~24%之间。用插值法计算乙方案的内含报酬率如下：

$$i = 20\% + \frac{0 - 32\ 427.75}{-4\ 429.38 - 32\ 427.75} \times (24\% - 20\%) = 23.52\%$$

从以上项目投资的内含报酬率可以看出,乙方案的内含报酬率为34.08%,甲方案的内含报酬率为29.65%,丙方案的内含报酬率为23.52%。三方案的内含报酬率都大于资本成本8%,均为可行方案。按照内含报酬率法的决策标准,在多个互斥方案中,应选择内含报酬率最高的方案。因此,乙方案为最优方案,甲方案次之,丙方案为最差方案。

内含报酬率的优点是：经过测算,可以了解到投资方案本身可以达到的具体投资报酬率的数值,因此,可以客观地分析和比较投资项目本身及各投资方案之间的投资效果。但它的测算方法复杂,过于繁琐。特别是当年现金净流量不相等的投资项目往往要经过多次测算才能求得,工作量较大。

(四)获利指数法

获利指数(*PI*)又称现值指数或利润指数,是投资项目未来报酬的总现值与初始投资额的现值之比。获利指数法是将项目投资方案各期现金净流量的总和与原投资额相比较,用以反映投资回收能力的方法。具体计算公式是：

$$PI = \left[\frac{NCF_1}{(1+i)^1} + \frac{NCF_2}{(1+i)^2} + \cdots + \frac{NCF_n}{(1+i)^n}\right]/C = \left[\sum_{t=1}^{n} \frac{NCF_t}{(1+i)^t}\right]/C$$

根据以上公式计算出的获利指数若大于0且小于1,则方案不可行;若计算出的获利指数大于或等于1,则方案可行;若计算出的获利指数小于1,则不可行。获利指数越大,项目投资方案的效益就越好。在多个方案的互斥选择中,应采用获利指数大于1且最大的投资项目。

获利指数的计算过程如下：

首先,计算未来报酬总现值,其方法与计算净现值所用方法相同。

其次,根据未来报酬总现值与初始投资额之比计算获利指数。

【例5-7】根据例5-4资料计算宏坊酒店投资项目的获利指数。

【解】　甲方案的获利指数=312 045.75/180 000=1.733 6

乙方案的获利指数=512 132.58/260 000=1.969 7

$$\text{丙方案的获利指数}=523\ 789.38/330\ 000=1.587\ 2$$

经计算可以看出,甲、乙、丙三方案的获利指数都大于1,均属于可行方案,但乙方案的获利指数最大,按照获利指数法的决策标准,在多个互斥方案中,应选择获利指数最高的方案。因此,乙方案为最优方案,甲方案次之,丙方案为最差方案。

获利指数法的优点是:考虑了资金的时间价值,能够真实地反映投资项目的盈亏状况。同时,由于获利指数用相对数表示项目投资的可行性,有利于在初始投资额不同的情况下进行投资项目方案的对比。获利指数法的缺点是,获利指数这一概念在理解上较为困难。

获利指数法与净现值法有相似之处,但获利指数法不是单纯地按照各方案的净现值绝对数比较方案的优劣,而是通过相对数比较以确定项目投资方案的回收能力,反映投资项目的效益。净现值法是使用绝对数指标反映投资项目的效益。净现值大的方案可能是由于投资额大造成的,投资额大净现值也大的方案,获利指数不一定大;反之,则获利指数也不一定小。净现值与获利指数判断项目可能会由于投资额不等而出现不一致的判断结果。实际判断项目投资优劣时,一般以净现值为主,同时使用获利指数法进行验证。这样就使不同的项目投资方案具有共同的可比基础。因此,获利指数法是一种应用比较广泛的贴现现金流量的方法。

二、非贴现现金流量指标

非贴现现金流量指标属于用静态分析现金流量的指标。这类指标不考虑资金的时间价值,主要包括投资回收期法和投资报酬率法两种评价项目投资决策的方法。

(一)投资回收期法

投资回收期(*PP*)是指收回初始投资额所需要的时间。投资回收期法是通过计算投资的回收期比较各项目投资方法收回投资成本的时间来判断方案的优劣,以确定最优投资项目的一种方法。采用这种方法计算出的投资回收期越短,投资风险越小,投资效果越好。

酒店运用回收期法进行分析时,需要将投资方案的回收期与期望回收期相比,若项目投资方案的回收期小于或等于期望回收期,则方案可行;若项目投资方案的回收期大于期望回收期,则放弃该方案;若同时有几个可供选择的方案,应选择回收期最短的方案。

投资回收期的计算因每年的营业净现金流量是否相等而不同。如果每年的营业净现金流量相等,则投资回收期的计算公式如下:

$$\text{投资回收期}=\frac{\text{初始投资额}}{\text{每年的营业净现金流量}}$$

如果每年的净现金流量不相等,计算回收期时要根据每年年末回收的投资额计算确定。计算方法是:逐年累计每年的现金净流量,直到累计的现金净流量达到全部原始投资额的那一年为止,不足一年的按比例计算。

【例5-8】根据例5-4资料计算宏坊酒店投资项目的投资回收期。

【解】　甲方案每年的现金净流量相等,投资回收期可直接使用公式计算。

$$\text{甲方案投资回收期}=\frac{180\ 000}{67\ 500}=2.67(\text{年})$$

乙方案每年的现金净流量不相等,应列表逐年累计计算每年的现金净流量(见表5-6)。

表 5-6 乙方案现金净流量累计表 金额单位:元

年份	当年现金净流量	年末现金净流量累计	年末尚未收回的投资额
1	105 000	105 000	155 000
2	102 750	207 750	52 250
3	100 500	308 250	—
4	98 250	406 500	—
5	96 000	502 500	—
6	173 750	676 250	—

$$乙方案投资回收期 = 2 + \frac{52\ 250}{100\ 500} = 2.52(年)$$

丙方案每年的现金净流量也不相等,应列表逐年累计每年的现金净流量(见表 5-7)。

表 5-7 丙方案现金净流量累计表 金额单位:元

年份	当年现金净流量	年末现金净流量累计	年末尚未收回的投资额
1	92 500	92 500	237 500
2	96 250	188 750	141 000
3	100 000	288 750	41 000
4	103 750	392 500	—
5	107 500	500 000	—
6	201 250	701 250	—

$$丙方案投资回收期 = 3 + \frac{41\ 000}{103\ 750} = 3.4(年)$$

从投资成本的回收时间上看,按回收期的测定,乙方案的投资回收期最短,为 2.52 年,甲方案的投资回收期为 2.67 年,丙方案的投资回收期为 3.4 年。按照回收期法的决策标准,在多个互斥方案中,应选择回收期最短的方案。因此,乙方案为最优方案,甲方案次之,丙方案为最差方案。

从上例可以看出,项目投资回收期评价方法简单明了,易于理解和掌握。它的主要缺点是没有考虑"资金的时间价值",把若干年后的一元钱与当前的一元钱画上等号。同时,在进行具体计算时,只考虑了营业净现金流量中小于和等于原投资额的部分,而忽略了营业净现金流量中大于原投资额部分的价值。因此,难以准确地说明问题,有较大的局限性。

(二)投资报酬率法

投资报酬率(*ARR*)是投资项目寿命周期内平均的年投资报酬率。投资报酬率法是用项目投资方案的平均现金流量与初始投资额的比值评价方案优劣的方法。该比值越大,说明项目投资方案越好。最常见的投资报酬率的计算公式如下:

$$投资报酬率 = \frac{平均现金流量}{初始投资额} \times 100\%$$

【例 5-9】根据例 5-4 资料计算宏坊酒店投资项目的投资报酬率。

$$甲方案投资报酬率 = \frac{67\ 500}{180\ 000} \times 100\% = 37.5\%$$

$$乙方案投资报酬率 = \frac{[105\ 000 + 102\ 750 + 100\ 500 + 98\ 250 + 96\ 000 + 173\ 750]/6}{260\ 000} \times 100\% = 43.35\%$$

$$\text{丙方案投资报酬率} = \frac{[92\ 500 + 96\ 250 + 100\ 000 + 103\ 750 + 107\ 500 + 201\ 250]/6}{330\ 000} \times 100\% = 35.42\%$$

采用投资报酬率这一指标时,应事先确定酒店要求达到的投资报酬率。只有大于规定的投资报酬率,该方案才是可行方案。在若干个可行的备选方案中,应选用投资报酬率最高的方案。若酒店预期的投资报酬率为30%,经计算可以看出,乙方案的投资报酬率高于甲方案和丙方案的投资报酬率。按照投资报酬率越高投资方案越好的项目评价标准,乙方案为最优方案,甲方案次之,丙方案为最差方案。

投资报酬率的优点是简单明了,易于理解和掌握,并能说明各投资方案的收益水平。与回收期法相同,由于其仍然没有考虑资金的时间价值,所以用它来分析评价投资项目也有较大的局限性,在特定情况下,还会使投资者做出错误的判断。

第四节　项目投资决策评价指标的运用

项目投资决策指标的运用也是酒店经营管理中的重要问题之一。随着科学技术的飞速发展、新技术和新设备的不断投入,项目投资决策遇到更为复杂的问题。下面将结合具体事例对投资决策方案的评价做具体说明。

一、独立方案投资分析评价及结果

(一)独立方案的含义

在财务管理活动中,独立方案是指一组相互分离,互不排斥的方案或在独立方案中,选择某一方案并不排斥选择另一方案。一组完全独立的方案存在的前提条件是:①假设资金来源无限制;②投资资金无优先使用的排列;③各项目投资方案所需的人力、物力和财力均能得到满足;④无地区及行业间的相互关系及其影响;⑤项目投资方案的可行性取决于方案本身的经济效益,与其他方案是否采纳无关。从财务角度看,两种独立性投资所引起的现金流量不相关。

进行项目投资独立方案决策分析时,可以采用项目投资方案评价方法的任一种。由于独立方案决策只有采纳与否两种决策,故在评价投资方案时,只需选定某一种决策方法,看该方案是否达到决策方法判定的可行标准即可。

(二)评价项目投资方案可行性的要点

评价项目投资方案可行性的要点包括:

1. 判断项目投资方案是否完全具备财务可行性的条件。如果某一投资方案的所有评价指标均处于可行区间,即同时满足以下条件时,就可以确认该投资方案具备财务可行性,或完全具备可行性。这些条件是:①净现值(*NPV*)大于或等于0;②净现值率(*NPVR*)大于或等于0;③获利指数(*PI*)大于或等于1;④内含报酬率(*IRR*)大于或等于资本成本;⑤包括建设期的静态投资回收期(*PP*)小于或等于项目计算期的1/2;⑥不包括建设期的静态投资回收期(*PP′*)小于或等于运营期的1/2;⑦投资收益率(*ROI*)大于或等于预期投资收益率。

2. 判断项目投资方案是否完全不具备财务可行性的条件。如果某一投资方案的所有评价指标均不处于可行区间,即同时满足以下条件时,就可以确认该投资方案不具备财务可行性,或完全不具备可行性。这些条件是:①净现值(*NPV*)小于0;②净现值率(*NPVR*)小于0;③获利指数(*PI*)小于1;④内含报酬率(*IRR*)小于资本成本;⑤包括建设期的静态投资回收期(*PP*)大于项目计算期的1/2;⑥不包括建设期的静态投资回收期(*PP'*)大于运营期的1/2;⑦投资收益率(*ROI*)小于预期投资收益率。当投资方案处于这一区间时,应立即放弃此方案。

3. 判断项目投资方案是否完全具备财务可行性的条件。如果某一投资方案的主要指标处于可行区间,但次要指标处于不可行区间时,则可以确认该投资方案基本具备财务可行性。主要指标:净现值(*NPV*)大于或等于0;净现值率(*NPVR*)大于或等于0;获利指数(*PI*)大于或等于1;内含报酬率(*IRR*)大于或等于资本成本。次要指标:包括建设期的静态投资回收期(*PP*)大于项目计算期的1/2;不包括建设期的静态投资回收期(*PP'*)大于运营期的1/2;投资收益率(*ROI*)小于预期投资收益率。在这种条件下,可以认为投资项目具备财务可行性的条件。

4. 判断项目投资方案是否基本不具备财务可行性的条件。如果某一投资方案的主要指标处于不可行区间,即使次要指标处于可行区间,也可以确认该投资方案不具备财务可行性。

(三)独立方案评价中应注意的其他问题

对独立方案进行财务可行性评价的过程中,除应熟练掌握和运用以上判断方案可行性的标准外,还需要注意以下问题:

1. 主要的评价指标在评价财务可行性的过程中起决定性作用。在对独立投资项目进行财务可行性评价和投资决策的过程中,当静态投资回收期(次要)指标与投资报酬率(辅助)指标的评价结果与主要的动态评价指标,如净现值、净现值率、内含报酬率和获利指数的评价结果相互抵触时,以主要评价指标的评价结果为评价依据。

2. 利用不同的动态评价指标对独立方案的投资项目进行评价和决策,决策结果不同。

【例5-10】宏坊酒店固定资产投资项目为独立方案,其初始投资额为8 000万元,项目计算期为10年(其中经营期为9年),资金成本为7.5%,设定的投资收益率为8%。

经测算,有关投资决策评价指标如下:*ROI*=9.6%;*PP*=6年;*PP'*=4年;*NPV*=403.1万元;*NPVR*=20.01%;*PI*=1.234;*IRR*=15.8%。要求评价该项目投资的可行性。

【解】因为以下有关指标:

$$PP=6\text{年}>\text{项目计算期(10年)的}1/2$$

$$PP'=4\text{年}<\text{运营期(9年)的}1/2$$

$$ROI=9.6\%>i=8\%$$

$$NPV=403.1\text{万元}>0$$

$$NPVR=20.01\%>0$$

$$PI=1.234>1$$

$$IRR=15.8\%>i=7.5\%$$

所以,该项目投资基本具有财务可行性。

结论:由于该投资方案的重要评价指标均达到或超过相应标准,故基本上具有财务可行性。唯一不足的是包括建设期在内的投资回收期比较长,有一定风险。如果条件允许,可以进行投资。

二、多个互斥方案的比较决策

多个互斥方案指相互关联又相互排斥的方案,即一组方案中的各方案可以彼此相互替代,某一方案被选中后,其他方案即被排斥。互斥方案比较决策是指在两个或两个互斥方案的备选方案中,只能选择其中一个方案的决策分析方法。比较互斥方案优劣时,可以使用前面介绍的净现值法等具体方法。

(一)设备更新项目决策

初始投资额相同且计算期相同的互斥方案一般可以使用净现值法来评价方案的优劣。此时,净现值最大的方案为最优方案。

【例 5-11】宏坊酒店健身房准备更新健身器械。旧设备原购置成本为 320 000 元,已使用 3 年,已提折旧 120 000 元,估计还可以使用 5 年。假定设备期满后无残值。使用期间每年获得收入 100 000 元,每年的付现成本为 40 000 元。若立即销售旧设备,可得价款 180 000 元。新设备的购置成本为 520 000 元,预计可使用 5 年,期满后有残值 20 000 元。使用新设备每年可获收入 190 000 元,每年的付现成本为 60 000 元。新旧设备均采用直线法计提折旧。若宏坊酒店的资金成本为 8%,所得税税率为 25%。要求做出该酒店继续使用旧设备还是更新设备的决策分析。

【解】决策方案有两个:一是继续使用旧设备;二是出售旧设购置新设备。决策方法如下:

(1)计算两方案的现金流量,见表 5-8 和 5-9。

旧设备的年折旧额:　　320 000/8=40 000(元)

新设备的年折旧额:　　(520 000-20 000)/5=100 000(元)

表 5-8　使用旧设备的现金流量　　金额单位:元

项目(t)	0	1	2	3	4	5
固定资产投资	0					
营业收入		100 000	100 000	100 000	100 000	100 000
付现成本		40 000	40 000	40 000	40 000	40 000
折旧		40 000	40 000	40 000	40 000	40 000
税前净利		20 000	20 000	20 000	20 000	20 000
所得税费用		5 000	5 000	5 000	5 000	5 000
税后净利		15 000	15 000	15 000	15 000	15 000
各年现金流量		55 000	55 000	55 000	55 000	55 000

表 5-9　使用新设备的现金流量　　金额单位:元

项目(t)	0	1	2	3	4	5
固定资产投资	-520 000					
营业收入		190 000	190 000	190 000	190 000	190 000
付现成本		60 000	60 000	60 000	60 000	60 000
折旧		100 000	100 000	100 000	100 000	100 000
税前净利		30 000	30 000	30 000	30 000	30 000
所得税费用		7 500	7 500	7 500	7 500	7 500
税后净利		22 500	22 500	22 500	22 500	22 500
营业现金流量		122 500	122 500	122 500	122 500	122 500
固定资产残值收回						20 000
各年现金流量	-520 000	122 500	122 500	122 500	122 500	142 500

(2)计算两方案的净现值:

使用旧设备的净现值=55 000×(P/A, 8%,5)-200 000=19 598.50(元)

使用新设备的净现值 = 122 500×(P/A, 8%, 4) + 142 500×(P/F, 8%, 5) − 520 000
= −16 512.75(元)

(3)比较两方案的优劣。使用旧设备的净现值大于0,使用新设备的净现值小于0,按照净现值法的评价标准,因此宏坊酒店健身房不应更新健身器械。

(二)项目投资规模决策

宏坊酒店因业务需要,欲新建一个西餐厅。首先要考虑的问题是,餐厅的规模多大才能够满足需要,且不需要增加更多的投资。下面利用以上的方法进行分析,做出相应的决策。

【例5-12】宏坊酒店准备新建一个西餐厅,现有两种投资方案,有关资料见表5-10。假定该项目所需资金为借款,借款利率为9%,比较哪一方案更好。

表5-10

项 目	甲方案	乙方案
投资额(元)	4 000 000	7 000 000
使用年限(年)	25	25
年营业收入(元)	800 000	1 500 000
年营运成本(元)	350 000	500 000
固定资产残值(元)	400 000	500 000

(1)计算两方案的现金净流量:

甲方案的年现金净流量 = 800 000−350 000 = 450 000(元)

乙方案的年现金净流量 = 1 500 000−500 000 = 1 000 000(元)

(2)计算两方案的净现值:

甲方案的净现值 = 450 000×(P/A, 9%, 25) + 400 000×(P/F, 9%, 25) − 4 000 000
= 450 000×9.822 6 + 400 000×0.116 − 4 000 000
= 466 570(元)

乙方案的净现值 = 1 000 000×(P/A, 9%, 25) + 500 000×(P/F, 9%, 25) − 7 000 000
= 1000 000×9.822 6 + 500 000×0.116 − 7 000 000
= 2 880 600(元)

由于两方案的净现值均为正数,按照多方案的选择标准,乙方案的净现值大于甲方案的净现值,因而乙方案为最佳选择。需要说明的是:如果两方案的项目计算期相同而原始投资额不同,且两方案的净现值都为正数,就不能仅靠比较两方案的净现值大小进行决策,而应使用两方案净现值的差额进行评价。

(三)项目计算期不同的多方案比较决策

当项目计算期不同的多方案进行比较时,应使用年等额净回收额进行比较。年等额净回收额最大的方案为最优方案。计算公式如下:

$$年等额净回收额 = \frac{净现值}{年金现值系数}$$

【例5-13】宏坊酒店准备新建一个西餐厅,现有三种投资方案,甲方案原始投资额为8 000 000万元,项目计算期为15年,净现值为9 428 000元;乙方案原始投资额为9 500 000万元,项目计算期为18年,净现值为11 500 000元;丙方案原始投资额为10 000 000万元,项目计算期为16年,净现值为−250 000元。贴现率为8%。要求:判断方案的可行性并进行投资决策。

【解】(1)甲、乙两方案的净现值大于0,具备财务可行性;丙方案的净现值小于0,不具有财务可行性。

(2)对甲、乙两方案分别计算年等额净回收额:

$$甲方案的年等额净回收额 = \frac{9\ 428\ 000}{8.559\ 5} = 1\ 101\ 466.21(元)$$

$$乙方案的年等额净回收额 = \frac{11\ 500\ 000}{9.371\ 9} = 1\ 227\ 072.42(元)$$

(3)结论:甲方案的年等额净回收额为1 101 466.21元,乙方案的年等额净回收额为1 227 072.42元。乙方案的净现值大于甲方案,因此,应选择乙方案。

【重要概念】

投资　直接投资　间接投资　内部投资　外部投资　现金流量　净现值　净现值率　内含报酬率　获利指数　投资回收期

计算与分析

1. 万佳酒店健身房准备购入跑步机,现有两方案可以选择。*A*方案需投资120 000元,使用寿命为5年,采用直线法计提折旧,5年后设备无残值。5年中,每年营业收入为48 000元,每年的付现成本为15 000元。*B*方案需投资125 000元,采用直线法计提折旧,使用寿命为5年,5年后有残值收入5 000元。5年中,每年的营业收入为50 000元,付现成本第一年为12 000元,以后随着设备陈旧,每年将增加修理费2 000元,另需垫付营运资金30 000元。假设所得税税率为25%。要求:试计算两个方案的现金流量。

2. 万佳酒店两个投资项目的现金流量见表5-11。

表5-11　投资项目现金流量计算表　　金额单位:万元

年限	0	1	2	3	4	5
甲方案:						
固定资产投资	-50 000					
营业现金流量		12 000	12 000	12 000	12 000	12 000
现金流量合计	-50 000	12 000	12 000	12 000	12 000	12 000
乙方案:						
固定资产投资	-40 000					
营运资金垫支	-10 000					
营业现金流量		18 000	16 000	14 000	12 000	10 000
固定资产残值						5 000
营运资金回收						10 000
现金流量合计	-50 000	18 000	16 000	14 000	12 000	25 000

要求：若万佳酒店的资本成本为10%。(1)分别计算两个方案的投资回收期。(2)分别计算两个方案的投资报酬率。(3)分别计算两个方案的净现值。(4)分别计算两个方案的净现值率。(5)分别计算两个方案的内含报酬率。(6)分别计算两个方案的获利指数。

3. 万佳酒店健身房目前拟更新健身设备，需2 500 000元，可使用10年，使用期满有残值100 000元，新增的健身设备在其寿命周期内，每年可为酒店增加净利300 000元。酒店按直线法计提折旧。若该酒店的资本成本为15%。要求用净现值法、净现值率法、内含报酬率法、获利指数法、投资回收期法和投资报酬率法评价该投资方案是否可行。

4. 万佳酒店健身房两年前购入健身器械，原价85 000元，期末预计残值为5 000元，预计仍可使用8年，最近酒店考虑是否用一种新的健身器械来代替原有器械。新的健身器械售价105 000元，使用年限为8年，期末残值为5 000元。若购入新设备，可使万佳酒店健身房每年的营业现金流量由目前的53 000元增加到64 000元。目前原健身器械的账面价值为69 000元，如果立即出售，可获价款15 000元。该酒店的资本成本为16%。要求：根据资料试用净现值法、净现值率法、内含报酬率法、获利指数法、投资回收期法和投资报酬率法对该项售旧购新方案的可行性进行评价。

第六章

酒店证券投资管理

【学习目标】

在经济发展的良好背景下,证券投资可以让酒店享受经济高速发展的成果,获得“牛市”中的高收益,使企业的财富平衡、快速、安全地增长。通过本章内容的学习,学生应掌握酒店证券投资的特征、方式,了解证券投资程序;能够准确区别股票、债券和基金三种投资方式,并会对三种方式的价值进行评定。

【情景思考】

你想投资取得额外收益吗?你会采用什么形式?像别人一样买股票?还是债券或是基金?证券投资管理将会告诉你如何进行操作。

【本章重点】

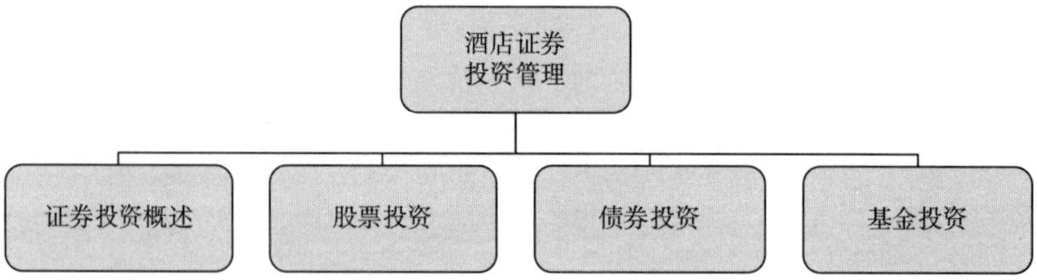

第一节　证券投资概述

随着我国证券市场的不断发展,证券投资已经成为酒店业的一种重要投资方式。现代酒店业把资金用于购买股票、债券、基金及衍生证券等金融资产从而获取收益的投资行为就是证券投资。这里主要介绍股票投资、债券投资和基金投资。

一、证券及其种类、特征

证券是指用以证明或设定权利所做成的书面凭证,它表明证券持有人或第三者有权取得该证券拥有的特定权益。

(一)证券的种类

1. 按照发行主体的不同,证券分为政府证券、金融证券和公司证券。政府证券通常是指由中央政府或地方政府发行的债券。我国的中央政府债券也称国债，通常由财政部发行。地方政府债券由地方政府发行，通常以地方税或其他收入偿还。金融证券是银行及非银行金融机构发行的证券。公司证券（或企业证券）是公司（或企业）为筹措资金而发行的有价证券，公司证券包括的范围比较广泛，主要有股票、公司债券及商业票据等。

2. 按照所体现的权益关系，证券分为所有权证券和债权证券。所有权证券是指证券的持有人即是证券发行的所有者的证券，享有一定的股东权益。这种证券的持有人一般对发行单位都有一定的管理和控制权。股票是典型的所有权证券，股东便是发行股票的企业的所有者。债权证券是指证券代表的是持有人对证券发行人享有一定的债权。

3. 按照收益的决定因素，证券分为原生证券和衍生证券。股票和债券是证券市场两个最基本和最主要的品种，称原生证券；衍生证券如金融期货、可转换证券、权证等。

4. 按照收益稳定状况的不同，证券分为固定收益证券和变动收益证券。固定收益证券指证券持有人已经预先知道证券的收益率，因此，证券持有人可以在特定的时间内获得固定的收益，如一般的债券和优先股股票。变动收益证券指证券的收益率事先无法确定，而是随公司的赢利情况和赢利分配政策等因素的变化而变化，普通股股票和浮动利率债券就属于此类证券。

5. 按是否在证券交易所挂牌交易，证券分为上市证券与非上市证券。上市证券是指经证券主管机关核准发行，并经证券交易所依法审核同意，允许在证券交易所内公开买卖的证券。非上市证券是指未申请上市或不符合证券交易所上市条件的证券。非上市证券不允许在证券交易所内交易，但可以在其他证券交易市场交易。凭证式国债和普通开放式基金属于非上市证券。

6. 按照募集方式的不同，证券分为公募证券和私募证券。公募证券是指发行人通过中介机构向不特定的社会公众投资者公开发行的证券。这类证券审核较严格并采取公示制度。私募证券是指向少数特定的投资者发行的证券。其审查条件相对宽松，投资者也较少，不采取公示制度。目前，我国信托投资公司发行的集合资金信托计划以及商业银行和证券公司发行的理财计划均属于私募证券；上市公司采取的定向增发方式发行的有价证券也属于私募证券。

（二）证券的特征

1. 产权性。证券的产权性是指有价证券记载着权利人的财产权内容，代表着一定的财产所有权，拥有证券就意味着享有财产的占有、使用、收益和处分的权利。在现代经济社会里，财产权利和证券已密不可分，两者融合为一体，权利证券化。虽然证券持有人并不实际占有财产，但可以通过持有证券，在法律上拥有有关财产的所有权或债权。

2. 收益性。证券的收益性是指持有证券本身可以获得一定数额的收益，这是投资者转让资本使用权的回报。证券的收益表现为利息收入、红利收入和买卖证券的差价。收益的多少通常取决于该资产增值数额的多少和证券市场的供求状况，它的大小决定了投资者的积极性。

3. 流通性。证券的流通性又称变现性，是指证券持有人可以按照自己的需要灵活地转让证券以换取现金。流通性是证券的生命力所在，是通过承兑、贴现和交易实现的。证券流通性的强弱，受证券期限、利率水平及计息方式、信用度、知名度、市场便利程度等多种因素的制约。一般而言，证券市场越发达，证券的信用等级越高，证券的期限越短，其流动性越强。

4. 风险性。证券的风险性是指证券持有者面临着预期投资收益不能实现，甚至本金也受到损失的可能。这是由证券的期限性和未来经济状况的不确定性所致的。通常情况下,证券的风险与其收益成正比。风险越大的证券,投资者要求的预期收益越高;反之,风险越小的证券,预期收益越低。

5. 期限性。债券一般有明确的还本付息期限,以满足不同投资者和筹资者对融资期限以及与此相关收益的需求。债券的期限具有法律的约束力,是对双方融资权益的保护;股票没有期限约束,可将其视为无期限证券。

二、证券投资的目的与原则

(一)证券投资的目的

酒店参与证券投资的动机和目的是多种多样的,但归纳起来主要有以下四种。

1. 为了获得较高的投资收益。当酒店在较长的时期内没有大量的资金支出,也没有赢利较高的投资项目,因而可能拥有大量闲置资金时,就可以利用这笔资金购买风险较小、投资回报较高的有价证券。这时可以充分利用暂时闲置的资金,获取较高的投资收益。

2. 分散风险。酒店对投资资产管理的重要原则是资产分散化,以降低风险。这样,当市场行情发生变化时,各种资产数额有增有减,并由此可以互相抵消,酒店可以避免或减少损失。由于证券投资具有选择面广、资产分散的特点,从而为酒店实现资产分散、降低投资风险提供了可能性。

3. 获得对相关企业的控制权。有些酒店为了长远利益而进行证券投资,是为了控制某一企业,参与该企业的经营决策。少数资金雄厚的酒店有时会通过大量购买某一企业的股票来达到控制这家企业的目的。如东方宾馆通过控股广州东方国际旅行社,从而为酒店稳定的住房率提供了保障。

4. 增加资产流动性。资产的流动性也称变现性,是一种在不受损失或少受损失的情况下将资产转化为现金的能力。保持资产的流动性,是参与投资经营的重要原则,流动性的高低是衡量酒店经营活动是否稳健、正常的主要标志。证券是除现金和活期存款外最具流动性的资产,证券投资业务也为投资者保持资产的流动性提供了条件。当酒店某一时期的现金流出量超过现金流入量时,可以随时出售证券,以取得经营所需的现金。这样,短期证券投资实际上已经成为现金的替代品,它既能满足酒店对现金的需要,又能在一定程度上增加酒店的收益。

(二)证券投资的原则

1. 收益与风险最佳组合原则。在证券投资中,收益与风险形影相随,相伴而生。要想获得收益,就必须冒风险。解决这一矛盾的办法是:在已定的风险条件下,尽可能使投资收益最优化;在已定的收益条件下,尽可能使风险降低到最低限度。这是投资者必须遵循的基本原则,它要求投资者必须明确自己的投资目标,恰当地把握自己的投资能力,不断增强自己承受风险的能力。要求投资者在证券投资过程中,尽可能地保值增值。

2. 分散投资原则。证券投资是风险投资,它可能给酒店带来很高的收益,也可能使酒店遭受巨大的损失。为了尽量地减少风险,必须进行分散投资。进行分散投资可以从两个方面着手:一是对多种证券进行投资。这样,即使其中的一种或几种证券得不到收益,而其他的证券收益好,也可以得到补偿,不至于血本无归。二是在进行多种证券投资时,应把握投资方向,将投资分为进攻性投资和防御性投资两部分。

3. 理智投资原则。由于受各方面因素的影响,证券市场处于不断变化之中,很难准确预测证券市场行情的变化。这就要求酒店投资决策者在进行投资时,应该冷静而慎重,不过多地受各种传言的影响,对各种证券细心地加以比较,最后确定投资的对象。

4. 剩余资金投资原则。从大的层面来看,酒店资金来源无非是两部分,一部分是自有资金,另一部分是借入资金。一般来说,酒店用于证券投资的资金应是酒店较长时间闲置不用的剩余资金。这是因为证券投资是一种风险较大的经济活动,意味着赚钱和亏本的机会同时存在,如果把全部资金都投入证券,一旦发生亏损,就会危及酒店的正常运营。酒店应该在估计资产、投资目的和风险承受能力的基础上,决定是否进行证券投资和用多少资金进行证券投资。

5. 能力充实原则。证券投资是一项非常复杂的投资活动,要想准确地把握证券市场行情,酒店的投资决策人必须具有扎实的理论功底和丰富的证券市场投资经验。要不断培养证券投资能力,掌握一些成功有效、随机应变的投资方法和策略。这样,才能使酒店的投资收益实现最大化。

三、酒店证券投资的程序

理性的证券投资过程通常包括以下五个基本步骤。

(一)确定证券投资目标

进行投资决策前,首先应确定投资目标。从大的方面看,证券投资目标可以是以收入、增长和均衡为目标;从小的方面分析,可以是在大目标下具体设定收益率水平等。

(二)进行证券投资分析

酒店应尽可能多地收集有关证券市场的各种资料。对酒店投资决策有用的资料主要包括:①证券发行公司的各种资料,如公司的招股说明书、上市公告书、中期报告、年度报告等财务资料,与公司有关的各种重大事件的公告和消息等;②证券行情变动情况;③国民经济的发展状况,如国民生产总值增长率、通货膨胀率、利率水平等;④国家的经济政策,如财政政策、金融政策、产业政策、外贸政策等;⑤国家政局和社会的稳定状况;⑥国际经贸动态,这对有进出口贸易和产品受国际市场影响的企业尤为重要。

(三)证券投资组合分析

投资组合的目标就是实现效用最大化,即使证券投资组合的风险和收益特征能够给酒店带来最大的满足。进行证券投资组合分析的原因有二:一是为降低证券投资风险;二是为实现证券投资收益最大化。证券投资主要是为了获取收益,对于酒店来说,当然是收益越高越好。然而,收益高的证券,其风险往往也大。酒店决策者必须在股票与债券之间,在各种股票和各种债券之间进行选择,以便对投资于哪种或哪几种证券,以及怎样分配投资资金做出决策。

(四)购买证券

证券市场分为一级市场和二级市场。在一级市场购买的是新发行的证券,在二级市场购买的是其他投资者转让的二手证券。一级市场的证券发行有较强的时间性,并非时时都有新证券发行;而二级市场是一个连续性的市场,酒店随时都可以进行证券投资。

证券一级市场与二级市场之间存在着密切的联系。如果二级市场行情火爆,则一级市场就会有极大的吸引力;如果二级市场低迷不振,一级市场就会失去吸引力。因此,酒店在一级市场投资时,要充分注意二级市场的状况。酒店要在二级市场购买证券,可以选择一家信誉好的证券经营机构,委托其办理买卖业务。

（五）评估投资业绩

对证券投资经济效果进行评价是十分关键的一环，它既涉及对过去一个时期证券投资业绩的评价，也关系下一个时期酒店证券投资的方向。对于收益的获得应区分哪些是管理者主观努力的结果，哪些是市场客观因素造成的。如在强劲的牛市中，市场平均收益率为50%，那么，即使证券投资赢利率为35%，证券投资的经营能力仍然要被评为不合格；而在大熊市中，如果市场指数下跌了50%，即使证券投资净值下跌35%，表现也是相当不错的。

第二节　股票投资

一、股票及相关概念

（一）股票及股票投资

股票是股份公司在筹集资本时向社会发行的、表明持有人享有一定权益的凭证，它代表持股人对该公司的所有权。股票的持有人是该公司的股东，股东凭借所持股票取得股利，拥有对该公司财产的要求权。

作为投资者购买股票获取收益的一种投资活动，酒店以股票形式进行投资的主要目的是：①作为一般的证券投资，获得股利收入及股票买卖的差价；②利用购买某一企业的大量股票达到控制该企业的目的。如果酒店进行股票投资是出于第一种目的，应将投资资金分散，通过证券投资组合，降低风险，获得收益。而第二种投资目的的关注焦点不是近期投资收益的高低，而是要达到长期控制某企业的目的。

（二）股票的相关概念

1. 股票的价值。股票的价值是指其预期的未来现金流入的现值，也称为股票的“内在价值”或称“理论价值”。未来现金流入包括每期预期的股利和出售时得到的价格收入。

2. 股票的价格。股票仅是一种凭证，其本身没有价值。股票之所以有价格，可以买卖，是因为它能给股票持有者定期带来收入。股票一经上市，股票价格即与股票面值相分离。股票价格由股利的资本化价值（即预期股利和当时市场利率）所决定。同时，股票价格还受整个经济变化、投资者心理等复杂因素的影响。股票价格分为开盘价、收盘价、最高价、最低价、买入价、卖出价、现价等。

3. 股利。股利是股息和红利的总称，是投资者获取报酬的一种形式。股利是公司从其税后利润中分配给股东的，体现的是股东享有企业利润分配的权力。

4. 股票的预期报酬率。股票的预期报酬率是指预期的未来报酬率，是预期股利收益率与预期资本利得的收益率之和。

$$R = \left(\frac{D_1}{P_0} + \frac{P_1 - P_0}{P_0}\right) \times 100\%$$

式中：R 为股票的预期报酬率；D_1 为股利；P 为普通股价格；P_0 为买入价；P_1 为卖出价。

【例6-1】宏坊酒店以100元/股的价格购入新华公司股票普通股10 000股，若年股利率为8%，一年后该股票的预计市价为108元/股。则其股票的预计报酬率为：

$$R=(\frac{D_1}{P_0}+\frac{P_1-P_0}{P_0})\times 100\%$$
$$=(\frac{100\times 8\%}{100}+\frac{108-100}{100})\times 100\%$$
$$=16\%$$

一般情况下，只有在股票的预期报酬率高于投资人要求的最低报酬率的时候，投资行为才被认为是有意义的。

二、股票投资的特点

（一）稳定性

股票投资是一种没有期限的长期投资。一旦买入股票，只要股票发行公司存在，就不能退股，即不得向股票发行公司要求抽回本金。同样，酒店作为股票持有者的股东身份和股东权益就不能改变。但酒店可以通过股票交易市场卖出股票，将股份转让给其他投资者，以收回自己原来的投资。

（二）风险性

任何投资都有风险，股票投资也不例外。股票投资者能否获得预期的回报，首先取决于被投资公司的赢利情况，利大多分，利小少分，公司破产时则可能血本无归；其次，股票作为交易对象，有自己确定的价格。而股票的价格除了受制于股票发行公司的经营状况之外，还受经济、政治、社会甚至人为操控等诸多因素的影响，处于不断变化的状态中，大起大落的现象也时有发生。股票市场上，股票价格的波动虽然不会影响上市公司的经营业绩，从而影响股息与红利，但股票价格的下跌还是会使投资者蒙受部分损失。因此，股票是一种高风险的金融产品。如果不合时宜地在高价位买进股票，就可能会导致严重损失。酒店入股市投资，一定要谨慎从事。

（三）责权性

持有普通股的酒店有权参加股东大会，选举董事会，参与公司的管理决策。股东权力的大小，取决于占有股份的多少。

（四）流通性

股票投资虽然不能退股，但可以在股票市场上随时转让，进行买卖或抵押。所以，股票是具有较强流通性的流动资产，是酒店投资的重要方式。

酒店在进行股票投资时，应提前分析各种股票的属性，包括股票的业绩、规模和成长状况等指标，以便在不同经济背景和行情下买卖股票。

三、股票投资的收益评价

（一）股票投资收益的构成

酒店通过股票投资取得的收益包括股利和资本收益。股利也称为股息、红利，是公司按期派发的股票利息，来自公司的税后利润，是酒店所有权在利润分配上的体现。资本收益也称资本利得，是指股票价格受到某些因素的影响而上涨时，给酒店带来的差价收益，即将股票低价买进、高价卖出所得到的差价收益。

（二）股息的分派与股票除权除息价格的计算

我国上市公司的股息分派常与公司配股结合在一起，而且许多公司分派股息采用股票股息形式,因此俗称“送配股”。实际上,送股和配股具有不同的性质。送股体现的是收益分配权,而配股体现的是优先认股权。关于公司的送配,有两个重要的日期必须注意。

一是股权登记日,指的是假如股东要获得股息分配权和优先认股权,则必须在这一天之前将其姓名登记在股份公司的股东名册上,这一天即为股东登记日。这样才是名正言顺的合法股东,才能享受股东权益。

二是除权除息日,即表示中止优先认股权和中断计算股息的日期。在此日期的当天和之后购买股票的投资者,就无权参与公司的送配。按照我国的情况,股权登记日的下一个营业日为除权除息日。

股票经过送配后,其价格一般会相应下跌。股票除权除息价格的计算公式如下:

$$除权除息价 = \frac{前一营业日收盘价 - 每股现金股息 + 配股率 \times 配股价}{1 + 送股率 + 配股率}$$

【例 6-2】某股份公司于 2020 年 12 月每股派送 0.6 股股票股息,并配售 0.3 股,配股价每股 3.20 元,其股权登记日为 2020 年 12 月 20 日,当天收盘价为 10.55 元,则其 2020 年 12 月 21 日(星期一)的理论除权除息价为:

$$除权除息价(理论) = \frac{10.55 + 0.3 \times 3.2}{1 + 0.6 + 0.3} = 6.06(元)$$

如果实际除权除息价高于理论除权降息价,称为填权,反之称为贴权。

(三)股票价值评估的基本模型

股票价值评估的主要方法是计算股票的价值,然后将其与市价相比,根据其高于、低于或等于市价,来决定卖出、买入或继续持有该股票。

股票投资给酒店带来的现金流入包括股利收入和出售股票时的资本利得。股票的价值等于未来预期现金流入的现值,包括未来一系列的股利和出售时得到的价格收入的现值。如果酒店不出售股票,永远持有,则酒店只有股利收入,此时股票价值就表现为永续的股利流入的现值。如果酒店准备在一段时间后出售股票,则该股票价值是持有期间几次股利和出售时的股份的现值。不论投资者是长期持有还是持有一段时间后出售,都可以用公式表示为:

$$P_0 = \frac{D_1}{(1 + R_s)^1} + \frac{D_2}{(1 + R_s)^2} + \cdots + \frac{D_n}{(1 + R_s)^n} = \sum_{t=1}^{\infty} \frac{D_t}{(1 + R_s)^t}$$

式中:P_0 为股票价值;R_s 为贴现率,即投资者要求的必要报酬率;D_t 为第 t 年的股利;t 为年份。

这一公式是股票价值估价的一般模式,不论股利是固定、固定增长还是不固定,都可以套用这个公式计算股票价值。

在实际应用时,需要解决的主要问题是:①如何预计未来每年的股利。②确定贴现率。股利的确定取决于每股盈余和股利支付率两个因素,可以通过统计分析历史资料得到。贴现率是酒店要求的收益率,通常采用市场利率作为贴现率。

四、股票投资的优缺点

股票投资是一种高风险、高报酬的投资方式,酒店投资决策者应正确认识。

(一)股票投资的优点

1. 可获得比较高的回报。从长远看,发行公司应该是持续稳定发展的,因此股票价格趋于上涨,只要选择正确,就能够取得丰厚的投资收益。

2. 通过股票投资,可以在一定程度上降低购买力风险。由于普通股股利的支付额是根据发行公司的经营状况而定的,在通货膨胀率较高的情况下,股利支付会随着发行公司赢利的增加而增加。因此,股票投资与收益固定的债券投资相比较,更能够降低通货膨胀对投资收益的影响。

3. 股东拥有一定的经营控制权。

(二)股票投资的缺点

1. 收入不稳定。股票投资获得收入,尤其是普通股股利的支付随发行公司经营状况和财务状况而定。

2. 股票的价格受多种因素影响,使得投资风险较高。

3. 股票持有者对发行公司剩余财产的求偿权和利润的分配权都居于最后。

第三节　债券投资

一、债券及相关概念

债券是发行者为筹集资金,向债权人发行的,承诺按照约定时间和利率支付利息,并在到期日偿还本金的一种有价证券。

债券投资是投资者购买债券以取得收益的一种投资活动。债券投资可以是短期投资,也可以是长期投资。酒店进行短期债券投资的目的,主要是为了合理利用暂时闲置的资金,调节现金余额并获得收益;进行长期债券投资的目的,主要是为了获得稳定的收益。债券应具备如下四个基本要素。

(一)债券面值

债券面值是指设定的票面金额,它代表发行人借入并且承诺于未来某一特定日期偿付给债券持有人的金额。债券面值包括两个基本内容:一是币种,二是票面金额。面值的币种可用本国货币,也可用外币,这取决于发行者的需要和债券的种类。债券的票面金额是债券到期时偿还债务的金额,固定不变,到期必须足额偿还。

(二)债券价格

债券价格是指债券发行时的价格。理论上,债券的面值就是它的价格。但实际上,由于发行者的种种考虑或资金市场上供求关系和利息率的变化,债券的市场价格时常脱离它的面值。发行者计息还本,是以债券的面值为依据,而不是以其价格为依据的。

(三)债券票面利率

债券票面利率指债券发行者预计一年内向投资者支付的利息占票面金额的比率。票面利率不同于实际利率。实际利率通常是指按复利计算的一年期的利率。由于债券的计息方式和付息方式有多种,可能使用单利或复利,计息付息日也不一定。因此,实际利率往往不等于票面利率。

(四)期限与方式

债券还本期限是指从债券发行到归还本金之间的时间。债券还本期限长短不一,有的只有几个月,有的长达十几年乃至几十年。还本期限应在债券票面上注明。债券发行者必须在债券到期日,偿还本金。债券还本期限的长短,主要取决于发行者对资金需求的时限、未来市场利率的变化趋势和证券交易市场的发达程度等因素。

债券还本方式是指一次还本还是分期还本等,债券票面上应注明还本方式。

二、债券的特点及持有人的权利

(一)债券的特点

与股票及其他证券相比,债券具有如下特点:

1. 期限性。债券是一种有约定期限的有价证券,代表了债权债务关系,有确定的还本付息日。当债券到期时,债务人就要偿还本息。而股票是没有期限的永久性证券,它只有发行日而没有到期日。酒店一旦入股,便不能从公司抽回股本,而只能通过市场转让的方式收回资金。

2. 流动性。流动性是指债券可以在证券市场上转让流通。债券大多数不记名,转让时手续简单,持券人需要现金时可以在证券市场上随时出售或到银行以债券作为抵押品取得抵押借款。债券的流动性仅次于储蓄存款。

3. 收益性。收益性是指债券持有人可以定期从债券发行者那里获得固定的债券利息。债券的利率通常高于存款利率,其收益率主要取决于债券的买卖价格,并不一定等同于债券的票面利率。

4. 安全性。债券的安全性,表现在债券持有人除了可获得固定的利息外,到期还能无条件地收回本金。即使企业破产,也要先偿还债券,所以发生债券亏本的现象相对要少得多。因此,债券与股票及其他证券投资的风险要小得多,投资的安全性比较强。

5. 自主性。债券具有自主性,企业通过发行债券筹集到的资金是向社会公众的借款,债券的持有者只对发行企业拥有债权,而不能像股票那样参与公司的经营管理。此外,企业通过发行债券筹集的资金,可以根据其自身生产经营的需要自由运用,不像银行借款那样有规定用途,其资金的使用情况要接受银行监督。

需要指出的是,债券的上述特点在一般情况下很难同时兼顾。例如,安全性高的债券收益率可能较低,而收益率高的债券可能其投资风险又较大。因此,对于酒店来说,应根据自己的资金状况和要求,选择最适合自己的投资方式进行组合投资。

(二)债券持有人的权利

酒店如果持有债券,则可以享有如下权利:

1. 利息请求权。一般来说,债券发行单位的发行条件中确立了债券的利率、利息支付方式和时间。酒店有权要求在规定时间内获得债券利息。

2. 偿还本金请求权, 指债券持有者有权要求发行单位对到期债券履行按期偿还本金的责任,不得任意拖延。

3. 优先偿还权。在债券偿还年度,发行企业必须在发放当年股息之前优先偿还债券本金和利息;企业破产清算时,也必须优先偿还债券本息。

三、债券投资的收益评价

(一)债券投资收益的构成

酒店通过债券投资取得的收益包括利息和资本损益。利息是按照票面利率和面值计算的，定期获得的利息收入。资本损益是债券买入价与卖出价或偿还额之间的差额。

（二）债券收益的评价

债券收益指标也是决策人必须要给予极大关注的内容。评价债券收益水平的指标主要有债券的价值和债券的到期收益率。

1. 债券的价值。债券的价值，也是债券的内在价值，是指持有债券带来的未来现金流入的现值。投资者之所以愿意购买债券，是因为它能够为其持有人带来预期收益。因此，债券的价值就取决于其未来收益的大小。其基本计算公式如下：

$$V=\frac{I_1}{(1+i)^1}+\frac{I_2}{(1+i)^2}+\frac{I_3}{(1+i)^3}+\cdots+\frac{I_n}{(1+i)^n}+\frac{M}{(1+i)^n}$$

式中：V 为债券的价值；I 为每年的利息额；M 为到期的本金；i 为折现率；n 为债券到期前的年数。

在进行债券投资时，需要考虑债券的价值是否大于购买价格，只有债券价值大于购买价格的前提下，投资行为才有意义。因此，债券价值是酒店进行债券投资决策时使用的主要指标之一。

【例 6-3】宏坊酒店 2021 年 2 月 1 日购买一张面额为 2 000 元的债券，其票面利率为 8%，每年 2 月 1 日计算并支付一次利息，并于 5 年后的 1 月 31 日到期。若当时市场利率为 10%，债券的市价为 1 840 元。试评价应否购买该债券？

【解】$V=\frac{160}{(1+10\%)^1}+\frac{160}{(1+10\%)^2}+\frac{160}{(1+10\%)^3}+\frac{160}{(1+i)^4}+\frac{160}{(1+10\%)^5}+\frac{2000}{(1+10\%)^5}$

$=160\times(P/A,10\%,5)+2\ 000\times(P/F,10\%,5)$

$=1\ 848.33$（元）

由于债券的价值高于市场交易价 8.33 元，若不考虑其风险因素，此债券可以购入，它可以获得 10%的收益率。

从公式可以看出，债券的价值取决于债券面值的大小、票面利率的高低、偿还期限的长短以及折现率的大小。在债券发行时，由于其面值、票面利率、偿还期限都已经确定，因此，债券价值完全取决于折现率。折现率越高，债券价值就越低，反之，债券价值就越高。因此，确定债券价值时，选取适当的折现率是非常重要的。

在证券市场上，债券价值会受到多种因素的影响，不是一成不变的。这些影响因素包括必要报酬率、债券到期日以及债券利息的支付频率等。酒店投资决策人在分析债券价值时，应考虑这些因素发生改变时，债券价值也会发生变化。

2. 债券到期收益率。债券到期收益率是指购进债券后，一直持有该债券至到期日，可获得的收益率是未来现金流入的现值等于债券买入价格时的折现率。其计算公式为：

$$V=I\times(P/A,i,n)+M\times(P/F,i,n)$$

式中：V 为债券的价值；I 为每年的利息额；M 为面值；n 为期数；i 为折现率。

【例 6-4】宏坊酒店 2021 年 2 月 1 日购买一张面额为 2 000 元的债券，其票面利率为 8%，每年 2 月 1 日计算并支付一次利息，该债券于 5 年后的 1 月 31 日到期。计算收益率等于 8%时债券的价值。

【解】(1) 平价购买：

$$\begin{aligned}V&=160\times(P/A,8\%,5)+2\ 000\times(P/F,8\%,5)\\&=160\times3.992\ 7+2\ 000\times0.680\ 6\\&=2\ 000（元）\end{aligned}$$

可见,平价购买时,到期收益率等于票面利率。

(2)若高于面值买入,假设买入价为 2 210 元,票面利率为 6%,则:

$$2\ 210=160\times(P/A,i,5)+2\ 000\times(P/F,6\%,5)$$

用 $i=6\%$测算:

$$\begin{aligned}V&=160\times(P/A,6\%,5)+2\ 000\times(P/F,6\%,5)\\&=160\times4.212\ 4+2\ 000\times0.747\ 3\\&=2\ 168.58(\text{元})\end{aligned}$$

测试结果小于面值,说明应降低折现率测算。若票面利率为 4%,则用 $i=4\%$试算:

$$\begin{aligned}V&=160\times(P/A,4\%,5)+200\ 0\times(P/F,4\%,5)\\&=160\times4.4518+2\ 000\times0.821\ 9\\&=2\ 356.09(\text{元})\end{aligned}$$

折现结果高于 2 210 元,可以判断该债券的收益率高于 4%。然后用插值法计算近似值:

$$i=4\%+\frac{2\ 356.09-2\ 210}{2\ 356.09-2\ 168.58}\times(6\%-4\%)$$
$$=5.56\%$$

经计算,该债券的实际到期收益率为 5.56%。

上述结果也可通过简化公式进行计算:

$$i=\frac{I+(M-P)/N}{(M+P)/2}\times100\%$$

式中:I 为每年的利息额;M 为到期归还本金的面值;P 为买价;N 为期限。

将数据代入:

$$i=\frac{160+(2\ 000-2\ 210)/5}{(2\ 000+2210)/2}\times100\%$$
$$=5.6\%$$

可见,若买价和面值不相等,则收益率与票面利率不相同。

(3)到期一次还本付息。

【例 6-5】宏坊酒店 2021 年 2 月 1 日平价购买一张面值为 2 000 元的债券,其票面利率为 8%,按单利计算,5 年后的 1 月 31 日到期,一次还本付息。计算该债券的到期收益率。

【解】

$$2\ 000=2\ 000\times(1+5\times8\%)\times(P/F,i,5)$$
$$(P/F,i,5)=2\ 000\div2\ 800=0.714$$

查"复利现值系数表",5 年期的现值系数最接近 0.714 时,$i=7\%$。

因此,该债券的到期收益率为 7%。

可见,如果债券不是定期支付利息,而是到期一次还本付息,或者用其他方式支付利息,那么即使是平价发行,到期收益率和票面利率也可能不同。

到期收益率是选购债券的标准,它可以反映债券投资按复利计算的真实收益率。如果高于酒店要求的报酬率,则应买进该债券,否则就放弃。

四、债券投资的优缺点

(一)债券投资的优点

1. 债券投资本金安全性高。对债券的发行方来说,债券是契约性的债务,契约的约束力使得债券发行人为了维护自身的信誉,避免违约。因此,对于酒店而言,相比股票投资,债券投资风险较小,购买质量高、流动性强的债券,可以避免无法收回本金的风险。而且,债券投资人在发行人破产清算时,有剩余财产的优先求偿权,本金损失很小。如果投资于政府债券,基本没有风险。

2. 投资收益比较稳定。债券持有人可以在约定的时间,按照票面规定的面值和固定的利息率计算,取得利息收入。

3. 很多债券具有很好的变现能力,也可以说有很好的流动性。政府和大企业发行的债券一般都可以在金融市场上迅速出售,变现能力强。

(二)债券投资的缺点

1. 购买力风险较高。由于债券的面值和利息率在发行时就规定好,如果投资期间通货膨胀率较高,则本金和利息的购买力将不同程度地降低,甚至会给投资者带来损失。

2. 债券持有人没有经营管理权。债券持有人只是发行公司的债权人,无法对发行公司的经营情况加以控制。

第四节 基金投资

一、证券投资基金的含义

证券投资基金(简称基金)是指通过发行基金份额,集中投资者的资金,由基金托管人托管,由基金管理人管理和运用资金,从事股票、债券等金融工具投资,并将投资收益按基金投资者的投资比例进行分配的一种间接投资方式,是一种利益共存、风险共担的集合证券投资方式。

投资基金包括申购、赎回、基金净值和基金分红等相关内容。申购是在基金成立后投资者申请购买基金份额的行为。赎回指投资者申请将手中持有的基金单位按公布的价格售出并收回现金的行为。基金净值指在某一时间点上,基金资产的总市值扣除负债后的余额,它是基金单位持有人的权益。基金分红是基金实现投资净收益后,将其分配给投资人。基金分红有现金分红和红利再投资两种方式。

二、基金投资的特点

与股票、债券投资不同,基金投资有自己的特点。

(一)集合理财、专业管理

基金将众多投资者的资金集中起来,委托基金管理人进行共同投资,表现出集合理财的特点,通过汇集众多投资者的资金,积少成多,有利于发挥资金的规模优势,降低投资成本。基金由基金管理人进行投资管理和运作。将资金交给基金管理人管理,使酒店等投资者也能享受到专业化的投资管理服务。

(二)组合投资、分散风险

为降低投资风险,基金必须以组合投资的方式进行基金的投资运作,从而使"组合投资、分散风险"成为基金的一大特色。基金投资通常会由基金公司购买几十种甚至上百种股票,酒店投资者购买基金就相当于用很少的资金购买了一揽子股票,某些股票下跌造成的损失可以用其他股票上涨的赢利来弥补。因此可以充分享受到组合投资、分散风险的好处。

(三)利益共享、风险共担

基金投资者是基金的所有者,基金投资人共担风险,共享收益。基金投资收益在扣除由基金承担费用后的盈余全部归基金投资者所有,并依据各投资者所持有的基金份额比例进行分配。基金的费用通常较低,为基金提供服务的基金托管人、基金管理人一般按照基金资产净值的1%~2.5%收取托管费及管理费,并不参与基金收益的分配。与此同时,投资者购买基金需缴纳一定的费用,但该费用一般低于购买股票的费用。

(四)严格监管、信息透明

为切实保护投资者的利益,增强投资者对基金投资的信心,中国证监会对基金业实行比较严格的监管,对各种有损投资者利益的行为进行严厉的打击,并强制基金进行较为充分的信息披露。在这种情况下,严格监管与信息透明也就成为基金的一个显著特点。

(五)流动性强、程序简便

对于开放式基金而言,由于开放式基金每天都会进行公开报价,因此酒店投资者既可以向基金管理公司直接购买或赎回基金,也可以通过证券公司等代理销售机构购买或赎回。目前我国封闭式基金都在证券交易所上市交易,买卖程序与股票相似。

(六)独立托管、保障安全

基金管理人负责基金的投资操作,但其本身并不经手基金财产的保管。基金财产的保管由独立于基金管理人的基金托管人负责。这种相互制约、相互监督的制衡机制为投资者的利益提供了重要的保护。

三、基金的分类

与股票、债券投资相同,证券投资基金也可以按照多种标准进行分类。

(一)公司型基金和契约型基金

按照组织形式的不同,基金分为公司型基金和契约型基金。

1. 公司型基金。公司型基金是按照《公司法》组建的投资基金。投资者购买公司股份成为股东,由股东大会选出董事、监事,再由董事、监事投票委任某一投资管理公司来管理公司的资产。这种基金股份的出售一般都委托专门的承销公司来进行。如果酒店购买的是公司型基金,那么酒店就是在购买公司的股份而成为股东。

2. 契约型基金。契约型投资基金是根据《信托法》组建的,由委托者、受托者和受益者三方订立信托投资契约,由基金经理公司根据契约运用信托财产,由受托者(信托公司或银行)负责保管信托财产,而投资成果则由投资者(受益者)享有的一种基金。如果酒店购买的是契约型基金,就相当于签署了一份委托理财书,把酒店的资金交给专业理财人士去投资,酒店承担风险并享受收益,而基金公司获得管理费用。

(二)开放式基金和封闭式基金

按照变现方式的不同,基金分为开放式基金和封闭式基金。

1. 开放式基金。开放式基金是指基金发行总额不固定,基金单位总数随时增减,投资者可以按基金的报价在国家规定的营业场所申购或者赎回基金单位的基金。

2. 封闭式基金。封闭式基金是指事先确定发行总额,在封闭期内基金单位总数不变,基金上市后投资者可以通过证券市场转让、买卖基金单位的一种基金。酒店投资封闭型基金类似于普通股票交易,基金凭证的价格由市场供需状况决定,并不一定反映基金的资产净值。在投资期间,投资者中途不得抽回资金,基金公司所筹资金不以现金资产形式存放,可完全投资于其他证券,因而,投资收益往往高于开放式基金。

开放式基金和封闭式基金的区别在于:①从基金份额上看,封闭式基金的份额在封闭期内固定不变;而开放式基金可以增减变动,它随时接受申购和赎回。②从基金期限上看,封闭式基金有固定的封闭期限,期满后一般应予消盘;而开放式基金无预定存在期限,理论上可以无限期存在下去。③从交易方式上看,封闭式基金一般在基金投资者之间进行交易,只是在基金发起接受认购时和基金封闭期满清盘时才在基金投资者和基金经理人或其代理人之间进行交易;而开放式基金的自由交易则一直在基金投资者和基金经理人或其代理人之间进行,基金投资者之间不发生交易行为。④从交易价格上看,封闭式基金的价格由市场竞价决定,可能高于或低于基金单位资产净值;而开放式基金的交易价格由基金经理人依据基金单位资产净值而确定,基本上是连续公布的。⑤从适应市场上看,封闭式基金主要投资于规模较小、开发程度较低的市场;开放式基金多投资于规模较大、开放程度较高的市场。⑥从管理难度上看,封闭式基金的管理难度较小,基金资产可以在基金封闭期内从容运作;而开放式基金管理难度较大,基金资产的投资组合要求高,要随时应付投资者的认购或赎回。

(三)收入型基金、成长型基金和平衡型基金

按照投资风险与收益目标划分,基金分为收入型基金、成长型基金和平衡型基金。

1. 收入型基金。收入型基金是以追求基金当期收入为投资目标的基金,其投资对象主要是那些绩优股、债券等收入比较稳定的有价证券。它一般把所得的利息、红利都分配给投资者。若承担风险能力较差的酒店,可投资此类基金。它最大的优点为,损失本金的风险性很低,其投资报酬率也略优于银行定期存款。

2. 成长型基金。成长型基金是以资本长期增值为投资目标,较少考虑当期收入的基金。其投资对象主要是市场中有较大升值潜力的小公司股票和一些新兴行业的股票。为达成最大限度的增值目标,成长型基金一般很少分红,经常将投资所得股息、红利和赢利进行再投资,以实现资本增值。酒店若以长期投资为目的,可投资此类基金。

3. 平衡型基金。平衡型基金是指以既要获得当期收入,又追求基金资产长期增值为投资目标,把资金分散投资于股票和债券,以保证资金的安全性和营利性的基金。平衡型基金介于成长型基金及收益型基金之间,是既追求长期资本增值,又追求当期收入的基金。其主要投资于债券、优先股和部分普通股,这些有价证券在投资组合中有比较稳定的比例,一般25%~50%用于优先股和债券,其余的用于普通股投资。其风险和收益介于成长型基金和收益型基金之间。

(四)公募基金与私募基金

按照资金募集方式的不同,基金分为公募基金和私募基金。

1. 公募基金。公募基金是指以公开方式向不确定的社会公众投资者募集资金而设立的基金。例如,我国现在由基金公司公开发售的基金都属于公募基金。公募基金对投资金额的要求比较低。

2. 私募基金。私募基金是指通过非公开方式面向特定投资者募集发行的基金。它的销售和赎回都是基金管理人通过私下与投资者协商进行的,因此投资金额要求高,一般以投资意向书(非公开的招股说明书)等形式募集基金。私募基金在活跃证券交易的同时,又暗

藏了极大的风险,而缺少法律保障是最不稳定的因素。

(五)股票型基金、债券型基金、混合型基金和货币型基金

根据投资对象的不同,基金分为股票型基金、债券型基金、混合型基金和货币型基金等。

1. 股票型基金。股票型基金(又称股票基金)是以股票投资为主,60%以上的基金资产投资于股票市场的基金。以股票为投资对象,投资目标以追求资本成长为主,投资收益较高但风险也较大,风险主要来自所投资股票的价格波动。我国国内所有上市交易的封闭式基金及大部分的开放式基金都是股票型基金。

2. 债券型基金。债券型基金是指以国债、金融债等固定收益类金融工具为主要投资对象,80%以上的基金资产投资于债券的基金。因为其投资的产品收益比较稳定,又被称为"固定收益基金"。债券型基金是以债券投资为主,由于债券价格波动幅度远小于股票,所以债券型基金的风险较低。假如全部投资于债券,可以称其为纯债券基金,例如华夏债券基金;若大部分基金资产投资于债券,少部分可以投资于股票,可以称其为偏债券型基金,例如南方宝元债券型基金。按规定,债券投资占基金资产 45%~95%,股票投资的比例占基金资产 0~35%,股市不好时,则可以不持有股票。

3. 混合型基金。混合型基金是在投资组合中既有成长型股票、收益型股票,又有债券等固定收益投资的共同基金。混合型基金设计的目的是通过在不同资产类别上的投资,实现收益与风险之间的平衡。根据证监会对基金的分类标准,投资于股票、债券和货币市场工具,但投资比例不符合股票基金、债券基金规定的,为混合基金。

4. 货币性基金。货币型基金是主要以货币市场工具为投资对象的基金,如大额定期存单、银行承兑汇票、商业票据、短期国债等。由于货币市场工具期限短、风险低,所以收益相对较为稳定,适合于流动性投资工具,是储蓄的替代品种。由于数字货币的出现,货币基金领域又出现了新型的货币基金——虚拟货币基金(也称为数字货币基金),如:*BLC* 数字货币基金。

四、基金投资的收益评价

(一)投资收益构成

酒店投资基金的收益由两部分构成,一是所持的基金净值的增加,二是基金分红。究其根源,基金净值的增加和基金分红来自基金的收益以及基金所持金融资产的评估增值。

1. 基金净值(交易价格)增长。基金单位净值的计算公式如下:

基金单位净值=(基金总资产-基金负债总额)/基金总份额

由上式看出,由于开放式基金所投资的股票或债券升值或获取红利、股息利息等,使得基金总资产增加,导致基金的单位净值也必然增加;而基金单位净值上涨以后,酒店赎回基金份额所得的差价,再减去申购费和赎回费用,就是酒店所获得的投资收益。

【例 6-6】2021 年 1 月 1 日,某基金的单位净值为 1.50 元,申购费率为 1.5%,赎回费率为 1%。宏坊酒店用 1 000 000 元申购该基金,一直持有至 2022 年 1 月 1 日。此时,该基金的单位净值为 3 元。在不考虑分红的情况下,宏坊酒店持有期间的收益计算如下:

净申购金额=1 000 000×(1-1.5%)=985 000(元)

申购份额=985 000/1.50=656 667(份)

净值增长所带来的收益=656 667×3×(1-1%)-1 000 000=950 300.99(元)

封闭式基金的价格直接受供求关系影响,但净值仍然是其价格变化的主导因素,因此,

一般情况下,净值增加,其交易价格也增加;反之,则下降。基金的价格上涨以后,酒店将其卖出所得的差价,再扣除交易费用,便是酒店获得的收益。

2. 基金分红。基金分红是酒店投资基金收益的另外一个重要来源。基金在获取投资收益以后,通常会按照一定的条件将一部分收益分配给酒店,作为基金份额持有人的投资回报。

基金分红会导致基金单位净值下降,因为一部分基金资产转化为投资者的现金收益,但对于酒店等投资者来说,分红前后的价值总和是不变的。

【例 6-7】宏坊酒店持有华夏大盘精选基金 10 000 份。该基金在分红前的单位净值是 5 元,假设每基金份额派发红利 0.40 元,基金收益分配后,单位净值降到了 4.60 元。则

$$分红前宏坊酒店所持基金的价值 = 10\,000 \times 5 = 50\,000(元)$$

$$分红后宏坊酒店所持基金的价值 = 10\,000 \times 4.60 = 46\,000(元)$$

$$分红所获取的现金收益 = 10\,000 \times 0.40 = 4\,000(元)$$

$$分红后的价值合计 = 46\,000 + 4\,000 = 50\,000(元)$$

从例 6-7 中可以看出,尽管分红使得基金投资的单位净值下降了,但是酒店投资者的价值合计不变。

开放式基金分红的方式有两种:现金分红方式和红利再投资方式。投资者可以自行选择。如果酒店选择现金分红,红利将于分红实施日从基金托管账户向酒店指定的银行存款账户划出。红利再投资则是基金管理公司向投资者提供的,直接将所获红利再投资于该基金的服务。

基金管理公司为了吸引投资者采用红利再投资方式,通常免收红利再投资费用,这对于想再投资、不想持有现金的投资者来说是非常有利的。

【例 6-8】宏坊酒店持有某基金 10 万份基金单位。红利派发前,基金单位净值为 1.50 元,假设每基金单位派发红利 0.20 元。分红后,基金单位净值变为 1.30 元(不考虑市场波动),该基金的申购费率为 1%。

如果酒店事先选择现金分红方式,将所获得的红利再投资于该基金,那么酒店可以申购到的基金份额数为:

$$100\,000 \times 0.20 \times (1-1\%) / 1.30 = 15\,230(份)$$

如果酒店选择的是红利再投资方式,则再投资可以申购到的份额数为:100 000×0.20/1.30=15 384(份),比现金分红方式多了 154 份。

产生这种差异的根源就是:采用红利再投资分红方式,酒店不需缴纳再投资申购费。

封闭式基金与开放式基金不同,一般在存续期内不再发行新的基金单位。因此,封闭式基金的收益分配只能采用现金分红的形式。

(二)投资回报率的计算

一般说来,投资回报率的计算有四种方法:净值收益率法、时间加权收益率法、平均收益率法以及年度收益率法。

1. 净值收益率法。净值收益率法是最常用的一种计算方法,它不考虑分红再投资时间价值的影响,因此主要适合短期收益率(周、月收益率)的计算。计算公式为:

$$R = (NAV_t - NAV_{t-1} + D) / NAV_{t-1}$$

式中:R 为净值收益率;NAV_t 为第 t 期期末的单位净值;D 为第 t 期每份基金的分红金额。

【例 6-9】假设某基金在 2021 年 7 月 1 日的单位净值为 2.50 元,2021 年 8 月 1 日的单位净值为 2.70 元。这期间基金曾在 7 月 10 日派发红利,每基金份额 0.05 元。因此,从 7 月 1 日到 8 月 1 日,该基金的月净值收益率为:

$$R=(2.70-2.50+0.05)/2.50=10\%$$

2. 时间加权收益率法。净值收益率法没有考虑分红的时间价值，即分红再投资，因此该方法只是一种基金收益率的近似计算，且只适合计算基金短期的收益率。而时间加权收益率弥补了这一缺陷，考虑了分红的再投资，能够准确地反映出基金的实际投资回报率。

该方法假定投资者以红利除息前一天的单位净值减去每份基金分红后得到的单位净值，立即进行再投资。例如某基金分红（除息）前一天的单位净值为 1.80 元，若每单位派发 0.10 元现金，投资者采用红利再投资方式，那么进行再投资所依据的净值就是：1.70 元（1.80−0.10）。

时间加权收益率由各期分红前后的分段收益率连乘而得，其计算公式如下：

$$\begin{aligned} R &= (1+R_1)(1+R_2)(1+R_3)\cdots(1+R_n)-1 \\ &= \frac{NAV_1}{NAV_0}\cdot\frac{NAV_2}{NAV_1-D_1}\cdots\frac{NAV_{n-1}}{NAV_{n-2}-D_{n-2}}\cdot\frac{NAV_n}{NAV_{n-1}-D_{n-1}}-1 \end{aligned}$$

式中：R_1 为第一次分红之前的收益率；R_2 为第一次分红至第二次分红期间的收益率，依次类推；NAV_0 为基金期初单位净值；$NAV_1\cdots NAV_{n-1}$ 为除息前一日基金份额净值；NAV_n 为期末单位净值；$D_1,\cdots,D_n$ 为各期分红。

【例 6-10】假设某基金在 2021 年 1 月 1 日的单位净值是 3.50 元，到 2021 年 5 月 3 日，其单位净值变为 4 元。第二天宣布分红，每单位派息 0.20 元，2021 年 8 月 19 日的单位净值变为 4.50 元。则从 1 月 1 日至 8 月 19 日，这段时间的收益率为：

$$R=(4/3.50)\times[4.50/(4-0.20)]-1=35.3\%$$

时间加权收益率法考虑分红的时间价值，能够较为准确地反映基金的投资回报率，现已成为衡量基金收益率的标准方法。

3. 平均收益率法。为了衡量一段期间投资者所获得的平均收益率，通常采用两种方法：算术收益率法和几何平均收益率法。

算术平均收益率法又称为简单平均收益率法，其计算公式为：

$$\bar{R}=\sum\frac{R_t}{n}$$

式中：$\bar{R}$ 为平均收益率；R_t 为第 t 期收益率；n 为计算期的期数。

【例 6-11】假设某基金第 1、第 2、第 3、第 4 个月的收益率分别为 5%、7%、−1%、4%，则这 4 个月的月算术平均收益率为：

$$\bar{R}=(5\%+7\%-1\%+4\%)\div 4=3.75\%$$

几何平均收益率的计算公式为：

$$\begin{aligned} \bar{R} &= \sqrt[n]{\left[\prod_{t=1}^{n}(1+R_t)\right]}-1 \\ &= \sqrt[4]{(1+5\%)\times(1+7\%)\times(1-1\%)\times(1+4\%)}-1=3.71\% \end{aligned}$$

一般情况下，算术平均收益率大于几何平均收益率。每期的收益波动越大，两种方法算出来的平均值的差距就越大。

几何平均收益率可以准确地衡量基金表现的实际收益情况，因此，常用于对基金过去收益率的衡量。算术平均收益率一般可以用作对平均收益率的无偏估计，因此它更多地被用于对将来收益率的估计。

4. 年度收益率。在比较不同基金的收益率，或者将基金的收益同其他理财工具相比较时，通常采用年度收益率，因此酒店投资基金时有必要掌握将基金月、季收益率转换成年度收益率的方法。以月收益率转化为年收益率为例，其计算公式为：

$$R_{年}=(1+R_1)(1+R_2)(1+R_3)\cdots(1+R_n)-1$$

式中：$R_{年}$为年度收益率；$R_1,R_2,\cdots,R_n$分别为各月的收益率。

【例 6-12】假设某只基金 2020 年各月份的收益率分别为：7.5%，10%，5.2%，15.1%，2.6%，-3.2%，8.1%，9.6%，2.1%，3.0%，9.1%，5.0%。则其年度收益率为：

$$R_{年}=(1+7.5\%)\times(1+10\%)\times(1+5.2\%)\times(1+15.1\%)\times(1+2.6\%)\times(1-3.2\%)\times(1+8.1\%)\times(1+9.6\%)\times(1+2.1\%)\times(1+3.0\%)\times(1+9.1\%)\times(1+5.0\%)-1$$
$$=103.0\%$$

五、基金投资的优缺点

（一）基金投资的优点

1. 基金由专家集合管理。酒店投资者由于无法及时、全面地了解证券市场和上市公司的相关信息，缺乏必要的证券分析能力及投资技巧，往往会出现投资亏损。基金公司一般拥有大量的专业投资研究人员和强大的信息网络，由基金公司进行基金投资管理和运作，能够对证券市场进行全方位的动态跟踪和分析，把握证券投资的准确率和成功率。因此，通过基金公司专业化的投资运作，酒店投资者可以抓住经济高速发展的机遇，带来资产的保值和增值。

2. 积少成多，组合投资，投资基金能最大限度地分散风险。基金能结合各种不同金融工具的特点，适应市场变化，选择多元化的投资渠道，控制投资风险。对于个人投资者而言，由于资金不足，难以做到分散投资，承担的风险相对较大。而基金公司汇集了大量投资者的资金，资金数额非常庞大，投资者购买基金就相当于用很少的资金购买了一揽子股票，某些股票下跌造成的损失可以用其他股票上涨的赢利来弥补。

3. 投资费用低廉，收益相对稳定。

4. 投资基金是规避通货膨胀风险的最好手段。

（二）基金投资的缺点

1. 无法获得很高的投资收益。投资基金在投资组合过程中，在降低风险的同时，也丧失了获得巨大收益的机会。

2. 在大盘整体大幅度下跌的情况下，投资人可能承担较大风险。

六、股票、债券和基金的比较

从目前投资市场的状况来看，基金、股票和债券是最受欢迎且比较普及的投资工具，其特性对比如表 6-1 所示。

表 6-1　基金、股票及债券特性比较

比较项目	基　金	股　票	债　券
基本概述	证券投资基金是一种利益共享、风险共担的集合证券投资方式，即通过发行基金单位，集中投资者的资金，由基金托管人托管，由基金管理人管理和运用资金，从事股票、债券等金融工具投资	股票是股份公司签发的证明股东所持股份的凭证，是公司股份的形式。投资者通过购买股票成为发行公司的所有者，按持股份额获得经营收益和参与重大决策表决	债券是指依法定程序发行的，约定在一定期限还本付息的有价证券。其特点是收益固定，风险较小

续表

比较项目	基　金	股　票	债　券
风险程度	基金的基本原则是组合投资,分散风险,把资金按不同的比例分别投于不同期限、不同种类的有价证券,把风险降至最低程度	一般情况下,股票的风险大于基金	债券在一般情况下,本金得到保证,收益相对固定,风险比基金要小
收益情况	基金收益是不确定的,一般情况下,基金收益比债券高	股票收益是不确定的	债券的收益是确定的
投资方式	证券投资基金是一种间接的证券投资方式,基金的投资者不再直接参与有价证券的买卖活动,不再直接承担投资风险,而是由专家具体负责投资方向的确定、投资对象的选择	投资者自行做出决策,直接参与有价证券的买卖活动,直接承担投资风险	投资者自行做出决策,直接参与有价证券的买卖活动,直接承担投资风险
投资回收方式	投资基金要视所持有的基金形态不同而有区别:封闭型基金有一定的期限,期满后,投资者可按持有的份额分得相应的剩余资产,在封闭期内还可以在交易市场上变现;开放型基金一般没有期限,但投资者可随时向基金管理人要求赎回	股票投资是无限期的,除非公司破产、进入清算,投资者不得从公司收回投资,如要收回,只能在证券交易市场上按市场价格变现	债券投资是有一定期限的,期满后收回本金
投资者地位	基金单位的持有人是基金的受益人,体现的是信托关系	股票持有人是公司的股东,有权对公司的重大决策发表自己的意见	债券的持有人是债券发行人的债权人,享有到期收回本息的权利

【重要概念】

股票投资　债券投资　上市证券　非上市证券　公募证券　私募证券　股权登记日　除权除息日　公司型基金　契约型基金　股票型基金　债券型基金　混合型基金　货币型基金

计算与分析

1. 万佳酒店于2018年1月5日投资2 000万元购入A公司股票500万股,在2019年、2020年、2021年的1月5日每股各分得0.50元、0.70元和1.00元,并于2021年6月5日以每股6.50元的价格将股票全部卖掉。试计算该项股票投资的投资收益率。

2. 万佳酒店持有的A公司普通股基年股利为5元,估计年股利增长率为8%,期望收益率为12%,打算两年以后转让出去,估计转让价格为25元。试计算普通股的价值。

3. 万佳酒店于2020年1月5日以每张105元的价格购买B企业发行的利随本清债券。该债券的面值为100元,期限为3年,票面年利率为10%,不计复利。购买时市场年利率为8.4%,不考虑所得税。要求:(1)利用债券估价模型评价万佳酒店购买此债券是否合适?(2)若万佳酒店于2021年1月5日将该债券以112元的市价出售,计算其投资收益率。

4. 万佳酒店准备投资某债券,面值为2 000元,利率为8%,期限为5年。要求的必要投资报酬率为 9%。要求就下列条件计算债券的内在价值:(1)债券每年计息一次。(2)债券到期一次还本付息,复利计息。(3)债券到期一次还本付息,单利计息。(4)折价发行,到期偿还本金。

5. 某债券 2020 年 6 月 8 日发行,期限 2 年,票面利率 10%(单利),面值 100 元,发行价 105 元。万佳酒店于 2020 年 10 月 8 日购买该债券,买入价 120 元,2021 年 4 月 8 日卖出价 130 元;卖出后发现债券价格上涨,于 2021 年 6 月 8 日再次买入该债券,买入价 121 元。要求计算:(1)该债券到期本利和;(2)该债券的票面收益率;(3)发行时购买该债券的实际收益率;(4)2020 年 10 月 8 日买入持有至 2021 年 4 月 8 日出售该债券的持有收益率;(5)2021 年 6 月 8 日买入持有到期收益率。

6. 万佳酒店准备在市场上购买 B 公司曾在 2021 年 1 月 1 日平价发行的债券,每张面值 1 000 元,票面利率 10%,5 年到期,每年 12 月 31 日付息。

要求:(1)假定 2021 年 1 月 1 日的市场利率下降到 8%,若万佳酒店在此时欲购买 B 公司债券,则债券的价格为多少时才可购买?(2)假定 2021 年 1 月 1 日 B 债券的市价为 900 元,此时万佳酒店购买该债券持有到到期时的投资收益率是多少?(3)假定 2021 年 1 月 1 日的市场利率为 12%,债券市价为 950 元,万佳酒店是否应购买该债券?

第七章

酒店资产营运管理

【学习目标】

通过本章的学习，学生应掌握资产营运的基本内容；了解现金管理的基本概念、持有现金的动机及现金的日常管理，掌握最佳现金余额的确定方法；了解应收账款管理的成本、风险的评估方法、信用政策的制定及应收账款的日常管理方法，理解信用政策的决策；了解存货管理的基本概念、理解存货的日常管理方法，掌握存货的经济批量决策；了解固定资产管理的基本概念，掌握固定资产折旧的确定方法；了解无形资产管理的基本概念和内容。

【情景思考】

采用什么方式增加自己的财富呢？存款还是投资？你一定有过谋划。酒店的流动资产，如现金、存货等也应有储存的最佳数量，还应利用供应方的赊销和折扣政策以减少成本开支。

【本章重点】

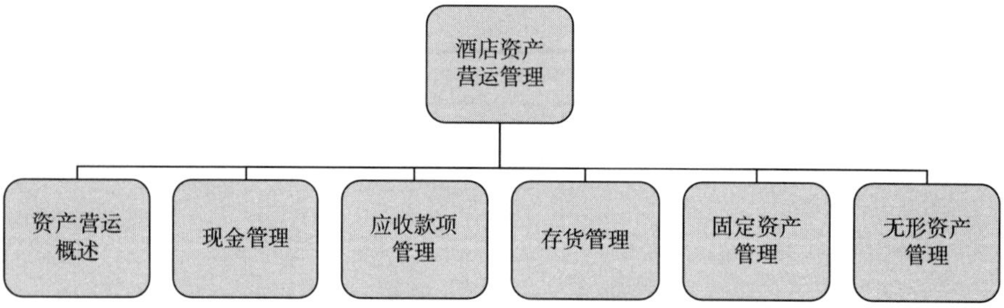

第一节　资产营运概述

一、资产营运的概念

资产营运是酒店为实现价值最大化而进行的资产配置和经营运作的活动。资产营运的目的是通过不断调整资产配置，提高资产的使用效率，以实现酒店的最终财务目标。

市场经济条件下，资产营运的基本要求是安全和收益。因此，为了达到风险与收益的平衡，资产营运决策中必须考虑对资产营运全过程进行有效的监督和控制。

二、酒店资产的分类

酒店资产包括库存现金、银行存款、短期股权和债权投资、应收及预付款、存货、长期股权和债权投资、固定资产及无形资产等。根据资产营运管理的不同需要，财务管理对资产还有以下分类方法。

（一）流动资产

流动资产指可以在一年或超过一年的一个营业周期内变现或耗用的资产。流动资产具有占用时间短、周转快、易变现等特点。若经营单位拥有较多的流动资产，就可以相应降低财务风险。流动资产主要包括四项内容。

1. 库存现金。库存现金指可以立即用于支付或偿还债务的交换媒介或支付手段，其中主要包括库存现金和活期存款。这部分资金是流动资产中流动性最强的资产。拥有较大比例库存现金的酒店具有较强的偿债能力和承担经营风险的能力，但由于拥有过多的现金，这些酒店会相应减少投资收益，因此，在财务管理制度比较健全的酒店，一般不会持有过多的现金。

2. 短期股权投资和债权投资。短期股权投资指各种准备随时变现的有价证券及不超过一年的其他投资。进行有价证券投资可以为酒店带来较好的收益，并可以增强酒店资产的流动性，降低财务风险。保有一定比例的有价证券是较好的财务策略之一。

3. 应收及预付款。应收及预付款指酒店经营过程中所形成的应收而未收或预先支付的款项，包括应收账款、应收票据、其他应收款和预付账款。为了增强市场竞争力，酒店也会拥有一定比例的应收及预付款项。对应收及预付款项应尽力避免出现呆账和坏账，加速回收款项。

4. 存货。存货指酒店经营过程中为耗用而储备的各种资产，如库存商品、周转用物品、消耗性用品等。由于存货在流动资产中所占比重较大，各酒店均将其作为管理的重点内容之一。

（二）速动资产

速动资产指流动资产总额减去变现能力较差的存货及预付账款之后的余额，包括：货币资金、交易性金融资产、应收票据、应收账款等。

（三）营运资本

营运资本（净营运资本或营运资金）指酒店的流动资产减去流动负债后的余额。营运资本越高，酒店不能偿还短期债务的风险越小。

三、资产营运的基本原则

（一）风险收益均衡原则

对某项资产而言，在正常情况下能够为酒店带来的收益越大，酒店需要承担的风险越大；为酒店带来的收益越小，酒店需要承担的风险也越小。风险收益均衡原则是酒店在进行资产营运决策时，必须在风险与收益之间寻找一个均衡点。确定均衡点的基本原则是：风险一定的情况下，选择收益最大的方案；收益一定的情况下，选择风险最小的方案。当风险和收益都不能确定时，在酒店所能承受的风险范围内，选择收益最大的方案。也就是说，风险收益均衡原则是资产营运的最基本的原则。

（二）资产合理配置原则

投入产出比是任何一个酒店在进行投资预测时都要考虑的指标。资产合理配置原则指酒店各类资产所确定的结构比例能够在某一环境下使酒店实现最大的收益，资产运营效率最高。资产结构不同，则营运效率不同。因此，资产配置合理，是酒店持续高效必不可少的条件，是资产营运管理的基本原则之一。

（三）成本效益原则

从事任何一种形式的经营活动都应以尽可能少的资金投入，获取尽可能多的产出为原则。酒店资产营运也应考虑经营成本，在同等条件下以将成本降到最低，实现效益最大化为原则。

（四）加速资金周转原则

资金周转指资金从取得到实现收入或回收资金的过程。资产营运必须考虑资金周转速度。加快资金周转速度，是酒店经营必不可少的原则。资金周转过程越短，资金周转速度越快，说明酒店资产占用资金所支付的资金成本越低。

第二节　现金管理

现金通常包括库存现金、银行存款等货币资金，指酒店在经营过程中暂时停留在货币形态的资金，是酒店流动性最强的资产。拥有足够的现金，酒店可以明显地降低酒店的财务风险，增强酒店资金的流动性。

现金是变现能力最强的非营利性资产。现金管理的过程就是在现金的流动性与收益性之间进行权衡选择的过程。通过现金管理，使现金在收支数量上和时间上相互衔接，以保证经营活动的现金流量，最大限度地减少现金的闲置数量，提高资金的使用效率。

一、酒店持有现金的动机

酒店在经营过程中应持有必要的现金，以满足现金管理的要求。总体而言，酒店持有现金主要具有交易的动机、预防的动机和投机的动机。

（一）交易的动机

交易的动机指酒店在正常生产经营情况下应当保持一定的现金支付能力，以满足日常支付的需要。一般情况下，酒店日常现金收入和现金支出很少同时且等额发生，为使交易活动能够连续进行，组织起日常经营活动，酒店必须保有一定数额的现金余额。正常经营活动所得的收入及发生的支出，往往与其经营业务量成正比。为满足交易需求，所需的现金一般取决于经营活动业务量的大小。交易范围扩大，现金余额也随之增加。

（二）预防的动机

预防的动机指酒店为应付意外事件而需要保持的现金支付能力。市场经济条件下，由于各种难以预测的因素的存在，酒店对预计未来的现金流入量和流出量做出准确估计和判断的可能性大大缩小。因此，在正常业务活动现金需要量的基础上，往往需要追加一定数量的现金以应付可能发生的意外事件所导致的现金流量的增加。持有较多的现金，可以使酒店有足够的能力更好地应付意外事件的发生。为应付紧急情况所持有的现金余额主要取决于以下因素:①酒店对现金流量预测的可靠程度;②酒店临时举债能力的强弱;③酒店愿意承担风险的大小。

(三)投机的动机

投机动机指酒店为了抓住获取收益的机会而准备的现金。当预期利率上升,有价证券价格将要下跌时,投资动机就会鼓励现金持有者持有现金,直到利率上升;反之,现金持有者则会投资于有价证券,以便从有价证券价格的上升中得到收益。用于投资的现金需要量的大小一般与酒店的投资机会和对待风险的态度有直接关系。

二、现金管理的内容

现金是酒店经营过程中最重要的因素之一,对现金的管理就构成了酒店流动资产管理的重要内容。现金管理的主要内容如下:

第一,编制现金收支计划,以便合理地预计未来现金流量,保证现金的合理使用。

第二,通过现金的日常控制,严格现金收支管理,运用加速收款或延缓付款等方式保证现金流不中断。

第三,确定最佳现金余额,降低持有现金的机会成本。当现金短缺时,使用短期融资策略,保证资金的使用;现金多余时,使用还款或有价证券投资策略,以减少成本费用开支。

三、酒店最佳现金余额的确定

现金是最需要关注的流动资产之一。它同时具有流动性最强和盈利性最差两个典型特征。酒店经营过程中,库存现金过多,会导致利润水平降低;库存现金过少,又会造成经营困难。因此,对于现金库存量也必须充分考虑收益与风险的关系,确定最佳现金余额。最佳现金余额的确定方法有成本分析模式、现金周转模式和存货模式等。

(一)成本分析模式

成本分析模式是根据现金的相关成本分析,确定总成本最低时的现金持有量的方法。现金的相关成本包括持有成本、转换成本和短缺成本。

1. 持有成本。持有成本指酒店为保留一定现金余额而增加的管理费用以及为此放弃的不能同时用该现金进行有价证券投资的机会成本,也就是放弃的再投资收益。持有成本与现金持有量成正比例。酒店持有现金会因此增加管理费用,这部分费用在一定范围内与现金持有量基本无关,属于固定费用开支。在我国,持有成本通常为有价证券的利息率。

2. 转换成本。转换成本是现金与有价证券之间相互转换的交易成本。这种成本与交易次数有关,与持有现金的金额无关,如佣金、委托手续费等。如果现金余额较大,则持有现金的机会成本增加,转换成本降低;反之,则持有现金的机会成本减少,转换成本提高。因此,确定现金余额时应综合考虑成本最低条件下的现金结余。

3. 短缺成本。短缺成本指因现金持有量不能满足日常需要,但又无法通过有价证券及时变现补充现金持有量不足而给酒店造成的损失,如交易损失、信用损失等。现金短缺成本与现金持有量成反比例关系。

由于现金成本分为持有成本、短缺成本、转换成本三种,成本分析模式就是在不考虑现金转换成本时,通过对持有成本和短缺成本进行分析而找出最佳现金持有量的方法。同时,持有成本又分为机会成本和管理费用两部分,因此,成本分析模式就是要找到机会成本、管

理成本和短缺成本所组成的总成本最低点对应的现金持有量,即最佳现金持有量。机会成本可用公式表示为:

机会成本=平均现金持有量×有价证券利息率

现金短缺成本与现金持有量成反比例变动关系。作为一项期间费用,管理费用表现出固定资产的属性,与现金持有量变化无直接关系。

现金成本与现金持有量之间的关系如图 7-1 所示。

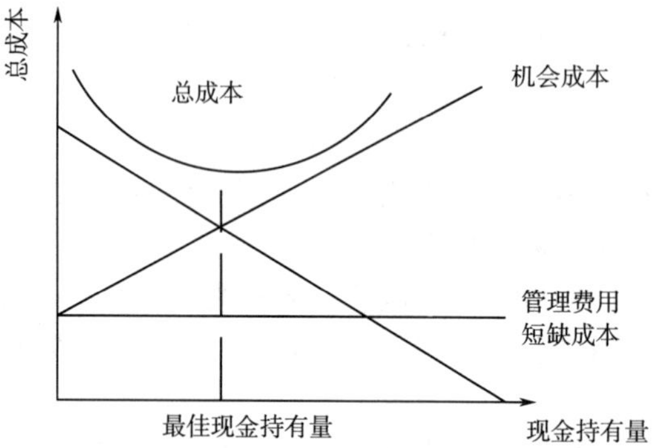

图 7-1 现金成本与现金持有量的关系

由图 7-1 可看出各项成本与现金持有量的变动关系。总成本曲线呈抛物线状态,抛物线最低处即为成本最低点,该点所对应的现金持有量即是最佳现金持有量。

现金最佳持有量的确定一般按以下步骤进行:①根据不同现金持有量测算并确定有关成本数值;②按照不同现金持有量及有关成本资料编制最佳现金持有量测算表;③在测算表中找到总成本最低时的现金持有量,这一数据即为最佳现金持有量。在这种模式下,最佳现金持有量就是持有现金而产生的机会成本、短缺成本和管理费用之和最小的现金持有量。

【例 7-1】宏坊酒店有 A、B、C、D 四种现金持有方案,现金持有量备选方案见表 7-1。

表 7-1 现金持有量备选方案 金额单位:元

项目	A	B	C	D
平均现金持有量	70 000	80 000	90 000	100 000
机会成本率	10%	10%	10%	10%
短缺成本	9 000	7 000	3 000	2 200
管理费用	5 000	5 000	5 000	5 000

根据表 7-1,编制最佳现金持有量测算表。见表 7-2。

表 7-2 最佳现金持有量测算表 金额单位:元

方案	机会成本	管理费用	短缺成本	总成本
A	7 000	5 000	9 000	21 000
B	8 000	5 000	7 000	20 000
C	9 000	5 000	3 000	17 000
D	10 000	5 000	2 200	17 200

比较各方案的总成本可见,C 方案的总成本最低。因此,宏坊酒店的最佳现金持有量应为 17 000 元。

(二)现金周转模式

现金周转模式是根据现金周转速度来确定最佳现金持有量。现金周转速度有周转期和周转率两种表现形式。酒店现金周转期指从支付现金购买消耗性物品、床上用品等开始至提供服务收回现金整个过程所花费的时间。这一过程又包括三个阶段:

第一,存货周转期。这一阶段指将消耗性物品、床上用品等存入仓库至领用这一过程所需的时间。

第二,应收账款周转期。这一阶段指应收账款发生至收回现金所需的时间。

第三,应付账款周转期。这一阶段指购买消耗性物品发生应付款至支付现金所需的时间。

现金周转期可以用以下公式表示:

$$现金周转期=存货周转期+应收账款周转期-应付账款周转期$$

现金周转期确定后,即可计算最佳现金持有量:

$$最佳现金持有量 = \frac{年现金需求总额}{360} \times 现金周转期$$

$$现金周转率 = \frac{360}{现金周转期}$$

【例 7-2】根据测算,宏坊酒店全年需用现金 10 800 万元,预计存货周转期为 80 天,应收账款周转期为 60 天,应付账款周转期为 40 天。要求计算最佳现金持有量:

【解】

$$现金周转期=80+60-40=100(天)$$

$$最佳现金持有量 = \frac{10\ 800}{360} \times 100 = 3\ 000(万元)$$

$$现金周转率 = \frac{360}{100} = 3.6(次)$$

经计算得知,宏坊酒店最佳现金持有量为 3 000 万元。

(三)存货模式

存货模式是将存货的经济订货批量模型用于确定现金持有量的方式。利用存货模式确定经济订货批量时,由于管理费用在一定期间和一定范围内与现金持有量无关,而短缺成本计算困难,故往往不考虑现金的管理费用和短缺成本,只需考虑现金的机会成本和转换成本。因为现金的机会成本和转换成本随着现金持有量的变动而呈现出相反变化态势,所以最佳现金持有量就是使现金的机会成本与转换成本之和最低的现金持有量。

【解】设:T 为一个周期内现金需求总量;F 为每次转换有价证券的转换成本;Q 为最佳现金持有量(每次证券变现数量);K 为有价证券利息率(机会成本);T_C 为总成本(机会成本与转换成本之和)。则:

$$现金总成本=机会成本+转换成本$$

即:

$$T_C = \frac{Q}{2}K + \frac{T}{Q}F \tag{7-1}$$

对自变量 Q 求导,可以得到最佳现金持有量:

$$Q = \sqrt{\frac{2TF}{K}} \tag{7-2}$$

将上式带入公式(7-1),得到最低现金管理相关总成本:

$$T_C = \sqrt{2TFK} \tag{7-3}$$

【例 7-3】宏坊酒店预计全年(按 360 天计算)需要现金 10 800 万元,现金与有价证券转换成本为每次 500 元,有价证券的年利息率为 4%。则:

最佳现金持有量:

$$Q = \sqrt{2 \times 10\ 800 \times \frac{0.05}{4\%}} \approx 164.316\ 8(\text{万元})$$

最低相关总成本:

$$T_C = \sqrt{2 \times 10\ 800 \times 0.05 \times 4\%} \approx 6.572\ 7(\text{万元})$$

$$\text{转换成本} = \frac{10\ 800}{164.316\ 8} \times 0.05 = 3.286\ 3(\text{万元})$$

$$\text{机会成本} = = \frac{164.316\ 8}{2} \times 4\% = 3.286\ 3(\text{万元})$$

有价证券交易次数=10 800/164.316 8≈ 65.73(次)

有价证券交易间隔期=360/65.73 ≈5.48(天)

四、现金的日常管理

对现金进行日常管理的目的在于加速现金的周转,尽快收回现金。为此,酒店应根据成本与收益相比较的原则,采用适当的方法加速现金的回收,提高现金的使用效率。现金回收主要通过两种途径。

(一)加速收款

在不影响酒店未来收益的情况下,应尽可能地就缩短现金回收的时间。如果允许使用现金折扣,则应尽量采用这一方法,以加快现金的回收。加速收款的目的不但是及早回款,而且是要将这些款项尽早转化为可用现金。对于散客,由于是现收现付,不存在加速收款的问题;对于旅游社团,则尽可能采用预收款的方式来加速收款。

(二)控制支出

酒店收款时,应尽量加快收款的速度。付款时,也应尽量延缓现金支出的时间。控制现金支出主要有以下几种方式。

1. 合理利用“浮游量”。浮游量是指单位账户上存款余额与银行账户上所列存款余额之间的差额。单位账户上的现金与其在开户行账户中的现金往往不一致,而且一般小于银行里的可用现金。正确使用“浮游量”可以适当减少现金持有量,提高现金的使用效率,达到节约现金的目的。但使用“浮游量”必须注意的问题是:①如果付款不及时,会使酒店的信用度受损;②可能出现银行存款的透支。因此,必须谨慎地使用“浮游量”这一用资方式,控制使用的时间及额度。

2. 尽量推迟付款时间。酒店可以在保证信誉不受损的情况下,尽量延迟应付款的支付时间。如酒店在采购消耗性物品时,对方开出的付款条件是“2/10,*n*/30”,财务部门应安排在发票开出日后的第 10 天付款,最大限度地利用现金而又不丧失现金折扣。否则,就应该在第 30 天付款。

3. 采用商业汇票形式延迟付款。承兑汇票被提交给开户行时,开户行应将其交给签发者以获得承兑。随后,付款人将商业汇票所列金额交存银行,这样无形中推迟了付款人调入资金支付商业汇票实际所需的时间,从而达到延期付款的目的。

4. 争取现金流入与流出同步。如果现金流入与现金流出的时间能趋于一致,酒店就可以将其交易性现金余额降到较低水平。为此,经营者应人为调整现金流入和现金流出的时间,提高现金的使用效率。

第三节 应收款项管理

应收账款是酒店对外提供劳务或商品等而应向客户收取但尚未收取的款项。应收账款增加的同时,资金成本、坏账损失等费用也会相应增加,尤其在金融危机显现时,有必要控制应收账款的数量,采取相应措施,降低坏账的风险。

一、应收账款的成本

为取得更多收入,酒店也会使用应收账款的方式进行经营活动。持有应收账款需要付出一定的代价,这一代价被称为应收账款的成本。应收账款的成本包括机会成本、管理成本和坏账成本。

(一)机会成本

机会成本是指酒店将资金投放在应收账款上而丧失的其他收入。这一成本的大小通常与酒店维持赊销业务所需要的资金数量和资金成本率有关。如不使用应收账款的方式而将其资金投放于有价证券即可得到利息收入。这种因投放于应收账款而放弃的收入即为机会成本。机会成本的计算公式为:

$$\text{应收账款机会成本}=\text{维持赊销业务所需资金}\times\text{资金成本率}$$

在我国,资金成本率通常按照有价证券利息率计算。维持赊销业务所需资金数的计算步骤如下:

1. 计算应收账款平均余额,公式如下:

$$\text{应收账款平均余额}=\frac{\text{年赊销额}}{360}\times\text{平均收账天数}$$

$$=\text{平均日赊销额}\times\text{平均收账天数}$$

式中:平均收账天数一般按照客户各自赊销额占总赊销额比重为权数的所有客户收账天数的加权平均数计算。

2. 计算维持赊销业务所需资金,公式如下:

$$\text{维持赊销业务所需资金}=\text{应收账款平均余额}\times\frac{\text{变动成本}}{\text{销售收入}}$$

$$=\text{应收账款平均余额}\times\text{变动成本率}$$

(二)管理成本

管理成本是对应收账款进行日常管理而支付的费用。这项开支主要包括调查客户资信情况的费用、收集信息的费用、应收账款账簿记录费用和收账费用等。

(三)坏账成本

应收账款因某些原因不能收回而发生的损失被称为坏账成本。坏账成本一般与应收账款发生的数量成正比例变化。为了避免发生坏账给经营活动带来不必要的损失,酒店应合理提取坏账准备。

二、客户信用风险评估

(一)信用风险的概念

信用是在商业交易中,交易双方由于延期付款或预收货款形成的借贷行为。对收款方而言,给予对方的信用是允许其延期付款形成的应收账款;对付款方而言,给予对方的信用是向其预付货款形成的预付账款等。信用风险是在以信用关系为纽带的交易过程中,交易一方不能履行承诺而给另一方造成损失的可能性。信用风险通常有以下两种表现形式:①客户到期不能付款或没有能力付款;②客户在没有正当理由的情况下提出修改付款条件。对酒店而言,加强风险管理,就是要制定信用政策,指导和协调各职能部门的业务活动,从客户的资信调查、客户风险评估、选择付款方式及信用限额的授予等环节,实行全面的监督和控制。

(二)信用风险评估的方法

信用风险评估是对客户信用的整体评价。酒店在信用风险评估过程中,主要目的是研究客户的还款意愿和还款能力。所谓还款意愿是评价债务人的品德,还款能力是评价和考查债务人未来的经济前景。信用风险评估主要采取以下三种方法。

1.“5C”信用评级法。“5C”信用评级法指从品德、能力、资本、抵押品和条件五个方面评估客户的信用品质,是重点分析影响这五方面的一种方法。

品德是指客户愿意履行其付款义务的可能性,对客户此项内容的评价一般以其过去的付款记录为依据。品德因素在信用评估中是最重要的因素。客户是否愿意尽自己最大的努力来归还货款,直接决定着应收账款的回收速度和数量。

能力指客户的偿债能力。酒店可以根据如客户的流动比率、速动比率、资产负债率、利息保障倍数等财务指标评估该客户的偿债能力。通过对这些指标的分析,可以发现客户应收账款是否正常、存货数量是否过多或过时等流动资产的质量,直接看出客户偿还款项的能力。

资本指客户的财务状况。这些内容要根据有关的财务比率进行分析和判断。尤其在酒店决定与客户进行长期合作或全方位合作时,资本状况是极为重要的考核指标。

抵押品指客户能否为获得商业信用提供担保资产。若客户有足够的抵押品做抵押,则说明回收货款比较有利。对初次进行交易不熟悉的客户或信用状况有争议的客户,抵押品更显得重要。

条件指可能影响客户预付款能力的各种外在因素。如:客户所处行业是否为朝阳产业、客户的经营状况、有无涉及法律诉讼问题等,特别是全面了解客户过去的付款历史。

通过以上几方面的分析,就可以基本判断客户的信用状况,为决定是否为客户提供商业信用做准备。

2. 信用评分法。信用评分法是常用的统计方法,一般要根据评估需要增加或减少某些变量。该方法是通过考核有关财务指标,给有关变量确定相应的权数,计算反映客户信用质量的评估分数。信用评估分数的标准是:评估分数低于40分,表明信用风险大;40~50分之间为平均分数;高于50分说明风险较小。计算公式为:

$$信用评估分数=3.5\times利息保障倍数+10\times速动比率-25\times总资产负债率+1.3\times经营年限$$

3. 借助信用评级中介机构力量。客户信用等级也可以通过信用机构取得。信用机构关注的主要因素包括行业风险、商业风险和财务风险等。行业风险是评级决策中最重要的指标。按照国际惯例,一般把信用分为三级九等,即 A 级、B 级和 C 级三级及 AAA、AA、A、BBB、BB、B、CCC、CC、C 九等,分别对应不同的信用风险水平。通常 A 级以上的客户被认为是信用安全的。

三、制定信用政策

信用政策包括信用标准、信用期限、收账政策等。经营者在进行信用决策时,应贯彻成本效益最优原则,确保信用销售的成本,如收账成本、坏账损失等不会超过信用销售带来的收益。制定信用政策时,一般要考虑以下因素:①收账的管理成本;②因增加应收账款而需要进行融资的成本;③实施信用政策而产生的节余或额外成本;④信用政策的实施方式;⑤严格或宽松信用政策对酒店收入和利润的影响。

(一)信用标准

信用标准是酒店同意向客户提供商业信用而提出的基本要求,是客户获得酒店商业信用应具备的最低条件,通常以预期的坏账损失率作为判别标准。影响信用标准制定的基本因素包括:竞争对手的基本情况、酒店承担风险的能力及客户的资信状况等。如果制定的信用标准很严,只对信誉很好、坏账损失率很低的客户予以赊销,则会减少坏账损失,有利于降低违约风险和收账费用,但不利于酒店竞争能力的提高和营业收入的增加。反之,如果制定的信用标准比较宽松,虽然有利于竞争能力的提高和营业收入的增加,但会增加坏账损失,增加违约风险和收账费用。

分析信用标准,一般要经过以下三步骤:

1. 确定信用等级的评价标准。在对客户资料进行调查分析,确定评价信用优劣的数量标准时,往往采用有关财务指标作为信用的评价指标。

【例 7-4】宏坊酒店对客户的信用标准进行评价,经比较找到最好和最差客户的有关指标。见表 7-3。

表 7-3 宏坊酒店信用标准一览表

指标	信用标准	
	信用最好客户	信用最差客户
流动比率	2.2 : 1	1.5 : 1
速动比率	1.2 : 1	0.89 : 1
现金比率	0.48 : 1	0.27 : 1
产权比率	1.95 : 1	4.2 : 1
已获利息倍数	3.8 : 1	1.72 : 1
有形净值负债率	1.6 : 1	3 : 1
应收账款平均收账期(天数)	35	60
存货周转率(次)	7	3
总资产报酬率(%)	38	27
付款履约情况	及时	拖欠

2. 利用已有或潜在客户的财务数据,计算各自的指标值,并与上述指标比较。利用财

务数据进行比较时,需要计算客户的指标值。若客户的某项指标值等于或低于差的信用标准,则该客户的拒付风险系数(即坏账损失率)增加10%;若客户的某项指标值在好与差的信用标准之间,则该客户的拒付风险系数(即坏账损失率)增加5%;若客户的某项指标值等于或高于好的信用标准,则该客户的拒付风险系数(即坏账损失率)为0。有关指标计算后,将客户的各项指标的拒付风险系数累加,就得出该客户发生坏账损失的总比率。

【例7-5】宏坊酒店对某客户的信用状况进行评价,得出有关指标和累计风险系数。见表7-4。

表7-4　某客户信用标准一览表

指标	标准值	拒付风险系数(%)
流动比率	2.2∶1	0
速动比率	1.4∶1	0
现金比率	0.4∶1	5
产权比率	1.9∶1	5
已获利息倍数	3.8∶1	0
有形净值负债率	2.1∶1	5
应收账款平均收账期(天数)	34	0
存货周转率(次)	7.2	0
总资产报酬率(%)	38	0
付款履约情况	及时	0
累计拒付风险系数		15

在表7-4中,客户的流动比率、速动比率、已获利息倍数、应收账款平均收账期(天数)、存货周转率(次)、总资产报酬率(%)及付款履约情况都等于或好于信用好的信用标准值,这些指标产生的拒付风险的系数为0;现金比率、产权比率和有形净值负债率指标值介于信用好与信用差之间,发生的拒付风险系数累计为15%。通过分析,可认为客户预期可能发生的坏账损失率为15%。

实际分析有关数据时,可以选用更多的指标数值作为评价标准。

3. 进行风险排队,确定有关客户的信用等级。根据风险系数的分析数据,将客户的累计风险系数由小到大进行排序,划分客户的信用等级。对不同信用等级的客户,采用不同的信用对策。

（二）信用条件

信用条件是酒店接受客户信用订单时所提出的付款要求,主要包括:信用期限、折扣期限等。

1. 信用期限。信用期限是酒店允许客户从接受服务开始到支付款项的时间间隔。延长信用期限,可以在一定程度上增加营业收入,但无限制地延长信用期限,会给酒店经营带来不良后果,如:平均收账期延长、资金占用增加、坏账损失和收账费用增加等。因此,酒店制定的信用期限应有一定的时间范围。

2. 现金折扣和现金折扣期限。延长信用期限的同时,应收账款占用的时间和金额会相应增加。为加速资金周转,增加收入,减少坏账损失,酒店一般会在延长信用期限的同时,采用一定的优惠措施,给予在规定的时间内提前偿付款项的客户一定比例的折扣。如:“2/10, n /30”表示客户在 10 天内付款,优惠 2%;如果放弃现金折扣,则全部价款应在 30 天内付清。现金折扣实际上是对现金收入的扣减,酒店应考虑提供折扣后所得收益是否大于现金折扣的成本,并以此决定是否为消费者提供折扣。

四、确定收账政策

收账政策是指客户违反信用条件时,酒店采取的收账策略。当出现应收账款时,酒店采用积极的收账政策,可能会减少坏账损失,但会增加收账成本;如果酒店采用消极的收账政策,可能会增加应收账款数额,增加坏账损失,但会降低收账成本。因此,酒店在确定收账政策时,应参考信用标准、信用条件等方法制定信用政策。

当客户拖欠款项时,酒店首先应分析现有的信用标准及信用制度是否存在漏洞;然后对违约客户的资信状况进行重新评价;最后采取适当的收账方法收取账款。

总体而言,收账费用支出越多,坏账损失越少。但这一表象并不存在线性关系。一般情况下,开始花费一定收账费用,应收账款和坏账损失有小部分降低;当酒店加大收账力度后,收账费用明显增加,应收账款和坏账损失明显减少;当酒店收账费用达到一定程度时,进入收账的瓶颈期,应收账款和坏账损失的减少不再明显。可以看出,加强收账管理尽早回款,减少应收账款上的资金占用,可以减少坏账损失,但会增加收账费用。决策者在制定收账政策时,应在增加收账费用和减少应收账款之间权衡得失,掌握好严宽界限。

【例 7-6】宏坊酒店应收账款原有的收账政策和拟改变的收账政策见表 7-5。假设资金利润率为 10%,根据表 7-5 中的数据,计算两种方案的收账总成本。见表 7-6。

表 7-5　收账政策备选方案资料

项目	现行收账政策	拟改变的收账政策
年收账费用(万元)	100	120
应收账款平均收账期(天)	72	60
坏账损失占应收账款的百分比(%)	0. 5	0. 3
应收账款额(万元)	9 000	9 000
变动成本率(%)	60	60

表 7-6　收账政策分析评价表　　金额单位:万元

项 目	现行收账政策	拟改变的收账政策
应收账款额(万元)	9 000	9 000
应收账款平均收账期(天)	72	60
应收账款平均余额	9 000/360×72=1 800	9 000/360×60=1 500
应收账款占用的资金	1 800×60%=1 080	1 500×60%=900
收账成本		
应收账款机会成本	1 080×10%=108	900×10%=90
坏账损失	9 000×0. 5%=45	9 000×0. 3%=27
年收账费用(万元)	100	120
收账总成本	253	237

从表 7-6 的计算结果可以看出,拟改变的收账政策比现行的收账政策减少的坏账损失和应收账款机会成本之和为 36 万元[(45-27)+(108-90)],大于增加的收账费用 20 万元(120-100)。因此,改变收账政策的方案可行。

影响酒店信用标准、信用条件和收账政策的因素很多,如前面所提及的应收账款平均收账期、现金折扣和现金折扣期限、坏账损失、机会成本等都会影响到信用政策的制定。一般来说,信用政策应是能给酒店带来最大收益的政策。

五、应收账款账龄分析

应收账款的账龄结构是指不同账龄应收账款余额占应收账款总额的比重。虽然每次应收账款发生的时间长短不一,对应收账款的收账政策也应有所不同。但一般情况下,应收账款逾期时间越长,催收的难度越大,出现坏账的可能性也就越大。酒店财务部门在制定应收账款收回政策时,应充分考虑应收账款的账龄结构,确定不同账龄的收款方式。

【例 7-7】宏坊酒店某年的应收账款账龄分析见表 7-7。

表 7-7　应收账款账龄分析

应收账款	账龄账户数量	金额(万元)	比重(%)
信用期内(假设平均 3 个月)	80	100	37.04
超过信用期 1 个月内	40	60	22.22
超过信用期 2 个月内	30	40	14.82
超过信用期 3 个月内	20	30	11.11
超过信用期 4 个月内	10	15	5.56
超过信用期 5 个月内	6	10	3.70
超过信用期 6 个月内	2	10	3.70
超过信用期 6 个月以上	1	5	1.85
应收账款余额总计	—	270	100

从表 7-7 的计算结果可以看出,宏坊酒店应收账款中,在信用期内的应收账款有 100 万元,占全部应收账款的 37.04%。逾期应收账款余额为 170 万元,其中:逾期在 1~6 个月以内的应收账款所占比重分别为 22.22%、14.82%、11.11%、5.56%、3.70%和 3.70%;1.85%的应收账款逾期已达 6 个月以上。宏坊酒店应具体分析逾期账款为哪一客户,发生逾期未付款的原因,某客户是否经常发生逾期未付款的情况等。一般情况下,应收账款逾期时间越短,账款催收的难度越小,出现坏账的可能性也越小。

对不同逾期未付款及信用状况不同的客户,酒店应采取不同的收账政策,以收回更多的款项;对尚未到期的应收账款应采取积极的收账政策,尽早收回款项。

六、应收账款的日常管理

应收款项管理的有效性直接影响到酒店资金周转和经济效益的实现,也直接影响到酒店资产的质量和资产营运能力。按照《企业财务通则》以及《财政部关于建立应收款项管理制度的通知》等文件的规定,酒店应采取以下措施,加强应收款项的管理。

(一)建立应收款项台账管理制度

酒店应当按照客户设立应收账款台账,详细反映内部各业务部门以及各客户应收账款的增减变动、余额及其每笔款项账龄等财务信息。同时,应加强合作管理,对债务人执行合同情况进行跟踪分析,预防或减少坏账风险。

酒店财务管理部门应当定期编制应收账款明细表,向酒店管理人员和有关业务部门反映应收款项的余额和账龄等信息,及时分析应收款项管理情况,提请有关责任部门采取相应措施,以减少资产损失。

（二）建立应收款项催收责任制度

对酒店而言,应当依法理财,对到期的应收款项要提醒客户依约付款;对逾期的应收款项,应采取多种方式尽早催收;对与酒店利益关系重大的逾期应收款项,可以采取诉讼方式。为减少坏账损失可与债务人协商,对逾期应收款项按一定比例折扣后收回。对于此类应收款项,根据董事会或经理办公会审议决定和债权债务双方签订的有效协议,可以将折扣部分作为损失处理。

酒店应当落实内部催收款项的责任,将应收款项的回收与内部各业务部门的绩效考核及奖惩挂钩。对造成逾期应收款项的有关部门和人员,应在酒店内部以适当的形式予以警示,接受员工的监督。对造成坏账损失的有关部门和人员,应按照酒店内部管理制度给予相应的处罚。

在追索逾期应收款项过程中,按照酒店内部财务管理制度规定支付给专门的收账机构及人员的劳务费用、诉讼费用等,直接作为当期费用处理,不得挂账。

（三）建立应收款项年度清查制度

每年年终时,应组织专人全面清查各项应收款项,并与债务人核对清楚,做到债权明确、账实相符和账账相符。需要说明的是,如果在同一单位出现应收款项与应付款项,应付款项也应同时查清。应付该债务人的款项,也应同时从应收款项中抵扣,以确认应收款项的真实数额。

（四）建立坏账核销管理制度

在清查核实的基础上,对确实不能收回的应收款项应当作为坏账损失处理。属于经营期间发生的坏账损失,作为当期损益处理;属于清算期间发生的坏账损失,作为清算损益处理。坏账损失处理后,酒店应当依据税法的有关规定向主管税务机关申报,按照会计制度规定的方法进行相应的会计处理。

（五）建立应收款项管理的责任追究制度

对酒店内部管理制度不健全,导致应收款项管理混乱、经营活动中恶意经营导致坏账损失、通过关联交易转移酒店财产、随意核销应收款项给酒店造成巨大损失、资产重组中逃避应收款项追讨责任导致国有资产流失及擅自核销国有资本的情况,各级主管财政机关及国有资本持有人有权予以纠正。对于直接责任人员和其他有关责任人,应当按照国家有关规定和酒店内部管理制度追究其相应的责任。

第四节 存货管理

一、存货管理的重要性

存货是指酒店在提供劳务过程中耗用的材料和物料及在日常经营活动中持有的以备出

售的物品等。由于存货在流动资产中所占比重较大，且渗透到经营活动的各环节，具有较强的流动性。因此，存货日常管理水平的高低，直接影响到酒店的利润指标。

酒店拥有足够的存货，不仅有利于经营活动的顺利进行，而且能够及时满足消费者的需要，可以使酒店为客户提供更好的服务，避免由于存货不足而给酒店经营带来的负面影响。但存货增加，必然要占用更多的流动资金，使酒店付出更大的持有成本，增加更多的存储与管理费用，影响酒店的获利能力。因此，酒店必须建立健全适合酒店业务特点的存货管理制度，包括存货的采购及验收入库制度、发出制度、保管制度及存货的盘存制度等。

二、存货的功能与成本

（一）存货的功能

存货的功能指存货在酒店经营过程中具有的作用。存货功能主要表现在以下几方面：

1. 适应市场环境的变化。市场对经营者而言是千变万化的。一定数量的存货储备，可以增强酒店经营活动的机动性和适应市场变化的能力。当旅游旺季到来时，足够的存货可以满足消费者的需求。

2. 降低进货成本。酒店经营过程中，布草等消耗性物品占存货的比重很大，采购这些消耗性物品时，进货的总成本与采购物品的单位售价及采购次数有密切关系。为了降低进货成本，酒店一般会选择大批量集中进货，以便得到供应商的优惠价格，降低单位物品的采购成本。此时，由于采购量一定，采购量增大时，采购次数也会相应减少，从而降低采购费用。

（二）存货的成本

进行存货管理的主要目的是控制存货水平，在充分发挥存货功能的基础上，降低存货成本。虽然酒店应有一定量的存货，但持有存货会因此而发生相应的存货成本。存货成本主要包括以下几部分：

1. 进货成本。进货成本主要由存货的买价和进货费用组成。买价是指存货本身的价值，即购买单价与采购数量之积。一定时期内，在进货总量既定的条件下，采购次数的变化不会影响存货的进价成本，而这一进价通常保持相对稳定，属于决策无关成本。进货费用又称订货成本，指酒店为组织进货而发生的费用。进货费用中有一部分与订货次数有关，如：电信费、差旅费等与进货次数呈正比例变动，这类变动性进货费用属于与决策相关的成本。进货费用中的另一部分，如专设销售机构经费等则与订货次数无关。这部分固定性进货费用属于与决策无关的成本。

2. 储存成本。储存成本指酒店为持有存货而发生的支出。储存成本可以按照与储存数额的关系分为变动性储存成本和固定性储存成本两类。其中：变动性储存成本如存货的库存损耗、存货资金占用费、保险费等与存货储存额成正比例变动关系，属于与决策有关的成本。固定性储存成本，如折旧费用、管理人员薪酬等与存货储存额的大小无必然联系，属于与决策无直接关系的成本。

3. 缺货成本。缺货成本指因存货不足而给酒店经营造成的损失。缺货成本能否作为决策的相关成本，应视经营者是否允许出现存货短缺的不同情况而定。若允许发生缺货成本，缺货成本与存货数量反向相关，即属于决策成本；若不允许发生缺货，则缺货成本为 0。实际工作中，因计量困难，缺货成本往往不予考虑。

三、存货决策

(一)存货的经济批量决策

存货的经济批量指一定时期储存成本和订货成本总和最低的采购批量。

经济订货批量基本模型以下面假定为基本前提条件:①酒店一定时期内的进货总量可以较为准确地预测;②酒店存货尤其是消耗性物品的消耗比较均衡;③存货价格稳定且不存在数量折扣;④进货时不存在限制条件,如:何时购入、路途远近、采购哪一厂家产品等;⑤储存没有任何限制条件,如:温度、湿度等;⑥不允许出现缺货,消费者要求的消耗性物品应有保证;⑦市场货源充足。

由于不允许缺货,所以不存在缺货成本。此时与存货订货批量和批次相关的成本和储存成本只有进货成本和储存成本。经济批量考虑的是进货成本和储存成本之和为最低。

$$存货相关总成本=相关进货费用+相关储存成本$$

$$=\frac{存货年计划进货总量}{每次进货批量}\times 每次进货费用+\frac{每次进货批量}{2}\times 单位存货年储存成本$$

存货相关总成本与相关进货费用和相关储存成本的关系如图 7-2 所示。

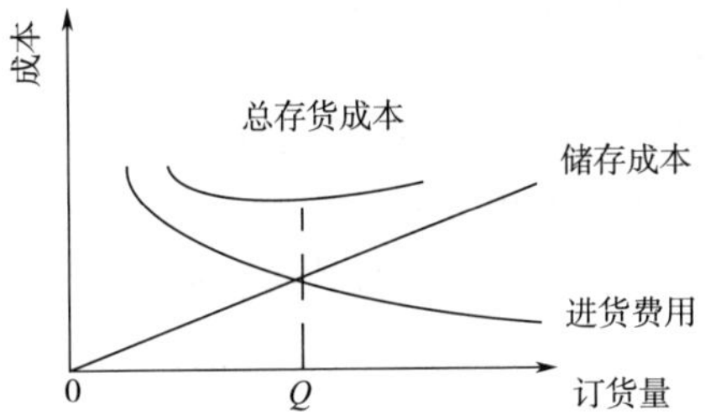

图 7-2　存货相关费用关系图

从图 7-2 可以看出,当相关进货费用与相关储存成本相等时,存货相关总成本最低,此时的进货批量即为经济进货批量。

设:Q 为经济进货批量;A 为存货年计划进货总量;B 为平均每次进货费用;C 为单位存货年储存成本;P 为销售单价;T_C 为经济进货批量的存货相关总成本;W 为经济进货批量平均占用资金;N 为年最佳进货批次。则:

$$经济进货批量(Q)=\sqrt{\frac{2AB}{C}}$$

$$经济进货批量的存货相关总成本(T_C)=\sqrt{2ABC}$$

$$经济进货批量平均占用资金(W)=\frac{PQ}{2}$$

$$年最佳进货批量(N)=\frac{A}{Q}=\sqrt{\frac{AC}{2B}}$$

【例 7-8】宏坊酒店年需要消耗性物品 72 000 件,该物品的单位采购成本为 10 元,单位年储存成本为 5 元,平均每次进货成本为 200 元。要求计算有关数据。

【解】　$$经济进货批量(Q)=\sqrt{\frac{2\times 72\,000\times 200}{5}}=2\,400(件)$$

$$经济进货批量的存货相关总成本(T_C) = \sqrt{2 \times 72\ 000 \times 5 \times 200} = 12\ 000(元)$$

$$经济进货批量平均占用资金(W) = \frac{10 \times 2\ 400}{2} = 12\ 000(元)$$

$$年最佳进货批量(N) = \frac{72\ 000}{2\ 400} = 30(次)$$

从以上计算可以看出,当经济进货批量为2 400件时,进货费用与储存成本总额最低。

(二)存在商业折扣的经济进货批量决策

以上经济批量的测算是在许多假设存在的前提条件下做出的。但实际工作中,某些假设不可能发生,因此,就需要重新修正以上决策条件。

为了鼓励客户购买产品,销售方通常会给予不同程度的价格优惠,购买得越多,所获得的价格优惠就越大。这时进货方确定经济订货批量时,除进货费用和储存成本外,还应考虑存货的进价成本。因为此种情况下的存货进价成本与进货数量有直接联系,属于决策的相关成本。

经济批量模型和其他各种假设条件都具备时,存在数量折扣的存货相关总成本的计算公式如下:

存货相关总成本=存货进价+相关进货费用+相关储存成本

实行数量折扣的经济批量具体步骤确定如下:

(1)按照基本经济进货批量模型确定经济进货批量。

(2)计算按经济进货批量进货时的存货相关总成本。

(3)计算按照给予数量折扣的进货批量的存货相关总成本。如果给定数量折扣的进货批量是一个范围,此时应按照给定数量折扣的最低进货批量计算存货相关总成本。

(4)比较不同进货批量的存货相关总成本。最低存货相关总成本对应的进货批量,即为实行数量折扣的最佳经济进货批量。

【例7-9】在例7-8中,一次订货超过15 000件,则可以获得5%的折扣,问此时应采用哪一种采购决策?

【解】(1)无折扣时的经济批量总成本:

无折扣时的经济批量总成本=10×72 000+12 000=732 000(元)

(2)享受商业折扣的最低批量确定的总成本(最低15 000件):

享受商业折扣的经济批量总成本:

=72 000×10×(1-5%)+5×15 000/2+200×72 000/15 000

=722 460(元)

由此可知,享受商业折扣,即一次采购15 000件,可以节约成本9 540元(732 000-722 460)。

(3)订货点的决策。确定了合理的订货量后,还应确定订货的时间,即库存量最低为多少时就应及时订货。订货点的计算公式如下:

再订货点的库存量=日平均消耗量×(交货天数+保险天数)

【例7-10】若宏坊酒店每日需耗用消耗性物品200套,交货期为10天,保险天数为4天。则消耗性物品订货点的库存量为:

200×(10+4)=2 800(套)

计算说明,当库存消耗性物品剩余2 800套时,就应当及时组织采购,待下批采购的消耗性物品到达时,原库存正好用完。

四、存货的日常管理

存货日常控制是指酒店在日常经营活动中，按照存货规划，对存货的使用和周转情况进行组织、协调和监督。

（一）存货的归口分级管理

存货的归口分级管理是存货日常管理的一种重要方法。其基本原则是“谁使用谁管理，谁管理谁负责”。其主要内容如下：

1. 财务部门对存货资金进行统一管理，以促进各部门之间的相互协调，加速资金周转，实现资金使用的综合平衡。财务部门的工作包括根据国家的财经法规和财务制度，测算存货资金占用数额，编制存货资金使用计划；按照责任会计的分工要求，将计划指标层层分解，落实到部门和个人；对存货资金的使用情况进行检查、分析和考核等。

2. 根据存货的实际流转、保管和使用情况，按照资金使用、实物管理和资金管理相结合的原则，分别确定酒店经营各环节存货的归口管理。

3. 实行资金的分级管理。各归口管理部门进一步将存货管理责任层层落实，分解到下属单位或个人。

（二）存货的质量管理

存货质量指存货的实物质量、流动性和收益性等特性。例如：按照实物质量，存货可以按照等级分为一等品、二等品、三等品等；按照用途，存货可以分为床上用品、一般消耗性用品等。通过对存货质量进行分析，可以掌握存货的质量水平，了解存货的使用情况，便于优化库存结构，降低存货成本，提高经济效益。

在对存货进行质量分析的基础上，经过权衡利弊，可采取相应措施，最大限度地减少损失；避免意外事故给酒店带来的重大影响；严格采取责任控制措施，减少不必要的消耗。

（三）存货的 ABC 管理

存货的 ABC 分类管理是将存货按照一定的标准分成 A、B、C 三类，然后按照各类存货的不同等级进行分类管理。这样，酒店可以突出管理重点，提高存货管理的整体水平。酒店存货可以采取金额和数量两种形式作为划分标准，但应以金额划分为主。其中：A 类存货的特点是金额所占比重大，但品种数量少；B 类存货的特点是所占金额一般，品种数量相对较多；C 类存货的特点是金额所占比重很少，但品种数量繁多。一般而言，三类存货的金额比重大致为 7 : 2 : 1，而品种比重大致为 1 : 2 : 7。

对 A、B、C 类存货的具体划分有以下三步骤：

1. 列示酒店全部存货的明细表，并计算出每种存货的价值总额及其所占全部存货金额的百分比。

2. 按照金额由大到小进行排序，而后进行金额百分比的累加。

3. 当金额百分比累加到 70%左右时，金额对应的存货视为 A 类存货；金额百分比介于 70%~90%之间的存货视为 B 类；剩余部分列为 C 类存货。

【例 7-11】宏坊酒店共有消耗性物品 20 种，占用资金 500 000 元，按占用资金顺序排列后，根据上述存货的划分标准，将存货划分为 A、B、C 三类，见表 7-8。

表 7-8 宏坊酒店存货分类表

材料类别	金额(元)	金额比重(%)	累计金额比重(%)	类别	各类存货所占数量比重(%)	各类存货所占金额比重(%)
1	200 000	40		A	10	70
2	150 000	30				
3	35 000	7		B	20	20
4	30 000	6				
5	20 000	4				
6	15 000	3				
7	7 500	1.5		C	70	10
8	6 500	1.3				
9	5 500	1.1				
10	5 000	1.0				
11	4 000	0.8				
12	3 500	0.7				
13	3 000	0.6				
14	2 500	0.5				
15	2 400	0.48				
16	2 250	0.45				
17	2 150	0.43				
18	2 050	0.41				
19	1 900	0.38				
20	1 750	0.35				
合计	500 000	100%	—	—	100%	100%

由表 7-8 可以看出,由于 A 类存货所占资金比重大,只要控制好 A 类资金,管理就抓住了重点。而且,由于 A 类存货的品种比较少,酒店完全可以按照每一品种进行分别管理。C 类存货由于数量巨大,但所占资金比重很小,往往控制资金总量即可以完成管理工作。酒店客房消耗性物品多属于 C 类存货。B 类存货的管理介于 A 类与 C 类存货之间,一般按划分类别的办法进行控制即可。

通过对存货进行分类管理,确定各类存货所属类别,就可以对存货进行有效的管理和控制。

(四)招标方式在存货采购中的运用

在存货采购中采取招标方式,可以有效地消除买卖双方的信息不对称,有利于酒店以较低的价格、相对更优的质量购进存货。与一般的问询价格或"货比三家"的确定供应商的方式相比较,招标方式更为有效。但是,招标的成本及其法律风险很高,酒店在采用招标方式选定供货商时,应充分考虑其成本效益。一般地,进行长期合作或大宗采购时,招标方式才更有利。根据《合同法》等经济法律法规的规定,只要酒店认为有必要,即可以按照公开、公正、公平的原则招标确定满足酒店要求的供货商。

第五节 固定资产管理

固定资产是指可供长期使用,并在使用过程中始终保持其原有实物形态的劳动资料和其他物质资料,且其使用期限和单项价值均在国家规定限额以上者。按照《企业会计准则》规定,固定资产是指同时具有以下特征的有形资产:①为生产商品、提供劳务、出租或经营管理而持有的;②使用寿命超过一个会计年度。自制设备符合以上条件者,也应列为固定资产。

凡不具备固定资产条件的劳动手段在会计上被列为周转材料。有些劳动手段虽具备固定资产的条件,但由于更换频繁、变动性大、容易损坏等原因,也可以不列作固定资产。酒店对周转材料实行分类归口管理,仍应由设备管理部门建账管理。

一、固定资产管理的分类

酒店的固定资产与其他经营单位一样,种类复杂,数量繁多。为了加强固定资产的管理,应对固定资产进行适当的分类。

(一)按固定资产的经济用途分类

1. 经营用固定资产,指在经营过程中发挥作用的固定资产。如:客房、商业用房等。

2. 非经营用固定资产,指用于职工文化、医疗卫生等方面的固定资产。如:俱乐部等。

(二)按固定资产的使用情况分类

1. 使用中的固定资产, 指正在使用过程中的固定资产,如:经营用固定资产。

2. 未使用的固定资产, 指尚未使用的新增固定资产。进行改建、扩建停止使用的固定资产和其他原因停止使用的固定资产也包括在该范围内。

3. 不需用固定资产,指酒店不再使用,需要处理的固定资产。

(三)按固定资产的所属关系分类

1. 自有固定资产,指由酒店自己购置或建造,产权归酒店所有的固定资产。

2. 融资租入固定资产,指酒店根据融资租赁合同以融资租赁方式租入的固定资产。对这类固定资产,酒店只有使用权而没有所有权,根据实质重于形式原则,这类固定资产按照自有固定资产使用和管理。

二、固定资产管理制度的基本内容

固定资产管理制度包括三个方面。

(一)固定资产的购建制度

在固定资产购建过程中,一般应制定相应的规章制度。制度中应包括申请、审批、实施、付款等内容,明确职责分工及其权限。

1. 购建固定资产,一般由使用部门根据需要和投资计划提出申请。

2. 设备管理部门根据购置申请,会同有关部门,如财务、计划部门等核实酒店的资产需要量,在综合平衡基础上确定支出限额,并作为财务预算的投资支出,决定现金需要量。

3. 设备管理部门依据上级批准下达采购通知单,采购部门办理采购事宜,设备管理部门验收、安装并调试固定资产。

4. 财务部门按照财务预算和采购计划，审核验收单、发货票等原始单据，确认无误后，通知出纳按规定付款，并及时进行账务处理。

(二)固定资产的保管、使用制度

固定资产的保管、使用制度主要规定了固定资产的保管、使用及维护的方法、程序和责任，维护固定资产的安全和完整，实现固定资产的有效使用。酒店对固定资产管理通常要编定号码、确定保管人、确定使用部门、建立保管卡，并按照谁使用谁管理、谁负责维护保养的原则，把固定资产的保管和使用责任落实到人，将固定资产管理纳入岗位责任制。

(三)固定资产的处置制度

对固定资产的处置根据不同的情况采取不同措施制定有关制度。分别采取封存、报废、出售、出租、投资等措施来规范固定资产退出经营过程的行为。处置固定资产时，酒店通常会按以下顺序进行：

1. 提出处置固定资产的申请。

2. 进行经济和技术鉴定，以审查其处置是否经济合理和有效。

3. 财务部门对处置固定资产的申请进行财务审批。

4. 将处置固定资产的申请上报酒店最高决策层，由决策层审批。

5. 进行固定资产处置时要进行报废清理，此时会发生清理费用或产生固定资产处置收入，固定资产清理结束后退出清理程序。

6. 将固定资产清理收入或损失登记入账。

7. 如固定资产出现非正常原因的减少，应明确有关当事人的责任。

三、固定资产折旧的管理

(一)固定资产折旧的概念及影响因素

折旧是指在固定资产的使用寿命周期内，按照一定的方法将固定资产的总价值系统地分摊到各期的成本费用之中。固定资产折旧，是对固定资产由于磨损和损耗而转移到成本费用中去的那一部分价值的补偿。固定资产磨损和损耗包括固定资产的有形损耗和无形损耗。其中，有形损耗又分为实物损耗和自然损耗。固定资产的实物损耗是指固定资产在使用过程中，其实物形态由于运转磨损等原因发生的损耗。固定资产本身的结构、质量和使用状况以及固定资产的维修情况，对固定资产实物磨损程度起决定性的作用。自然损耗是指固定资产受自然条件的影响而发生的腐蚀性损失。固定资产的无形损耗，是指固定资产在使用过程中由于技术进步等原因发生的价值损失。

影响折旧的因素主要有以下几个方面：

1. 固定资产原价，即固定资产的初始成本。

2. 固定资产的净残值，是指假定固定资产预计使用寿命已满并处于使用寿命终结时的预期状态。由于在计算折旧时，对固定资产的残余价值和清理费用是在固定资产使用之初人为估计的，所以净残值的确定有一定的主观性。

3. 固定资产减值准备，是指酒店对固定资产已计提的固定资产减值准备。

4. 固定资产的使用寿命，是指酒店预计使用某项固定资产的时间，或该固定资产所能提供劳务的数量。固定资产使用寿命的长短直接影响各期应计提的折旧额。在确定固定资产使用寿命时，主要应当考虑下列因素。

(1)该项固定资产预计有形损耗,如房屋及建筑物受到自然侵蚀等。

(2)该项固定资产预计无形损耗,如因新技术的出现而使现有的资产技术水平相对陈旧、市场需求变化等。

(3)法律或类似规定对该项资产使用的限制。

为此,酒店应当根据固定资产的性质和使用情况,合理确定固定资产的使用寿命和预计净残值,选择合理的固定资产折旧方法,按照管理权限,经股东大会或董事会,或经理会议或类似机构批准。

(二)固定资产折旧方法

常用的固定资产折旧方法包括平均年限法、工作量法和加速折旧法。加速折旧法又分为双倍余额递减法和年数总和法。

1. 平均年限法(又称直线法)。平均年限法是将固定资产的应计折旧额在固定资产使用年限内平均分摊的方法。具体计算公式如下:

$$\text{固定资产年折旧额} = \frac{\text{固定资产原值} - \text{预计净残值}}{\text{固定资产预计使用年限}}$$

$$\text{年折旧率} = \frac{\text{固定资产年折旧额}}{\text{固定资产原值}} \times 100\%$$

或

$$\text{年折旧率} = \frac{1 - \text{预计净残值率}}{\text{固定资产预计使用年限}} \times 100\%$$

$$\text{月折旧率} = \frac{\text{年折旧率}}{12}$$

$$\text{月折旧额} = \text{固定资产原值} \times \text{月折旧率}$$

【例 7-12】宏坊酒店固定资产中,一幢房屋的原始价值为 80 000 000 元,预计可使用 40 年,预计净残值率为 4%,计算该房屋的月折旧额。

【解】

$$\text{年折旧率} = \frac{1 - 4\%}{40} \times 100\% = 2.4\%$$

$$\text{月折旧率} = \frac{2.4\%}{12} = 0.2\%$$

$$\text{月折旧额} = 80\ 000\ 000 \times 0.2\% = 160\ 000(\text{元})$$

采用直线法计提固定资产折旧简便易行,容易理解,但这种方法会使固定资产在整个使用期间的使用成本不够均衡。

2. 工作量法。工作量法是根据固定资产的实际工作量计算每期应提折旧的一种方法。采用这种方法计提折旧,各期的固定资产折旧额随工作量的变动呈正比例变动,是直线法的一种表现形式。计算公式如下:

$$\text{单位工作量折旧额} = \frac{\text{固定资产原值} - \text{预计净残值}}{\text{预计总工作量}}$$

或

$$\text{单位工作量折旧额} = \frac{\text{固定资产原值} \times (1 - \text{预计净残值率})}{\text{预计总工作量}}$$

$$\text{某项固定资产月折旧额} = \text{单位工作量折旧额} \times \text{当月该项固定资产实际完成的工作量}$$

【例 7-13】宏坊酒店有运输汽车一辆,原值 300 000 元,预计净残值 15 000 元,预计总里程 600 000 公里。当月行驶 4 000 公里。计算该项固定资产的月折旧额。

$$\text{单位工作量折旧额} = \frac{300\ 000 - 15\ 000}{600\ 000} = 0.475(\text{元/km})$$

运输汽车的月折旧额=0.475×4 000=1 900(元)

采用工作量法计提固定资产折旧的方法简单实用,应提的折旧额与资产的使用成正比,资产的使用效益与成本能够较为合理地进行配比。一般适用于大型专业设备和运输设备。

3. 双倍余额递减法。双倍余额递减法是在不考虑固定资产预计净残值的情况下,根据每年年初固定资产净值及按直线法计算的折旧额的双倍计算折旧额的一种方法。为保证在使用双倍余额递减法时,各期计提的折旧额合计数与应提折旧额相等,这种方法应在固定资产使用寿命到期前两年内,将固定资产账面净值扣除预计净残值后的净值平均摊销。

$$年折旧率 = \frac{2}{预计使用年限} \times 100\%$$

【例 7-14】宏坊酒店某一项固定资产,经批准采用加速折旧法计提折旧。该设备购置成本为 100 000 元,预计使用年限为 5 年,预计净残值为 1 600 元,采用双倍余额递减法计提折旧。见表 7-9。

表 7-9 折旧计算表(双倍余额递减法) 金额单位:元

年份	期初净值	年折旧率(%)	年折旧额	累计折旧	期末净值
1	100 000	40%	40 000	40 000	60 000
2	60 000	40%	24 000	64 000	36 000
3	36 000	40%	14 400	78 400	21 600
4	21 600	—	10 000	88 400	11 600
5	11 600	—	10 000	98 400	1 600

【解】前三年的折旧率:

$$年折旧率 = \frac{2}{预计使用年限} \times 100\%$$

$$=2/5\times100\%=40\%$$

按照计算出的折旧率,前三年的折旧额分别为 40 000、24 000 和 14 400 元。

第四、第五年的折旧额=(设备到期前两年的账面净值-预计净残值)/ 2

=(21 600-1 600)/ 2=10 000(元)

4. 年数总和法。年数总和法是指将固定资产原值减去预计净残值后的余额为基数,乘以一个逐年递减的分数来计算每年的折旧额。分数的分子为固定资产尚可使用的年数,分母为固定资产使用年数的逐年数字之和。计算公式如下:

$$年折旧率 = \frac{尚可使用年数}{预计使用年数之和}$$

或

$$年折旧率 = \frac{预计使用年限 - 已使用年限}{预计使用年限 \times (预计使用年限 + 1)/2}$$

年折旧额=(固定资产原值-预计净残值)×年折旧率

【例 7-15】宏坊酒店某一项固定资产,经批准采用加速折旧法计提折旧。该设备购置成本为 152 000 元,预计使用年限为 5 年,预计净残值为 2 000 元,采用年数总和法计提折旧。见表 7-10。

表 7-10　折旧计算表(年数总和法)　　金额单位:元

年份	应提折旧额	年折旧率	年折旧额	累计折旧
1	150 000	5/15	50 000	50 000
2	150 000	4/15	40 000	90 000
3	150 000	3/15	30 000	120 000
4	150 000	2/15	20 000	140 000
5	150 000	1/15	10 000	150 000

双倍余额递减法和年数总和法统称加速折旧法。使用加速折旧法计提折旧后,在固定资产使用的早期多提折旧,后期少提折旧。加快折旧速度的目的是使投入固定资产的开支在估计耐用年限内加快得到补偿。

酒店应当根据与固定资产有关的经济利益的预期实现方式合理选择折旧方法。不同的折旧方法将影响固定资产使用寿命期间内不同时期的折旧费用。因此,固定资产的折旧方法一经确定,不得随意更改。

第六节　无形资产管理

一、无形资产的概念及内容

无形资产是酒店拥有或控制的、可以为酒店带来经济效益的非实物、非货币性资产,包括专利权、专有技术、商标权、特许权、土地使用权、著作权等。

酒店主要以现金购买、以非货币资产换入、重组、接受投资及捐赠等方式取得无形资产。在市场经济条件下,无形资产具有有形资产不可替代的作用,它对提高酒店知名度和竞争力有着极其重要的作用。因此,酒店应当建立健全无形资产管理制度,通过各种渠道,充分利用无形资产实现超额收益。

二、无形资产的特点

与有形资产相比,无形资产是一种特殊的资产,它具有以下特点。

(一)不存在实物形态

与有形资产不同,无形资产没有特定的物质实体,一般表现为酒店拥有的一种特殊权利。如酒店名称一经注册为商标即有了商标权。

(二)可以在多个会计期间为酒店带来经济利益

无形资产可以在多个会计期间内使用,使酒店在较长时期内获得超出一般水平的经济效益。由于无形资产具有一定的有效期限,其取得成本应根据法律规定的期限或预计使用年限,在经营期间摊销。

(三)持有无形资产的目的是使用而不是出售

酒店持有无形资产的目的是用于提供服务而不是为了对外销售。脱离了经营活动,无形资产就失去了经济价值。

(四)无形资产提供的未来经济效益具有不确定性

无形资产的价值在很大程度上受外界因素影响,其预期的获利能力不能准确地加以确定。无形资产的取得成本不能代表其经济效益,一项取得成本较高的无形资产可能为酒店带来较少的经济效益,而取得成本较低的无形资产却有可能为酒店带来较大的经济效益。

(五)无形资产是有偿取得的

只有花费了支出的无形资产,才能作为无形资产入账。

三、无形资产经营

经营无形资产的目的,是发挥其自身价值,提高酒店价值的关键。由于无形资产不存在实物形态,其价值较难确定,所以经营管理难度较大。因此,涉及无形资产经营问题时,为了避免法律和经济纠纷,应签订书面合同,明确双方的责、权、利关系。在可以进入市场交易的情况下,酒店通过转让、租赁、质押、特许经营、对外投资等方式,实现无形资产自身的价值和价值增值。

(一)转让

酒店拥有的无形资产,可以依法转让其全部或部分财产权利。按照转让权利的内容,转让无形资产可以分为两类:①转让所有权:这种转让一般发生在酒店自身经营资产的预期收益低于一次性转让收入时;②转让使用权:这种转让是依照法律法规,只让渡无形资产的使用权等部分权利。转让后还应做好技术服务后续管理工作。

(二)租赁

酒店可以将无形资产依法出租,收取租赁费用。其实质是转让无形资产的收益权。

(三)质押

根据《担保法》的规定,对依法可以转让的商标权、专利权及著作权中的财产权,酒店可以作为权利质押,但应与对方签订书面合同,并向质押无形资产的管理部门办理出质登记。

(四)特许经营

酒店将依法取得的商标、商号、专利权、专利技术等授予被特许人使用,并向被特许人收取费用。特许经营的实质是转让无形资产的使用权。目前的连锁经营和授权经营都属于特许经营范围。其中连锁经营又包括直营连锁、特许连锁和自愿连锁。

(五)对外投资

无形资产对外投资时,可以按照对外投资的一般管理要求进行可行性研究,按照授权审批程序审批,并认真研究有关投资条款,明确投资双方的权利和义务,明确收益的分配方法。

总之,酒店应加大无形资产的经营力度,以盘活有形资产。在经营过程中,还应增强对无形资产开发、保护和发展的意识。

【重要概念】

营运资金　流动资产　现金　持有成本　转换成本　短缺成本　缺货成本　管理成本　坏账成本　订货成本　储存成本　固定资产折旧

计算与分析

1. 万佳酒店在2021年1月编制年度现金收支计划时，预计2021年的营业现金收入为8 000万元，其他现金收入为1 000万元，营业现金支出为4 000万元，其他现金支出为700万元。酒店在2020年1月1日库存现金600万元，年现金平均占用额为690万元。经分析，有90万元为不合理占用。2021年预计销售收入比2020年增加10%。试计算：① 2021年该公司的净现金流量。② 2021年该公司的理想现金余额。③ 2021年末该公司的现金余缺额。

2. 万佳酒店有甲、乙、丙、丁四种现金持有方案，有关成本资料见表7-11。

表7-11　现金持有量备选方案　　金额单位：元

项目	甲	乙	丙	丁
平均现金持有量	9 000	10 000	11 000	12 000
机会成本率	12%	12%	12%	12%
短缺成本	7 000	6 000	5 000	3 000
管理费用	5 000	5 000	5 000	5 000

要求编制最佳现金持有量测算表并分析说明。

3. 万佳酒店全年需用现金14 400万元，预计存货周转期为90天，应收账款周转期为75天，应付账款周转期为50天。试计算最佳现金持有量。

4. 万佳酒店预计全年（按360天计算）需要现金14 400万元，现金与有价证券转换成本为每次600元，有价证券的年利息率为4.8%。试计算：最佳现金持有量、最低相关总成本、现金转换成本、持有现金的机会成本、有价证券交易次数及有价证券交易间隔期。

5. 万佳酒店应收账款原有的收账政策和拟改变的收账政策见表7-12。

表7-12　收账政策备选方案资料

项目	现行收账政策	拟改变的收账政策
年收账费用（万元）	120	200
应收账款平均收账期（天）	90	70
坏账损失占应收账款的百分比（%）	6	4
应收账款额（万元）	9 000	9 000
变动成本率（%）	60	60

假设万佳酒店的资金利润率为10%，要求根据表7-12中的数据，分别计算两种方案的应收账款平均收账期、应收账款平均余额、应收账款占用的资金、应收账款机会成本、坏账损失、年收账费用及收账总成本。

6. 万佳酒店每年需要消耗性物品18 000件，该物品的单位采购成本为60元，单位年储存成本为9元，平均每次进货成本为400元。试计算：经济进货批量、存货相关总成本、经济进货批量下的平均占用资金和年最佳进货批量。

7. 万佳酒店每日需耗用消耗性物品 400 套，该消耗性物品的交货期为 15 天，保险天数为 3 天。试计算该消耗性物品的订货点。

8. 万佳酒店某项设备，经批准采用加速折旧法计提折旧。该设备购置成本为 1 020 000 元，预计使用年限为 8 年，预计净残值为 20 000 元，要求采用双倍余额递减法和年数总和法计算应提的折旧额(金额保留两位小数)。

第八章

酒店收入与利润管理

【教学目的】

通过本章的学习，学生应掌握收入的概念、内容，收入的预测方法，利润的概念及预测方法和利润分配管理的有关内容。

【情景思考】

一个会计年度结束后，财务人员通报取得了收入。但有收入是否有利润？在什么情况下这座酒店不赔不赚？有多少收入就可以取得利润？利润与成本有关系吗？作为酒店决策人，需要经过周密的计算才有结论。

【本章重点】

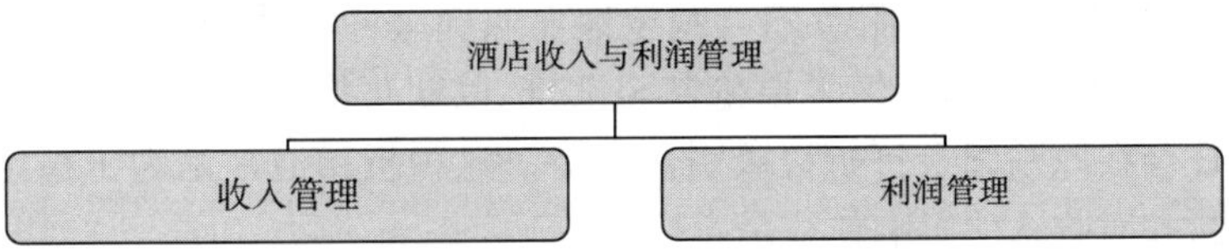

第一节　收入管理

一、收入的构成

酒店营业收入是在经营活动中，对外提供劳务及销售商品等取得的收入。营业收入管理是酒店财务管理的重要内容，与酒店的生存发展密切相关。

（一）收入的构成

酒店收入包括劳务收入、销售商品收入、利息收入、使用费收入、租金收入、股利收入，及投资者、经营者因履行职务或以酒店名义开展业务所取得的佣金、手续费、提成、返利等各项收入。酒店收入主要由以下五部分组成。

1. 酒店营业收入。酒店营业收入指酒店在经营过程中通过提供劳务、销售商品等取得的各项收入，包括主营业务收入和其他业务收入。主营业务收入指酒店持续的主要经营活动所取得的收入。酒店的主要经营活动是为消费者提供劳务，是酒店的主要收入来源，对酒店经营收入起决定性作用。其他业务收入指酒店在主要经营活动以外从事其他业务活动等而取得的收入。

2. 使用费收入。使用费收入指酒店将除货币资金以外的其他资产让渡给其他单位和个人使用而取得的收入。通常酒店会将资产租借给其他单位使用或允许其他单位使用某些专属权利,以此收取一定金额的占用费(或使用费)。这些收入的前提条件是酒店资产的管理权、使用权等发生转移,一般所有权仍然属于本酒店,同时使用费收入(单价)应不低于维护该资产,并由本酒店承担的成本支出。

3. 利息收入。利息收入一般指酒店的存款利息收入。根据金融机构的规定,酒店也可以通过银行将资金以委托贷款的形式转借给他人使用,从而取得较高的利息收入。

4. 其他。除以上内容外,对方给予的佣金、手续费、提成、返利及酒店收到的赞助费、处理固定资产净收益等也应计算在收入的范围内。

(二)影响收入的因素

经营活动中,许多因素都会影响到酒店的收入。一般情况下,影响酒店收入的因素主要包括以下三部分。

1. 服务价格与消费数量。这是影响酒店收入的最主要因素。酒店收入实际上是提供劳务数量与价格的乘积,这两个因素直接影响到酒店的收入,但其中的价格则是更加敏感的指标。如价格定得过高,酒店入住率会降低,直接影响到经营收入;反之,价格定得过低,酒店入住率虽然会提高,但营业毛利下降,也会影响酒店的收益。这就要求酒店管理者必须根据不同季节的市场供求状况及本酒店服务质量及服务成本,精准计算,确定合理的消费价格以吸引更多的消费者。

2. 服务季节的影响。酒店服务不可避免地要遇到服务淡季和旺季的问题。通常情况下,酒店服务旺季的入住价格会恢复原价甚至涨价,以期获得更多收入。服务淡季时,酒店的入住价格往往会在原基础上打折以吸引消费者。这种折扣通常是为了稳定老客户,增加营业额。这种折扣对收入的影响往往是直接的。

3. 其他。除以上原因外,酒店单位的经营方式、经营理念,包括对方给予的佣金、手续费、提成,甚至地理位置等也会影响到酒店的收入。在开展各项经济业务时,凡属于酒店的收入,都应纳入核算范围归酒店所有,个人不得截留。

二、组织收入的原则

收入是酒店进行收益分配的基本前提条件。没有收入,就不能进行相应的收益分配。组织营业收入需要掌握以下三项原则。

(一)合法性

酒店必须在国家规定的范围内组织并取得收入,所提供的服务及销售的商品应符合国家有关部门的规定,符合工商管理规定及其他相关法律、法规的规定。不能以不符合劳务程度的价格取得劳务收入。

(二)真实性

为了反映酒店的经营状况,财务人员对发生的各项收入应依据真实的经济业务进行反映,用公允价格计算酒店的收入,不得变相提高服务价格,也不得故意压低价格,防止用虚假收入侵害所有者的利益,并以真实的收入保证酒店收益分配的真实、正确、有效和公平。

(三)相关性

酒店的日常开支与收入补偿密切相关。酒店支付的相关费用及成本,必须通过收入得到补偿。如果收入一定,成本费用额越低,利润额越大。由于成本费用支出产生的收入,不论以什么形式取得,都应归酒店所有。

三、酒店收入的预测

预测是用科学的方法预计、推测事物发展的必然性或可能性,即根据过去和现在预计未来,根据已知推测未知的情况。为了加强管理,酒店必须做好收入的预测工作。

(一)收入的预测程序

1. 确定预测对象。预测工作首先要确定预测对象及预测工作要达到的根本目的。酒店的收入来源渠道较广,必须有重点、有目的地选择预测对象,拟定预测方案。

2. 搜集、整理和分析资料。作为预测的基础工作,搜集和整理资料是必不可少的。只有掌握大量的数据资料,预测指标才能相对准确。取得预测资料后,应对其进行整理和归类,为进行预测分析做准备。

3. 选择适当的预测方法。整理、归类和分析资料后,应根据预测对象,选择和确定预测方法,使用适当的数学模型,对收入进行定性预测。预测收入时,应根据不同的预测对象和内容,选择不同的预测方法。

4. 分析预测误差,评价预测效果。在酒店经营过程中,存在着各种不可预知的外部和内部因素。因此,分析预测过程中可能出现误差是极为正常的现象。预测过程中,必须充分估计可能出现的各种差异,预测误差范围,分析出现差异的原因,以便为今后的预测提供可靠的信息。

(二)收入的预测方法

预测收入的方法有许多,但主要分为定性分析法和定量分析法两大类。

1. 定性分析法。定性分析法主要包括:①专家意见法,主要是通过一些具有丰富经验的经营管理人员、有关学者及专家对经营市场未来变化情况进行分析,对未来经营情况进行判断和预测的方法。②调查分析法,主要是通过对旅游市场上的供需情况和消费者需求取向的调查来判断预测收入的方法。

2. 定量分析法。定量分析法是以一定时期的数据资料,采用数学模型预测酒店未来经营趋势的方法。定量分析法主要有以下五种具体方法。

(1)算术平均法。算术平均法是以酒店过去几个经营时期的收入平均值作为未来收入数量的预测数。计算公式如下:

$$S = \frac{\sum_{i=1}^{n} x_i}{n} = \frac{x_1 + x_2 + \cdots + x_n}{n}$$

式中:S 为过去 n 期收入的平均值;x_i 为第 i 期的收入;n 为期数。

【例 8-1】宏坊酒店 2021 年上半年商品部销售收入情况见表 8-1。要求预测 7 月份的收入数。

表 8-1 商品部销售收入表　　单位:万元

月份	1	2	3	4	5	6	合计
销售额	200	380	220	350	500	630	2 280

【解】按照算术平均法,根据上半年收入情况求出的平均数,就是宏坊酒店 7 月份预计收

入数。

$$S=\frac{200+380+220+350+500+630}{6}=380(万元)$$

算术平均法的优点是计算简单,但其不足是没有考虑收入的变化趋势,可能会出现较大误差。因此,它只适用于销售基本稳定的商品。酒店的营业收入与旅游旺季或淡季有直接关系,根据这种情况,酒店应组织适当的商品以备销售。

(2)移动加权平均法。移动加权平均法是根据数量变化趋势给各期规定不同的权数,然后求出加权后的各期平均数,以此作为收入的预测数。这种预测方法适用于收入变化明显的商品销售的情况。一般来说,"按照近期影响大,远期影响小"的原则,近期的数据对预测收入的影响程度比较大,因而确定的权数较大;远期的数据对预测收入的影响程度比较小,选定的权数也比较小。计算公式如下:

$$S=\frac{\sum_{i=1}^{n}W_iX_i}{\sum_{i=1}^{n}W_i}$$

式中:S 为过去第 i 期的收入预测数;W_i 为过去第 i 期的权数;X_i 为过去第 i 期的实际收入数;n 为过去第 i 期的期数。

【例 8-2】仍以例 8-1 的数据为例,选用近 3 个月的数据预测 7 月份的收入额。

【方法一】令 $W_1=1, W_2=2, W_3=3$,则:

$$S=\frac{350\times1+500\times2+630\times3}{1+2+3}=540(万元)$$

【方法二】若令 $W_1=0.2, W_2=0.3, W_3=0.5$,$\sum W_i=1$,则上式简化成:

$$S=\sum_{i=1}^{n}W_iX_i$$

即 $S=350\times0.2+500\times0.3+630\times0.5=535(万元)$

(3)指数平滑法。指数平滑法是在预测时引入指数平滑系数 α,以有效地消除采用移动加权平均法所带来的某些预测计算上的偏差。计算公式如下:

$$S=\alpha D_t+D_{t-1}(1-\alpha)$$

式中:S 为收入预测数;D_t 为基期实际收入值;D_{t-1} 为基期预测收入值;α 为平滑系数(满足 $0<\alpha<1$ 的常数),α 的取值一般在 0.4~0.7 之间。

【例 8-3】仍以例 8-1 的数据为例,6 月份的实际收入为 630 万元,原预测收入值为 600 万元,若 α 为 0.6,试预测 7 月份的收入额。

【解】 $S_t=0.6\times630+600\times(1-0.6)=618(万元)$

(4)因果预测法。经济活动中,各种因素往往相互影响,形成一定的对应关系。因果预测法是从各期影响收入的因素中,找到它们之间的因果关系,并进行收入预测。这种方法一般采用预测的数学模型,根据方程式 $Y=a+bx$ 来预测收入。其中:Y 为预测收入值;a 为固定业务量,一般为一固定常数;x 为相关因素值;b 为自变量 x 的系数,代表自变量 x 对业务量的影响程度。

$Y=a+bx$ 是经验公式,适用于业务量主要受某一重要因素影响的业务。如:酒店客房收入与入住人数有直接关系。可以利用该公式确定反映 X、Y 之间误差最小的直线。a、b 的值可以使用以下公式计算:

$$a = \frac{\sum y}{n}$$

$$b = \frac{\sum xy}{\sum x^2}$$

因果预测法是采用一定的数学模型进行收入预测。在预测过程中，各种相关因素及其对收入影响的程度都不可低估，直接影响收入计算的准确性。因此，必须拥有较多的历史数据，并将这些历史数据进行归类分析，确保得到相对准确的预测数据。

【例 8-4】仍以例 8-1 的数据为例，用因果预测法预测 7 月份的收入额。

① 根据表 8-1 整理出表 8-2 数据。

表 8-2　七月份商品收入额

n	x	y	xy	x^2
1	-5	200	-1 000	25
2	-3	380	-1 140	9
3	-1	220	-220	1
4	1	350	350	1
5	3	500	1 500	9
6	5	630	3 150	25
$n=6$	$\sum x=0$	$\sum y=2\ 280$	$\sum xy=2\ 640$	$\sum x^2=70$

②将表 8-2 数据代入公式计算，求出 a 和 b 的值。

$$a=2\ 280/6=380$$

$$b=2\ 640/70\approx 37.714$$

③ 将 $a=380$，$b\approx 37.714$ 代入公式 $Y=a+bx$，得出预测模型公式：

$$Y=a+bx=380+37.714x$$

④ 求出预测值

$$Y=380+37.714\times 7=644(\text{万元})$$

与其他方法相比，因果预测法较为准确，但其缺点是计算繁琐，需要较多的历史资料。

(5) 季节预测法。季节预测法适用于收入带有明显季节性的服务。这些服务随季节变化收入有较大变动。如旅游旺季或淡季的收入额会有很大差异。对这种收入的预测必须考虑季节变化的外在因素。在预测过程中可以参照上一年度相同时期的收入情况，还要注意结合本预测期的变化趋势来预测本年度该季节的收入。

四、常用的价格策略

在激烈的市场竞争中，定价策略是酒店争夺市场份额的重要武器，是酒店营销组合策略的重要组成部分。酒店制定服务价格时，首先应确定明确的目标。如：确保市场份额、保证服务质量等。由于不同市场、不同行业的经营目标不同，定价策略也不同。因此，酒店必须根据当前旅游业的经营环境、消费者的消费心理和需求等因素，考虑有关法律法规的约束、酒店的预测收益、资金周转状况及旅游市场动态等情况，采取相应的价格策略，以尽快实现经营目标。价格定价的方法很多，酒店可以参考同行业的定价决策，根据酒店的具体情况，制定自己的价格策略。

（一）折扣定价策略

为了鼓励客户及早付款、淡季旅游等，酒店可以分别制定不同的标准，酌情降低基本价格。

（二）心理定价策略

酒店制定价格时，可以利用消费者的不同心理需要和对不同价格的感受，采用多种价格形式，满足消费者的需要。如客房收入中，可以有普通套房，可以有标准间，也可以有豪华客房等。消费者可根据酒店提供的具体服务，选择不同的消费标准。

（三）差别定价策略

差别定价是酒店按照两种或两种以上反映成本差异的价格提供服务。差别定价主要有消费者消费层次、服务形式差别、服务地区差别和服务时间差别等定价形式。

采用差别定价策略必须具备以下条件：①市场可以细分，而且各细分市场必须表现出不同的需求程度；②以较低的价格接受某种服务的消费者没有其他层次的消费需求；③细分市场和控制市场的成本费用小于收入；④按照差别定价的形式符合国家法律、法规、规章制度的规定。

除此之外，酒店增加新的消费形式或提供新服务，可以使用新产品定价策略。如撇脂定价策略、渗透定价策略及中间价格策略等。

五、控制收入风险的措施

酒店的营业收入主要由前厅收入、客房收入、餐饮收入等服务性收入和旅游商品销售收入等构成。为有效地控制风险，酒店在提供劳务及购进和销售商品时都应该与对方签订合同。酒店财务部门和经营部门应取得一致意见。实施财务审核，注意从以下四方面规避风险。

（一）了解对方的资信状况

签订合同前，酒店应设立专门部门对对方的资信状况进行调查。如发现客户资信状况出现问题，应及时提请有关部门采取措施，规避收入风险。

（二）检查合同价格，适当控制折扣比例

为追求经营业绩，经营部门有时会在合同中做出不适当的让步。但在价格方面如果做出过多让步或给予对方不适当的折扣，就会影响酒店既定的定价策略，减少营业收入。因此，酒店应建立、健全相应的内部控制制度，明确劳务价格及商品销售价格调整的权限、程序和方法等，防止有关部门在价格上做不适当的让步。

（三）控制信用规模和信用期限

在旅游淡季，为增加收入，酒店可能会对消费者提供一定的商业信用。但商业信用会占用酒店的流动资金，影响资金的周转，导致借款利息增加，直接加大酒店的财务风险。因此，酒店对散客不采用信用形式，对旅行社这种大客户，可以使用商业信用，但酒店应总体安排信用规模，防止信用期限过长或提供不适当的信用。

（四）合理选择结算方式

我国银行国内结算方式有银行汇票、商业汇票、银行本票、支票、汇兑、委托收款、托收承付结算等方式。国际结算有信用证、托收和汇付三种基本方式，其中最常用的是信用证结算方式。在可能的条件下,酒店应选择有利于本酒店的结算方式,以便安全、及时地收回款项。

第二节　利润管理

一、利润及利润预测

利润是酒店经营活动的财务成果,是经营业绩的综合体现,也是酒店持续经营的前提条件。

(一)利润的构成

1. 营业利润。营业利润是酒店利润的主要组成部分,其基本计算公式如下:

$$\text{营业利润}=\text{营业收入}-\text{营业成本}-\text{税金及附加}-\text{管理费用}-\text{财务费用}-\text{营业费用}\pm\text{投资收益}$$

式中,营业收入包括主营业务收入和其他业务收入。营业成本包括主营业务成本和其他业务成本。主营业务收入是酒店收入的主要来源。主营业务收入和主营业务成本是酒店主营业务活动取得的收入及发生的相应成本开支,其他业务收入和其他营业务成本是酒店除主营业务活动以外的其他经营活动取得的收入及发生的相应成本开支。税金及附加主要包括消费税、资源税、城市维护建设税和教育费附加等。管理费用是酒店行政部门为组织和管理经营活动而发生的费用,包括:公司经费、工会经费、董事会费、业务招待费等。营业费用是酒店在提供劳务、销售商品过程中发生的各种费用,包括:保险费、展览费和广告费、运输费、装卸费等经营费用。财务费用是酒店为筹集经营资金等而发生的筹资费用,如利息支出、汇兑损益、相关手续费及现金折扣等。投资收益指酒店对外投资的收益或损失。

2. 利润总额。利润总额的具体计算公式如下:

$$\text{利润总额}=\text{营业利润}+\text{营业外收入}-\text{营业外支出}$$

酒店的利润总额由营业利润、营业外收入和营业外支出三部分组成。营业外收入指与酒店经营活动无直接关系的各种收入;营业外支出指与酒店经营活动无直接关系的各种支出。

3. 净利润。净利润指酒店的税后利润。具体计算公式如下:

$$\text{净利润}=\text{利润总额}-\text{所得税费用}$$

其中,所得税费用是酒店按照经营所得和其他所得缴纳的一种税款,是酒店的重要费用开支之一。

(二)利润预测

预测利润是酒店经营活动的重要一环。它是在预测收入的基础上,通过预算提供劳务的数量、价格及成本水平,预测酒店在未来一定时期的利润指标。

1. 本量利分析法。本量利分析法是根据成本—业务量—利润之间的依存关系来预测某一因素变化对其他因素的影响程度,以成本习性作为研究的基础。采用本量利分析法预测利润有以下几种方法。

(1)方程式法。本量利分析中,影响利润的因素有单位变动成本、固定成本总额、业务量和销售单价。这些影响因素之间的关系为：

利润总额＝收入总额－成本总额

＝收入总额－（固定成本总额＋变动成本总额）

＝单价×业务量－（固定成本总额＋单位变动成本×业务量）

若设 P 为利润；p 为单价；x 为业务量；b 为单位变动成本；a 为固定资产总额。则有：

$$P=px-(a+bx)$$

【例 8-5】宏坊酒店商品部销售旅游纪念品。该纪念品的进价单价为 5 元，每批纪念品的固定采购费用为 2 000 元，销售单价为 8 元，平均每月销售 1 000 件。计算销售该种旅游纪念品每月的利润额。

【解】预测利润可以直接使用本量利分析法进行计算：

$$P=8\times1\ 000-(2\ 000+5\times1\ 000)=1\ 000(\text{元})$$

（2）贡献毛益法。贡献毛益是收入与变动成本之间的差额。用公式可以表示为：

$$Tcm=px-bx$$

式中：Tcm 为贡献毛益总额；p 为单价；x 为业务量；b 为单位变动成本。

贡献毛益不是利润，它只是取得利润的前提条件。它应用于弥补酒店的固定成本，弥补固定成本后的剩余部分才是利润。如贡献毛益小于固定成本，则说明酒店出现了亏损。单位售价减去单位变动成本，就是单位贡献毛益。单位贡献毛益指每增加一个单位数量（如销售量）所提供的贡献毛益。其计算公式为：

单位贡献毛益＝单价－单位变动成本

设：cm 为单位贡献毛益，则：

$$cm=p-b$$

此外，还可以用贡献毛益率来反映销售某种商品或提供服务的贡献毛益。贡献毛益率是贡献毛益在收入中所占的百分比。它反映每一元收入所提供贡献毛益的大小。其计算公式是：

$$\text{贡献毛益率}=\frac{\text{贡献毛益总额}}{\text{销售收入总额}}\times100\%$$

或

$$\text{贡献毛益率}=\frac{\text{单位贡献毛益}}{\text{销售单价}}\times100\%$$

与贡献毛益率相对应的概念是变动成本率。变动成本率是指变动成本在收入中所占的百分比。其计算公式为：

$$\text{变动成本率}=\frac{\text{变动成本总额}}{\text{收入总额}}\times100\%$$

或

$$\text{变动成本率}=\frac{\text{单位变动成本}}{\text{单价}}\times100\%$$

由于贡献毛益总额与变动成本总额之和等于收入总额，所以，贡献毛益率与变动成本率之和等于 1。根据贡献毛益的概念，本量利分析的基本公式可以变换为贡献毛益方程式。基本公式为：

$$P=px-bx-a=Tcm-a$$

【例 8-6】以例 8-5 的数据为例。试计算销售该种旅游纪念品每月的利润额、单位贡献毛益、贡献毛益总额、贡献毛益率和变动成本率。

【解】

利润总额＝8×1 000－5×1 000－2 000＝1 000（元）

单位贡献毛益＝8－5＝3（元）

$$贡献毛益总额=8\times1\,000-5\times1\,000=3\,000(元)$$

$$贡献毛益率=\frac{3\,000}{8\,000}\times100\%=37.5\%$$

$$变动成本率=\frac{5\,000}{8\,000}\times100\%=62.5\%$$

(3)本量利分析图。成本、业务量与利润之间的关系直接反映在直角坐标图中,图 8-1 即为本量利分析图。

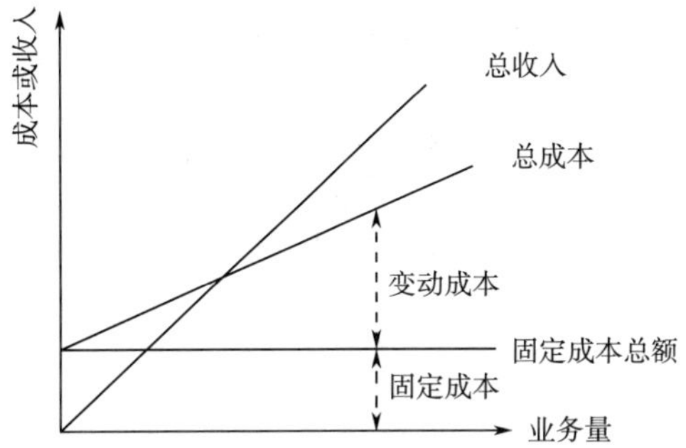

图 8-1 本量利分析图

图 8-1 可以直观地反映酒店盈利和亏损时的业务量,因此该图也被称为盈亏临界图。图中的横轴表示业务量;纵轴表示收入或成本的金额;平行于横轴的直线为固定成本线;以坐标(0,0)为起点,以单价为斜率的直线为收入线;以固定成本线与 Y 轴的交点为起点,以单位变动成本为斜率的直线为变动成本线。

本量利分析图的主要意义是:固定成本线与横轴之间的距离为固定成本,固定成本与业务量的变动无直接关系;总成本线与固定成本线之间的距离为变动成本,变动成本与业务量的变动成正比例变动关系;总成本线与横轴之间的距离为总成本,总成本是变动成本与固定成本之和;总收入线与总成本线的交点为盈亏临界点,也称保本点。保本点是酒店不赔不赚的数量界限。在这一点上,收入等于成本。当业务量大于该点时为盈利,当业务量小于该点时为亏损。

盈亏临界点一般有两种表现形式,即盈亏临界点的业务量(数量)和收入额(金额)。由于盈亏临界点的利润为 0,根据本量利分析的基本关系式,盈亏临界点的业务量和收入额的计算公式如下:

$$盈亏临界点的业务量=\frac{固定成本总额}{单价-单位变动成本}$$

$$盈亏临界点的收入额=单价\times盈亏临界点的业务量$$

【例 8-7】以例 8-5 的数据为例。计算盈亏临界点的销售量和销售额。

【解】

$$盈亏临界点的业务量=2\,000/(8-5)\approx667(件)$$

$$盈亏临界点的收入额=8\times667=5\,336(元)$$

从计算结果得知,当该旅游纪念品的销售量达到 667 件,收入额达到 5 336 元时即可以保本。超过这一指标,纪念品的销售就进入赢利区间,低于这一指标则出现亏损。

2. 预测目标利润。使用本量利分析法不但可以预测盈亏临界点,还可以预测目标利润。目标利润是酒店经营活动的重要指标。通过预测该指标,酒店可以分析、比较和评价现有收入水平与实现目标利润的收入水平的差距。经过分析,酒店可以了解现有收入水平与实现目标利润收入水平的差距,制订提高利润水平的各种方案。目标利润的计算公式如下:

$$目标业务量=\frac{固定成本总额+目标利润}{单价-单位变动成本}=\frac{固定成本总额+目标利润}{单位贡献毛益}$$

$$目标收入额=\frac{固定成本总额+目标利润}{贡献毛益率}$$

【例 8-8】仍以例 8-5 的数据为例,若宏坊酒店商品部该种旅游纪念品的目标利润为 1 900 元,计算销售该旅游纪念品的目标销售量和目标销售额。

【解】

$$目标业务量=\frac{2\ 000+1\ 900}{8-5}=1\ 300(件)$$

$$目标收入额=\frac{2\ 000+1\ 900}{37.5\%}=10\ 400(元)$$

即销售该旅游纪念品要达到 1 900 元的目标利润,目标销售量应为 1 300 件,目标销售额应为 10 400 元。

二、利润分配

酒店实现的净利润归投资者所有。酒店应按照《公司法》及酒店章程等的规定向投资者分配利润。利润分配的过程就是将酒店实现的净利润在投资者和酒店再投资之间进行分配的过程。可供分配的利润包括本年度实现的利润和年初未分配利润(或减去年初未弥补亏损)两部分。

(一)利润分配的基本原则

作为一项重要的财务活动,酒店利润分配应当遵循以下原则。

1. 执行国家统一的利润分配政策。酒店的利润分配应依法进行。由于利润分配涉及国家、股东、债权人、内部员工及经营单位本身的利益,为了正确确定各方的经济利益,规范经营单位的利润分配行为,国家出台了一系列法律法规。各经营单位必须按照国家的法律、法规、规章制度的规定进行利润的分配。

2. 资本保全。酒店的利润分配是对投资人投入资本的增值部分进行分配,而不是资本金的返还。因此,资本保全是酒店经营的最低标准。正常情况下,资本不但要保值而且应该增值才会使酒店的资本增加,才能充分保护投资者的利益不受损害。

3. 兼顾各方利益。利润分配必须兼顾国家、股东、债权人、酒店及员工等各方面的利益。除了以税金的形式上交国家财政外,酒店的所有者、债权人均以股利、利息的形式参与酒店利润的分配,酒店员工是酒店利润的创造者,理所当然也应考虑到员工的长远利益。因此,酒店决策人进行利润分配时,应统筹兼顾,全面安排,注意维护各方的相关利益和合法权利。

4. 分配与积累并重。正确处理分配与积累之间的关系,也是酒店进行利润分配需要注意的问题。酒店取得的净收益,在进行利润分配后,剩余部分形成酒店的积累。酒店积累的留存收益仍归酒店所有者拥有,以未分配利润的形式存在。积累的留存收益不仅为酒店扩大再生产筹措了资金,同时也增加了酒店抵御财务风险的能力。一定数量的积累不仅有利于酒店经营的安全和稳定,而且保障了所有者的长远利益。

5. 投资与收益对等。按照投资与收益对等的原则,必须正确处理酒店与投资者的关系。在向投资者分配利润时,应按照投资人投入资金的比例进行分配,不允许发生随意多占的现象。这样才能保证利润分配中的公开、公正和公平,以保护投资者的利益。

(二)利润分配的顺序

按照中华人民共和国财政部令第41号《企业财务通则》第五十条的规定,酒店的净利润应按照以下顺序进行分配:

1. 弥补以前年度亏损。酒店当年实现的净利润,首先应按照规定弥补以前年度发生的亏损。需要说明的是,此处所说的弥补亏损指的是超过正常的税前弥补期限后,应当用所得税后利润弥补的亏损。酒店实现的净利润在以前年度亏损弥补完之前,不得提取法定公积金。

2. 按照10%的比例提取法定公积金。本年有累计盈利的,按照本年净利润抵减本年年初累计亏损后的余额,按照10%的比例计提法定公积金,累计提取的法定公积金累计总额达到注册资本50%以后,可以不再提取。应当注意的是,提取法定公积金的基数,不是累计赢利,也不一定是本年的税后利润。只有在年初没有未弥补亏损的情况下,才能按照本年净利润计算法定公积金提取数。

3. 提取任意公积金。提取法定公积金后,任意盈余公积的提取比例由投资者决议。酒店章程对提取任意公积金有规定的,按酒店章程的规定提取任意公积金;对提取任意公积金没有规定的,按股东(大)会决议的比例提取任意公积金。

4. 向投资者分配利润。酒店应按照"同股同权、同股同利"的原则向投资者分配利润。酒店以前年度未分配的利润,可以并入本年度利润,在充分考虑现金流量状况后,一并向投资者进行分配。分配利润时,除应留有足够的累计盈余外,还应注意酒店盈余的稳定性、投资机会、举债能力等,尤其要注意酒店的现金流量状况,以免发放过多的现金股利,影响酒店的正常经营活动。

(三)确定利润分配政策时应考虑的因素

确定利润分配政策时应考虑相关因素的影响。

1. 法律因素。为保护股东和债权人的利益,相关法律、法规就酒店利润分配的有关情况做出规定,要求制定利润分配政策时,从不同角度确认收益分配策略。

(1)资本保全。资本保全要求酒店利润分配时不能使用酒店的资本,必须保证资本的保值和增值。这样做的目的在于防止酒店任意减少资本结构中股东权益的比例,用以保护债权人的利益。

(2)偿债能力。偿债能力是指酒店按时足额偿付各种到期债务的能力,是酒店确定利润分配政策时必须考虑的基本因素之一。利润分配时,如果采用现金支付的方式,必将减少现金流量,影响酒店的偿债能力。因此,确定利润分配数量时,必须保证在使用现金形式分配利润后,酒店仍有较强的偿债能力,以保证酒店资金的正常运转。

(3)资本积累。资本积累要求酒店必须按照一定的比例和基数提取公积金,以增强酒店抵御风险的能力,维护股东和债权人的合法权益。酒店当期的净利润按照规定提取公积金后和过去累积的留存收益共同形成酒店当期可供分配的利润。但分配利润不是每年必然进行的,当酒店出现年度亏损时,一般不进行利润分配。

2. 酒店因素。出于长期发展和短期经营的考虑,酒店决策人需要按照以下因素确定利润分配政策。

(1)现金流量。流动资金正常运转是酒店经营活动得以正常进行的必要条件。因此,保证酒店正常的经营活动对现金的需求是确定利润分配政策的最重要的限制因素。经营活动中,如不能保证资产的流动性,就会影响酒店的支付能力。由于会计规范的要求和会计核算方法的选择,从报表上可以看到,有些经营活动增加了酒店的收益,但并没有增加酒店可供支配的现金流量。因此,酒店进行利润分配时,必须充分考虑现金流量对酒店日常经营活动的影响,而不仅仅是酒店取得的净收益。

(2)投资需求。酒店的利润分配政策应考虑未来投资需求的影响。如果酒店有较多的投资机会,就适合采用低股利支付水平的分配政策,将较大比例的利润留存下来用于再投资。若酒店的投资机会较少,就更适合采用较高股利支付水平的分配政策。

(3)筹资能力。如果酒店具有较强的偿债能力和筹集资金的能力,它就敢于进行较大数额的利润分配;反之,酒店就会留存利润,将现金用于再投资。酒店的利润分配政策直接受筹资能力的限制。

(4)筹资成本。资金成本是酒店选择筹资方式的基本依据。留存收益的资本成本低于普通股的资本成本,且不发生筹资费用,因此是酒店内部筹资的一种重要方式。的确,留存收益与发行股票相比,具有明显的成本较低的优点。正由于此,酒店往往将净收益作为筹资渠道的首选方式,特别是在负债筹资数额较大、资本结构欠佳的时期。

(5)资产的流动性。酒店的支付能力在很大程度上受到资产变现能力的制约。保持资产的流动性是酒店经营活动正常运转必不可少的条件。如果支付过多的现金股利,就会减少酒店的现金持有量,降低酒店资产的流动性。当酒店的资产变现能力较强时,意味着酒店有较强的现金来源,此时利润分配的数额也比较大。

(6)赢利的稳定性。酒店的利润分配政策在很大程度上也受到酒店赢利稳定性的影响。一般而言,酒店的赢利状况越稳定,利润分配数额也会越大。

(7)利润分配政策的惯性。如没有特殊情况,酒店在确定利润分配方案时,一般不会随意改变其分配政策。其根本原因在于,利润分配政策的随意调整有可能会给酒店带来负面影响,导致股价下跌。因此,利润分配政策的连续性和稳定性对保证酒店声誉、股票价格、信用能力等方面都有直接的影响。

除以上所述外,利润分配政策还会受到上市公司所在行业等其他因素的影响。

3. 股东因素。股东在追求收入、控制权、纳税、投资风险及机会等方面也会对酒店利润分配政策产生影响。

(1)追求稳定的收入。依靠酒店分配利润维持生活的股东,反对酒店留存过多的利润,他们往往要求酒店支付稳定的利润,认为利润放在手中比较可靠。还有一些股东认为,留存利润使酒店的股票价格上升而获得的资本利得具有较大的不确定性,取得现实股利比较可靠,也要求多分配利润。

(2)要求控制权。利润分配政策会受到某些股东对控制权要求的影响。现有股东尤其是大股东为维持其控制地位,往往以股利政策为筹码,以保证酒店的控制权。当酒店筹集资金时,为避免增发新股,增加新股东,导致原股东所占份额降低,老股东就会倾向于较低的股利支付水平,以便从留存收益中取得所需资金。

(3)避税。利润分配政策也会受到税收因素的影响。总体看来,股利收入的税率要高于资本利得的税率。很多股东会出于税负因素的考虑而偏好于低股利支付水平。因为低股利政策会使他们获得更多避税的好处。按照我国税法的规定,股东从公司分得的股息和红利应按照20%的比例税率缴纳个人所得税。很显然,股票价格上涨获得的收益比分配股息或红利具有更大的吸引力。

(4)投资机会。股东的外部投资机会也是酒店制定利润分配政策时必须考虑的因素。如果酒店将留存收益用于再投资所获得的报酬低于股东个人单独将股利收入投资于其他投资机会所得的报酬,股东就会倾向于酒店不多留存收益,而多发股利给股东。

4. 债务契约与通货膨胀。债务契约与通货膨胀也会在一定程度上影响利润分配决策。

(1)债务契约。一般而言,股利支付水平越高,留存收益越少,公司的破产风险越大,就越有可能损害到债权人的利益。为保证自己的利益不受损害,债权人通常都会在借款合同或债务契约中加入有关股利政策的条款,以限制公司股利的发放。

(2)通货膨胀。通货膨胀会使货币购买力下降、固定资产重置资金来源不足。在这种情况下,酒店会考虑留用一定利润,以弥补由于货币购买力下降而造成的固定资产重置资金缺口。在通货膨胀时期,酒店一般会采取偏紧的利润分配政策。

(四)股利分配政策

股利分配政策是指在法律允许的范围内,关于酒店是否发放股利、发放多少股利及何时发放股利的方针及对策。股利政策正确与否不仅会影响股东的财富,而且会影响酒店在资本市场上的形象及酒店股票的价格和酒店的利益。因此,酒店应制定适当的股利政策,并保持其连续性,以便股东据此判断其发展趋势。按照股利一次分配数量分类,股利发放政策包括剩余股利政策、固定或稳定增长的股利政策、固定股利支付率政策和低正常股利加额外股利政策。

1. 剩余股利政策。剩余股利政策是指酒店经营所获得的净收益在保证最佳资本结构的前提条件下,将可供分配的净利润首先用于满足投资需求,如果还有剩余,则派发股利。这是一种投资优先的股利政策。当酒店有良好的投资机会时,为了降低资金成本,酒店通常会采用剩余股利政策。根据这一政策,酒店按以下步骤确定其股利分配额。

(1)根据酒店的投资预算确定酒店的投资数额;

(2)根据酒店的目标资本结构确定需要的权益资金数额;

(3)尽可能用税后利润满足所需要的权益资金数额;

(4)税后利润在满足投资需要后,才会将剩余部分发放股利。

【例 8-9】假设宏坊酒店 2020 年税后净利为 800 万元,2021 年的投资计划需要资金为 1 000 万元。目前,酒店的资本结构中,权益资金占 60%,债务资本为 40%。按照目标资本结构的要求,酒店投资方案所需的权益资本数额为:

$$1\,000\times60\%=600(\text{万元})$$

根据酒店当年筹集资金的要求,需要筹集 600 万元的权益资金,另外 400 万元通过债务资金满足投资的需要。酒店将当年净利润的 60%,即 600 万元作为留存收益,剩余部分 400 万元再举债筹集。税后利润 800 万元减去留存利润 600 万元后的剩余部分 200 万元用于分派股利。

2. 固定或稳定增长的股利政策。固定或稳定增长的股利政策指酒店每年派发的股利额固定在一个特定水平或在此基础上维持某一固定比例。只有当酒店确定未来赢利增长不会发生逆转时,才会宣布实施固定或稳定增长的股利政策。当经营单位的赢利状况处于稳定增长阶段时,一般会采用固定或稳定增长的股利政策。

固定或稳定增长的股利政策的优点是:①向投资者传递信息。固定或稳定增长的股利政策向投资者传递了一个明显的信息,即经营状况稳定,经营风险小,管理层对未来充满信心。这一信号有利于酒店在资本市场上树立良好形象、增强投资者的投资信心,稳定股票价格。②有利于吸引股东作为长期投资人。当股东认为长期投资于某上市公司可以获得高额利润时,就会投入资金,将其作为稳定的收入来源。

固定或稳定增长的股利政策的缺点是:①实行固定或稳定增长的股利政策,股利只能增加不能减少,使得股利支付与赢利状况相脱离,可能会给股利派发方造成一定压力。②当经营状况不好时,派发的股利金额如大于当年实现的净利润,将会导致酒店留存收益降低,给酒店的财务运作带来压力,甚至“侵蚀”酒店现有资本,影响酒店后续发展。

采用固定或稳定增长型股利政策时,要求酒店对未来的盈利能力和支付能力有比较准确的判断。这项股利政策一般适用于经营比较稳定的酒店,但不适宜长期使用。

3. 固定股利支付率政策。固定股利支付率政策指酒店将每年净收益的固定百分比作为股利分派给股东。股利支付率一经确定,不得随意变动。固定股利支付率越高,酒店留存收益越少。固定股利支付率政策适用于稳定发展、经营活动处于成熟阶段的酒店。

4. 低正常股利加额外股利政策。低正常股利加额外股利政策是指酒店事先规定一个较低的正常股利额,当赢利状况较好、资金充足时,酒店还会向股东发放高于每年正常股利的额外利润。

低正常股利加额外股利政策的优点是:①具有一定的灵活性。酒店使用这种股利分配政策,在股利分派上具有较大的弹性,更有利于实现酒店的财务目标。②有利于股票价格的稳定。具体操作上,酒店每年可以根据具体的盈利状况,选择不同的股利发放标准,将经济繁荣带来的利润分给股东,使他们增强对酒店的信心。这将有利于股票价格的稳定,也有利于稳定酒店的资本结构。

低正常股利加额外股利政策的缺点是:①容易传递酒店盈利不稳定的信息。由于每年的赢利状况不同,额外股利随时变化,容易给投资者带来酒店经营状况不稳定的不利信息,从而导致股价变动。②当酒店在一段时期内发放额外股利后,投资者很容易将这部分额外股利作为正常股利。一旦这部分额外股利没有支付,投资人就会得出酒店财务状况恶化的结论,最直接的后果是抛售股票,导致股价下跌。

以上介绍的股利分配形式中,普遍采用的方法是固定或稳定增长的股利政策和低正常股利加额外股利政策。

酒店在不同成长与发展阶段所采用的股利政策不同,见表 8-3。

表 8-3 酒店在不同阶段采用的股利政策

发展阶段	特 点	适用的股利政策
初创阶段	经营风险高,有投资需求且融资能力差	剩余股利政策
快速发展阶段	快速发展,投资需求大	低正常股利加额外股利政策
稳定增长阶段	业务稳步增长,投资需求减少,现金净流量增加,每股净收益呈上升趋势	固定或稳定增长型股利政策
成熟阶段	赢利水平稳定,通常已积累了一定的留存收益和资金	固定支付率股利政策
衰退阶段	业务锐减,获利能力和现金获得能力下降	剩余股利政策

(五)股利支付形式

按照股利发放的形式,目前酒店可以采取现金股利、股票股利、财产股利、负债股利等几种股利发放形式发放股利，但一般经常使用现金股利和股票股利两种形式。

1. 现金股利。股利支付最常见的方式是现金股利。现金股利是以现金支付的股利。采用这种形式发放股利时，酒店应有足够的、未说明用途的留存收益和充足的现金。现金是否充足是酒店发放股利的主要条件。一般来说，现金股利的发放会对股票价格产生直接的影响，往往在除息日之后，股票的价格会下跌。

2. 股票股利。股票股利是酒店以增发股票的形式所支付的股利。发放股票股利不会改变酒店股东的股东权益总额，但会改变股东权益的结构。对酒店来说，发放股票股利并没有现金流出酒店，但是会增加市场上流通的股票数量，导致股票价格下跌。一般情况下，如果不考虑股票市价的波动，发放股票股利后的股票价格按发放股票股利的比例而成比例下降。如：宏坊酒店发放股利前的股价为每股 21 元，如果该酒店决定按照每 10 股配送 4 股的比例发放股票股利，则该酒店的股票在除权日之后的市场价格降为 15 元（10×21/14）。因此，分配股票股利，一方面扩张了股本，同时又起到股票分割的作用。成长中的酒店应使用分配股票股利的方式进行股票分割，以使股价保持在一个合理的水平上，避免因股价过高而造成投资者减少。

3. 财产股利。财产股利指以现金以外的资产分派股利。主要以实物股利、证券股利，如债券、股票等形式作为股利发放给股东。

4. 负债股利。负债股利是以负债方式支付的股利。通常以酒店的应付票据支付给股东，或以发行债券的方式支付股利。

（六）股利发放

酒店选择股利政策、确定股利支付水平和支付方式后，应当进行股利的发放。分配股利必须遵循法定的程序，一般先由董事会提出分配预案，提交股东（大）会决议通过。股东（大）会通过分配预案后，向股东宣布发放股利的方案。股利的支付需要按照以下日程进行：

1. 股利宣布日。股利宣布日是股东大会决议通过并由董事会宣布发放股利的日期。宣布股利分配方案时，应同时公布股权登记日、除息日和股利发放日。我国的股份公司一般 1 年发放一次或两次股利。

2. 股权登记日。股权登记日是有权领取本期股利的股东资格登记截止的日期。凡在股权登记日这一天登记在册的股东才有资格领取本期股利，而在这一天之后登记在册的股东，即使是在股利发放日之前买到的股票，也无权领取本次分配的股利。

3. 除息日。除息日是指除去股利的日期，即领取股利的权利与股票分开的日期。这一天购入股票的投资者不能享有已宣布发放的股利。此外，由于失去“附息”的权利，除息日的股价会下跌，下跌的幅度等于分派的股息。

4. 股利发放日。股利发放日也称付息日，是将股利正式发放给股东的日期。

【重要概念】

营业利润　　营业收入计划　　现金股利　　股票股利　　股利政策　　股利宣布日　　股权登记日

计算与分析

1. 万佳酒店2021年上半年各月客房实际营业收入情况见表8-4。

表8-4 上半年客户营业收入

月份	1	2	3	4	5	6
实际营业额(万元)	3 000	3 200	3 250	3 400	4 000	4 200

假定万佳酒店6月份的营业额原预计数为4 500万元。要求:①根据后三个月的实际资料,按算术平均法和移动加权平均法预测7月份的销售额。②根据6月份的实际资料,按指数平滑法预测7月份的销售额(平滑系数$\alpha=0.4$)。③根据1~6月的实际资料,按因果预测法预测7月份的销售额。

2. 万佳酒店商品部销售旅游纪念品,该纪念品的进价单价为8元,每批纪念品的固定采购费用为1 800元,销售单价为20元,平均每月销售2 000件。要求计算:①销售该种旅游纪念品每月的利润额;②该种旅游纪念品盈亏临界点的销售量和销售额。

3. 万佳酒店商品部销售一种旅游商品,该旅游商品的进价单价为8元,变动成本总额为96 000元,本月共获净利24 000元。若该公司计划下年度销售单价不变,变动成本率仍为40%。要求:①预测下年度的保本销售量;②若下年度将销售量提高20%,可获多少利润?

4. 万佳酒店本年度客房部有关数据见表8-5。

表8-5 本年度客房数据

营业收入	20 000 000
减:营业成本(其中固定费用13 000 000)	23 000 000
净损失	(3 000 000)

若该酒店经理认为计划期间如固定费用增加6 000 000元,销售量可以大幅度增加,该计划已获批准。要求:①预测计划期间该公司的保本销售金额。②若该公司希望计划期间获得目标利润1 000 000元,则销售金额应为多少?

第九章

酒店财务预算

【学习目标】

通过本章学习,学生应了解酒店财务预算的含义和种类;掌握财务预算的内容和编制方法,理解特殊预算的内容和编制方法。

【情景思考】

为了做出对未来的预计,各经营单位都需要编制预算。经营活动开始前,你是否也编制预算呢? 预算就是算钱吗?

【本章重点】

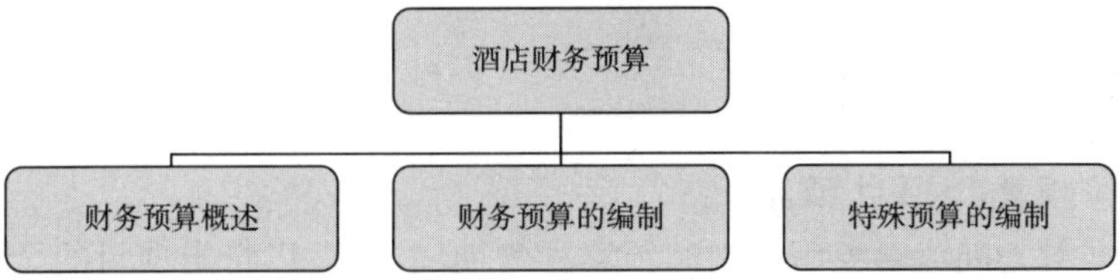

第一节 财务预算概述

一、酒店财务预算的含义

酒店预算是指在未来某一特定阶段内,为完成全部经济活动制订的各项经营目标相应的预期数值说明,其实质是一套以货币及其他数量形式反映的预计财务报表和其他附表。酒店财务预算是以货币形式表示的经营计划,是酒店经营计划以及预期经济活动的一种数量表现,是以货币或者现金流量的形式对酒店未来某一特定时期经营活动所做的系统而详细的表述,是为了完成特定目标对所拥有的资源进行合理安排,对各项经济活动进行有效控制的工具。它是酒店在计划期内组织、协调各部门的经营活动、指导酒店财务工作、控制财务收支的总纲领,是酒店财务管理工作的重要一环。

酒店预算通常由营业收入预算、成本费用预算、利润预算、现金预算等构成。预算的编制一般是以公历年一年为一期,这样便于预算期间与会计年度一致,以利于预算执行结果的分析、评价和考核。

二、酒店财务预算的作用

（一）明确奋斗目标

预算是目标的具体化，它不仅能够帮助员工更好地明确酒店的奋斗目标，而且能够使其清楚地了解自己部门的任务。编制预算的目的是为了贯彻目标管理的原则，指导和控制酒店的经营活动。总之，预算能够使管理人员未雨绸缪，并养成在具体行动之前，凡事预先计划的良好习惯。

（二）在各部门之间的协调作用

财务预算不但把整个酒店各方面的工作严密地组织起来，而且把酒店内部有关协作单位的配合关系也纳入统一的计划之中，使酒店内部上下级及各部门协调一致，环环相扣，达到平衡。这样也就更好地发挥预算的控制作用。例如，按照酒店的经营方针，经营预算的编制应当以营业收入预算为前提；而现金收支预算必须以酒店经营过程中的现金流量为依据。

（三）控制作用

预算工作不能只限于编制，还应该包括预算的执行及考核。在经营活动过程中，将实际数据与预算数据加以比较揭示出来的差异，一方面可以考核各部门或有关人员的工作成绩，作为各部门工作考核的依据；另一方面也可用来检查预算编制的质量。如有些实际脱离预算的差异，并不表示实际工作的优劣，而是预算本身出现的问题，使预算脱离了实际。掌握这些情况，有利于改进下期预算的编制工作。

三、酒店财务预算的分类

（一）期间预算和项目预算

以一定的预算期间为对象而编制的预算称为期间预算；以特定项目的全过程为对象编制的预算被称为项目预算。各经营单位一般都会编制期间预算。

（二）资本预算和经营预算

为购置长期资产而编制的预算是资本预算。资本预算的预算期较长，因此要随着时间的推移不断进行调整。经营预算又分为业务预算和财务预算，前者反映业务决策的结果，包括利润表上所列的各项内容，后者反映财务决策的结果，包括现金预算及资产负债表和利润表。经营预算的期限通常为一年，为了便于日常控制，一般还要将其划分为更短的期间。

（三）短期预算和长期预算

一般而言，预算期在一年以内的预算称为短期预算，如业务预算常表现为短期预算；预算期在一年以上的预算称为长期预算，如资本预算通常表现为长期预算。

（四）部门预算和总预算

部门预算是酒店内部各部门为完成部门任务而编制的预算。总预算是酒店各部门编制的经综合平衡而汇总的预算。

四、预算的编制程序

每年第四季度，由酒店总经理下达编制下一年度部门预算的通知书。而后各部门着手进行市场调研，搜集资料，进行预测分析，在通知书规定的期限内，按要求完成部门预算草案的编制，并上交财务部门进行汇总及平衡。具体来说，酒店财务预算的编制一般遵循以下程序。

（一）下达目标

在总经理提出编制下年预算的方针和要求下，财务部按照要求进行项目解析并上报预算指标建议值，由酒店负责预算的机构（如预算委员会）进行审议。为使预算编制得更准确，应尽可能使用金额和数量指明酒店及所属各部门在一个会计期间内开展经营活动的目标。

（二）编制并上报预算

酒店所属各部门确定经营目标后，应发动员工，广泛征求意见，编制自身的预算报告草案。由财务部门汇总预算指标，并上报预算委员会加以讨论。

（三）审查平衡

各部门编制的草案从自身完成预算的角度考虑，有时会留有余地，由此可能带来一些资源的浪费。而预算委员会则会站在较高的立场上，从全局出发，审查草案，对各部门的预算予以适当调整，使预算发挥更大的作用。

（四）审议批准

在预算委员会审查平衡后，由总经理批准确定，下达到各部门征求意见。在收回反馈意见的基础上，预算委员会对原预算进行修改和调整，形成最终预算。

（五）下达执行

按照以上步骤，如此反复"几上几下"，使得预算编制更合理、更实际。将最终形成的预算下达到各部门，以便按预算指标实施。

第二节 财务预算的编制

酒店编制预算的期间因预算种类不同而有所区别。编制日常业务预算和财务预算通常以一年为限。这样，可使预算年度与会计年度相一致，便于分析、评价和考核预算执行的结果。日常工作中，还可以将年度预算分解成季度预算和月度预算。

一、营业收入预算的编制

营业收入预算是整个预算的编制起点，其他预算都以营业收入预算为基础。

营业收入预算必须以营业收入预测为基础。营业收入预测是指根据以往的营业收入数据及使用系统内部内置或用户自定义的营业收入预测模型获得的对未来营业收入情况的预测。营业收入预测可以直接生成同类型的营业收入计划，并据此编制营业收入预算，其主要内容为主营业务收入预算。

营业收入预算根据年度目标利润所规定的业务量和劳务单价编制。酒店营业收入是指创收部门的营业收入，主要由前厅收入、客房收入、餐饮收入、商品收入、康乐收入等构成，所以其预算一般主要有前厅收入预算、客房收入预算、餐饮收入预算、商品收入预算、康乐收入预算和其他收入预算（洗衣、出租汽车）等。

（一）客房营业收入预算的编制

客房营业收入是指酒店客房的租金收入。一般按以下方法进行。

1. 根据历年有关客房经营的统计、会计资料,分析市场供求关系的变化,结合本饭店的实际情况,预测确定预算期内的客房平均出租率或出租房间天数。

2. 计算预算期内客房的总接待能力,计算公式为:

$$可供出租客房总天数=客房数\times 预算期天数$$

3. 根据本酒店的客房结构和价格趋势,预测预算期的平均房价,这样就可以测得预算年度客房营业收入。

$$年客房营业收入=可供出租客房总天数\times 预计客房平均出租率\times 预计平均房价$$

此外,可以根据若干时期每月客房营业收入或出租间天数,计算出各月季节指数,即:

$$某月季节指数=\frac{某月客房营业收入}{全年客房营业收入}\times 100\%$$

或

$$某月季节指数=\frac{某月客房出租间天数}{全年客房出租间天数}\times 100\%$$

客房营业收入由客房数量、出租率和平均房价三个因素决定。当客房数量一定、平均房价不变的情况下,客房出租率越高,客房收入也越高;当房价发生变动时,客房收入也会发生变动。但整体来说,出租率是影响酒店营业收入的重要因素。客房营业收入可按下列公式计算:

$$\begin{matrix}客房营\\业收入\end{matrix}=\sum\left(\begin{matrix}某种类型客\\房平均单价\end{matrix}\times\begin{matrix}某种类型客房\\可供出租的套数\end{matrix}\times\begin{matrix}预算期内某种类型\\客房平均出租率\end{matrix}\times\begin{matrix}预算期\\内天数\end{matrix}\right)$$

【例 9-1】宏坊酒店客房 2020 年末有关数据见表 9-1。预计 2021 年四个季度客房出租情况如表 9-2 所示。假设客房收入当季收款 90%,余款 10%在下季收回。若上年第四季度应收账款为 40 万元。编制客房收入预算(假设收入为含税收入,以下类推),见表 9-3。

表 9-1　宏坊酒店资产负债表(2020 年度)　　金额单位:元

资产	金额	负债及所有者权益	金额
流动资产		流动负债	
货币资金	5 000 000	短期借款	10 000 000
交易性金融资产		应付账款	800 000
应收账款	400 000	应付职工薪酬	3 000 000
其他应收款	1 600 000	其他应付款	4 200 000
存货	45 000 000	应交税费	3 000 000
流动资产合计	52 000 000	流动负债合计	21 000 000
非流动资产		长期借款	
长期投资		长期负债	15 000 000
固定资产净值	38 000 000	负债合计	36 000 000
无形资产	0	股东权益	42 000 000
		股本	
长期待摊费用	0	留存收益	12 000 000
非流动资产合计	38 000 000	所有者权益合计	54 000 000
资产总额	90 000 000	负债及所有者权益总额	90 000 000

表 9-2　预计客房出租天数

项　目		套数	平均开房率	平均房价(元)	出租天数				
					1 季度	2 季度	3 季度	4 季度	全年
住宿楼	豪华套房	2	50%	680	25	40	40	15	120
	单人套房	10	50%	500	30	70	80	20	200
	普通套房	10	50%	400	50	80	80	30	240
	标准套房	50	60%	360	60	90	90	60	300
	小计	72	—	—	—	—	—	—	—

表 9-3　酒店客房部营业收入预算(2021 年度)　　金额单位:元

季度 / 项目收入		1	2	3	4	全年
豪华套房	出租天数	25	40	40	15	120
	单价	680	680	680	680	680
	套数	2	2	2	2	2
	平均开房率	50%	50%	50%	50%	50%
预计收入		17 000	27 200	27 200	10 200	81 600
单人套房	出租天数	30	70	80	20	200
	单价	500	500	500	500	500
	套数	10	10	10	10	10
	平均开房率	50%	50%	50%	50%	50%
预计收入		75 000	175 000	200 000	50 000	500 000
普通套房	出租天数	50	80	80	30	240
	单价	400	400	400	400	400
	套数	10	10	10	10	10
	平均开房率	50%	50%	50%	50%	50%
预计收入		100 000	160 000	160 000	60 000	480 000
标准套房	出租天数	60	90	90	60	300
	单价	360	360	360	360	360
	套数	50	50	50	50	50
	平均开房率	60%	60%	60%	60%	60%
预计收入		648 000	972 000	972 000	648 000	3 240 000
预计收入总计		840 000	1 334 200	1 359 200	768 200	4 301 600
应收账款余额	期初余额	400 000				400 000
	本期应收款					
	一季度	756 000	84 000			840 000
	二季度		1 200 780	133 420		1 334 200
	三季度			1 223 280	135 920	1 359 200
	四季度				691 380	691 380
	本期应收款合计	1 156 000	1 284 780	1 356 700	827 300	4 624 780

表 9-3 中有关指标计算如下：

豪华套房的平均房价 680 元，共 2 套，该客房平均出租率为 50%，如果一季度出租天数为 25 天，豪华套房的营业收入为：

$$客房营业收入=680\times2\times50\%\times25=17\ 000\ (元)$$

其他数据类推。

由于酒店有应收款项，所以预算期应将其计算在内。表 9-3 中下半部分为应收账款预计实际收到数额。

（二）餐饮营业收入预算的编制

餐饮营业收入预算要结合客房出租量、客人数量及消费水平、三餐各餐厅上座率、预算期天数等编制。

【例 9-2】宏坊酒店餐饮部预计 2020 年四个季度餐厅营业情况见表 9-4。要求：编制餐饮部 2021 年营业收入预算。

表 9-4　2020 年餐厅使用情况

餐厅	餐位数	平均消费水平/元	餐位上座率	每季度使用天数				
				1 季度	2 季度	3 季度	4 季度	全年
中餐厅	180	60	90%	55	90	90	45	280
大堂酒吧	50	20	10%	70	90	90	50	300
中餐包厢	40	100	40%	70	90	90	50	300
西餐厅	40	80	20%	70	90	90	50	300
宴会厅	200	75	20%	25	40	40	15	120
合计	510	—	—	—	—	—	—	—

【解】根据餐厅使用情况编制餐厅收入预算。步骤如下：

（1）预测平均消费水平。酒店各餐厅和餐次人数的人均消费水平不同，因此预测人均消费水平时，应根据历史资料和价格指数变动情况，按餐厅分餐次分别预测各餐厅的人均消费水平，而后预测收入。

（2）计算餐位平均上座率。酒店依据前几年餐饮部销售实绩和各月的销售水平来计算平均上座率。各餐厅的上座率不尽相同。

（3）预测预算期内的就餐人次。根据以往的历史资料和餐厅接待能力、市场发展趋势、酒店准备采取的营销措施等因素，分餐厅、按餐次分别预测各餐厅的就餐人数。

（4）计算餐厅就餐人次。计算餐厅就餐人次是为了反映餐饮部接待能力，它要依据不同餐厅的座位数和上座率来确定，计算公式为：

$$餐厅就餐人次=餐厅座位数\times上座率\times预算期营业天数$$

以中餐厅为例，一季度就餐人次 $=180\times90\%\times55=8\ 910$（人次）。

其他类推。

（5）计算餐饮部主营业务收入。餐饮部营业收入计算公式为：

$$\begin{matrix}餐饮部\\营业收入\end{matrix}=\sum\left(\begin{matrix}某餐厅人\\均消费额\end{matrix}\times\begin{matrix}某餐厅的\\餐位数\end{matrix}\times\begin{matrix}某餐厅餐\\位上座率\end{matrix}\times\begin{matrix}预算期\\营业天数\end{matrix}\right)$$

以中餐厅为例，一季度营业收入＝60×180×90%×55＝534 600（元）

其余餐厅类推。综合计算得出一年的预计收入：

餐饮部营业收入＝2 721 600+30 000+480 000+192 000+360 000＝3 783 600（元）

最终编制营业收入预算如表9-5所示。

表9-5　宏坊酒店餐饮部营业收入预算（2021年度）　　金额单位：元

项目收入 \ 季度		1	2	3	4	全年
中餐厅	平均消费水平 天数 餐位数 上座率	60 55 180 90%	60 90 180 90%	60 90 180 90%	60 45 180 90%	60 280 180 90%
	预计收入	534 600	874 800	874 800	437 400	2 721 600
大堂酒吧	平均消费水平 天数 餐位数 上座率	20 70 50 10%	20 90 50 10%	20 90 50 10%	20 50 50 10%	20 300 50 10%
	预计收入	7 000	9 000	9 000	5 000	30 000
中餐包厢	平均消费水平 天数 餐位数 上座率	100 70 40 40%	100 90 40 40%	100 90 40 40%	100 50 40 40%	100 300 40 40%
	预计收入	112 000	144 000	144 000	80 000	480 000
西餐厅	平均消费水平 天数 餐位数 上座率	80 70 40 20%	80 90 40 20%	80 90 40 20%	80 50 40 20%	80 300 40 20%
	预计收入	44 800	57 600	57 600	32 000	192 000
宴会厅	平均消费水平 天数 餐位数 上座率	75 25 200 20%	75 40 200 20%	75 40 200 20%	75 15 200 20%	75 120 200 20%
	预计收入	75 000	120 000	120 000	45 000	360 000
收入总计		773 400	1 205 400	1 205 400	599 400	3 783 600

（三）商品部营业收入预算的编制

商品销售收入预算通常也按照年度编制，而后季度分月计算。其格式参见表9-3。由于不存在应收款项，此处只计算实收数即可。以一个月份数字为例。商品部营业收入的计算较为简单，计算公式如下：

$$\text{商品部营业收入预算} = \sum(\text{某类商品预计销售单价} \times \text{商品预计销售数量})$$

【例 9-3】宏坊酒店商品部 2021 年 5 月份销售收入预算表,见表 9-6。

表 9-6　商品部营业收入预算(2021 年 5 月)　　金额单位:元

营业柜组	商品平均单价	销售量(件)	金额
工艺品(代销)	200 元/件	480	96 000
丝绸(代销)	400 元/件	120	48 000
食品烟酒	300 元/条	410	123 000
合　计	—	—	267 000

(四)康乐中心营业收入预算的编制

康乐中心收入预算通常也按照年度编制,而后季度分月计算。其格式见表 9-3。由于不存在应收款项,此处只计算实收数即可。仍以一个月份数字为例。

【例 9-4】宏坊酒店康乐部 2021 年 5 月份营业收入预算表,见表 9-7。

表 9-7　康乐中心营业收入预算(2021 年 5 月)　　金额单位:元

项目	单位	单价/元	数量	每天/小时	出租率	天数	金　额
帕克影院	人次	20	50	—	10%	27	2 700
乒乓球馆	小时	10	2	13	40%	27	2 808
射击馆	组	10	10	2	—	27	5 400
壁球馆	小时	30	2	13	10%	27	2 106
保龄球馆	局	30	140	—	70%	27	79 380
游泳馆	人次	45	30	—	—	21	28 350
桑拿按摩	人次	98	30	2	—	21	123 480
网球场	小时	60	—	13	40%	27	8 424
饮品收入	人次	20	200	—	40%	27	43 200
合　计	—	—	—	—	—	—	295 848

(五)其他业务收入预算编制

酒店其他业务收入包括出租汽车收入、洗衣收入、商务收入等。

目前,我国酒店出租汽车大多采用包车制方式,规定了每种车型单月包价,计算公式为:

$$出租汽车营业收入预算 = \sum(某车型单月包价\times该车型车辆数\times12\text{ 个月})$$

其他业务如洗衣收入、商务收入等,可根据住店客人的比例计算,也可以按历史水平递增或递减的方法计算。

二、酒店成本及费用预算

(一)客房部营业成本预算

按照成本习性划分,客房营业成本可以分为固定成本和变动成本两大类。固定成本的增减与客房的入住率无直接关系,在一定时期内保持不变。变动成本是随着客房使用频率的提高而增加的成本。客房入住率越高,费用总额就越大,消耗性用品使用得就越多,日常维修费用、针织品消耗、物料用品消耗、洗涤费、水电费等开支会急剧增加。对于这些费用的预算可以采用如下方法进行(以物料用品消耗为例):

$$\text{物料用品成本预算} = \sum\left(\text{客房数量} \times \text{出租率} \times \text{某类消耗品每间客房配备量} \times \text{某类消耗品平均单价} \times \text{预算期天数}\right)$$

【例 9-5】宏坊酒店预计 2020 年四个季度客房出租情况见表 9-2。编制客房部 2021 年成本预算,见表 9-8。

表 9-8　宏坊酒店客房部营业成本预算(2021 年度)　　金额单位:元

项目 \ 成本 \ 季度		1	2	3	4	全年
变动成本						
豪华客房	客房数量(套)	2	2	2	2	2
	出租天数	25	40	40	15	120
	平均开房率	50%	50%	50%	50%	50%
	消耗品平均配备量	10	10	10	10	10
	消耗品平均单价	75.30	75.30	75.30	75.30	75.30
预计成本		18 825	30 120	30 120	11 295	90 360
单人套房	客房数量(套)	10	10	10	10	10
	出租天数	30	70	80	20	200
	平均开房率	50%	50%	50%	50%	50%
	消耗品平均配备量	8	8	8	8	8
	消耗品平均单价	30.75	30.75	30.75	30.75	30.75
预计成本		36 900	86 100	98 400	24 600	246 000
普通套房	客房数量(套)	10	10	10	10	10
	出租天数	50	80	80	30	240
	平均开房率	50%	50%	50%	50%	50%
	消耗品平均配备量	6	6	6	6	6
	消耗品平均单价	25.20	25.20	25.20	25.20	25.20
预计成本		37 800	60 480	60 480	22 680	181 440
标准套房	客房数量(套)	50	50	50	50	50
	出租天数	60	90	90	60	300
	平均开房率	60%	60%	60%	60%	60%
	消耗品平均配备量	10	10	10	10	10
	消耗品平均单价	12	12	12	12	12
预计成本		216 000	324 000	324 000	216 000	1 080 000
预计变动成本总计		309 525	500 700	513 000	274 575	1 597 800
固定成本						
职工薪酬		100 000	100 000	100 000	100 000	400 000
折旧费		20 000	20 000	20 000	20 000	80 000
其他		5 000	5 000	5 000	5 000	20 000
预计固定成本合计		125 000	125 000	125 000	125 000	500 000
预计营业成本合计		434 525	625 700	638 000	399 575	2 097 800

（二）餐饮成本预算

餐饮成本预算是在编制餐饮营业收入预算基础上进行的。餐饮成本预算的编制有两种方法，第一种是根据营业收入和历史资料、酒店等级、市场供求关系等确定餐饮部的毛利率，据以计算餐饮成本。其计算公式为：

$$预算期餐饮成本 = \sum[某餐厅预算餐饮营业收入 \times (1 - 某餐厅餐饮毛利率)]$$

【例 9-6】宏坊酒店餐饮部预计 2021 年四个季度餐厅营业收入情况见表 9-5。根据表 9-5 编制餐饮部营业成本预算，见表 9-9。

表 9-9　宏坊酒店餐饮部营业成本预算（2021 年度）　　金额单位：元

餐厅类型	毛利率（%）	预计年营业成本				餐饮预算总成本
		1 季度	2 季度	3 季度	4 季度	
中餐厅	55	240 570	393 660	393 660	196 830	1 224 720
大堂酒吧	52	3 360	4 320	4 320	2 400	14 400
中餐包厢	54	51 520	66 240	66 240	36 800	220 800
西餐厅	50	22 400	28 800	288 00	16 000	96 000
宴会厅	56	33 000	52 800	52 800	19 800	158 400
合计	—	350 850	545 820	545 820	271 830	1 714 320

第二种方法是根据标准成本法计算，对购进的食品原材料进行加工测试，计算得出加工后实际净料成本后，编制成本计算表来确定每种食品主料、配料和调料的标准成本，再追加一定的附加成本，最后确定餐饮制品的标准成本。计算公式为：

$$预算期餐饮成本 = \sum(某餐厅预算餐饮营业收入 \times 标准成本率)$$

（三）康乐部营业成本预算

康乐部营业成本的计算一般是在营业收入的基础上，按照每一项目的标准成本率计算即可。

【例 9-7】宏坊酒店康乐部 2021 年 5 月份营业收入预算见表 9-7。假设康乐部每一项目的标准成本率均为 50%，编制康乐部 2021 年 5 月份的预计营业成本。见表 9-10。

表 9-10　康乐中心营业成本预算（2021 年 5 月）　　金额单位：元

项 目	预计营业收入	标准成本率	预计营业成本
帕克影院	2 700	50%	1 350
乒乓球馆	2 808	50%	1 404
射击馆	5 400	50%	2 700
壁球馆	2 106	50%	1 053
保龄球馆	79 380	50%	39 690
游泳馆	28 350	50%	14 175
桑拿按摩	123 480	50%	61 740

续表

项 目	预计营业收入	标准成本率	预计营业成本
网球场	8 424	50%	4 212
饮品收入	43 200	50%	21 600
合计	295 848	50%	147 924

(四)酒店商品部商品销售成本预算

商品部商品销售成本是指已售商品的进价成本。商品销售成本预算通常也按照年度编制,而后分季度分月计算。此处只按照预计销售数量计算即可。

商品部营业成本的计算较为简单,计算公式如下:

$$商品成本预算金额 = \sum [预算期某类商品销售额 \times (1 - 该类商品进销差价率)]$$

$$商品进销差价率 = \frac{期初库存商品进销差价 + 本期购入商品进销差价}{期初库存商品售价 + 本期购入商品售价} \times 100\%$$

商品销售成本预算以一个月份数字为例。营业收入情况见表 9-5。

【例 9-8】宏坊酒店商品部 2021 年 5 月份销售收入预算见表 9-6。按照预计营业收入和上期进销差价率(已给定),编制宏坊酒店商品部 2021 年 5 月份的营业成本预算,见表 9-11。

表 9-11 商品部营业成本预算(2021 年 5 月) 金额单位:元

营业柜组	预计营业收入	预计进销差价率(%)	预计营业成本
工艺品(代销)	96 000	45.6	52 224
丝绸(代销)	48 000	44	26 880
食品烟酒	123 000	46	66 420
合计	267 000	—	145 524

(五)管理费用和财务费用预算

管理费用和财务费用属于期间费用。管理费用指酒店为组织和管理经营活动而发生的费用以及由酒店统一负担的费用。财务费用指酒店为筹集经营所需资金等而发生的费用。期间费用不直接计入经营成本,只区分变动费用和固定费用两部分。一般情况下,固定费用平均分配计入各季度,变动费用以员工工资比例、工作时间等标准计算分配。为简化计算,本例假定变动费用也平均分配计入各季度。

【例 9-9】宏坊酒店 2021 年费用支出预计数据见表 9-12。编制 2021 年度管理费用预算如表 9-13 所示。

表 9-12 酒店管理费用预计支出项目 金额单位:元

项目	金额	部门					
		总经理办公室	销售部	人事部	财务部	工程部	安保部
一、固定费用							

续表

项目	金额	部门					
		总经理办公室	销售部	人事部	财务部	工程部	安保部
1. 职工薪酬	600 000	150 000	200 000	50 000	80 000	80 000	40 000
2. 工作餐	150 000	50 000	50 000	20 000		30 000	
3. 服装费	70 000	50 000					20 000
4. 折旧费	120 000	20 000	20 000	20 000	20 000	20 000	20 000
5. 税金	622 700				622 700		
小计	1 562 700	270 000	270 000	90 000	722 700	130 000	80 000
二、变动费用							
1. 水费	21 000	8 000	2 000	5 000	3 000	2 000	1 000
2. 电费	12 000	4 000	3 000	2 000	1 000	1 000	1 000
3. 办公费	8 000	1 000	1 000	1 000	5 000		
4. 通讯费	5 000	5 000					
5. 差旅费	80 000	50 000	30 000				
6. 业务招待费	130 000	100 000	30 000				
7. 培训费	15 000	15 000					
8. 董事会会费	5 000	5 000					
9. 其他费用	5 000	5 000					
小计	281 000	193 000	66 000	8 000	9 000	3 000	2 000
合计	1 843 700	463 000	336 000	98 000	731 700	133 000	82 000

表 9-13　宏坊酒店管理费用预算(2020 年度)　　金额单位:元

项　目	成　本				
	1 季度	2 季度	3 季度	4 季度	全年
一、变动费用					
1. 水费	5 250	5 250	5 250	5 250	21 000
2. 电费	3 000	3 000	3 000	3 000	12 000
3. 办公费	2 000	2 000	2 000	2 000	8 000
4. 通讯费	1 250	1 250	1 250	1 250	5 000
5. 培训费	3 750	3 750	3 750	3 750	15 000
6. 差旅费	20 000	20 000	20 000	20 000	80 000

续表

项　目	成　本				
	1 季度	2 季度	3 季度	4 季度	全年
7. 业务招待费	32 500	32 500	32 500	32 500	130 000
8. 董事会会费	1 250	1 250	1 250	1 250	5 000
9. 其他费用	1 250	1 250	1 250	1 250	5 000
变动费用合计	70 250	70 250	70 250	70 250	281 000
二、固定费用					
1. 职工薪酬	150 000	150 000	150 000	150 000	600 000
2. 工作餐	37 500	37 500	37 500	37 500	150 000
3. 服装费	17 500	17 500	17 500	17 500	70 000
4. 折旧费	30 000	30 000	30 000	30 000	120 000
5. 税金	155 675	155 675	155 675	155 675	622 700
固定费用合计	390 675	390 675	390 675	390 675	1 562 700
费用合计	460 925	460 925	460 925	460 925	1 843 700

假定以上费用各部门平均分摊费用，则前厅部、客房部、餐饮部、商品部和康乐部各负担20%，即 368 740 元（1 843 700×20%），再将该数据分为四个季度，各季度负担 92 185 元（368 740/4）。有关数据在现金预算中得以反映。

将以上各部门的成本费用预算及管理费用和财务费用预算加以汇总，即为酒店成本费用预算。

三、现金预算

现金预算是根据其他各种预算资料编制的，反映酒店在预算期间现金收支详细情况的预算。现金预算通常包括现金收入、现金支出、现金多余或不足和现金融通四部分。

（一）现金收入

现金收入由计划期初现金余额及预计可能发生的现金收入组成。如现销收入、收回应收款项、应收票据到期兑现和票据贴现等方面收入的现金。

（二）现金支出

现金支出指预算期内预计发生的现金支出。根据各项营业支出预算、酒店可以估计为营业需要而购置固定资产、食品原料及饮料、燃料、物料用品、周转材料、一般性消耗和商品等的支出预计数编制。除此之外，还包括需支付的员工薪酬和福利、营业费用和管理费用、上交的税金及附加等。

（三）现金多余或不足（现金余绌）

将酒店计划期内的现金收支进行对比，以检查酒店的资金运用状况。若收入大于支出，则现金多余，除可用于偿还银行借款本息，还可购买用于短期投资的有价证券等；收入小于支出,则现金不足,需设法筹资。

有了现金预算的收入量和支出量,就可以分别计算出每月的净现金流入量和净现金流出量,再加上期初余额,即可算出多余或不足的现金。

(四)资金融通(筹措及运用)

资金融通反映预算期内因资金不足而向银行借款或发放短期商业票据以筹集资金,以及还本付息的情况。

如果现金余额出现赤字,说明现金不足,则应向银行借款来弥补或采用其他办法筹集资金,如推迟购置固定资产或延缓支付采购材料的欠款等,但主要还应靠增收节支来解决。

现金预算的编制可长可短,但酒店通常都要编制年度分季、季度分月预算。

【例 9-10】以客房部数据为例,编制现金预算。假设最低现金余额为 500 000 元。见表 9-14。

表 9-14　宏坊酒店客房部现金预算(2021 年度)　　金额单位:元

季度 项目	1 季度	2 季度	3 季度	4 季度	全年
期初现金余额	500 000	554 290	946 185	597 700	500 000
经营现金收入	1 156 000	1 284 780	1 356 700	827 300	4 624 780
可动用现金合计	1 656 000	1 839 070	2 302 885	1 425 000	5 124 780
现金支出					
豪华客房	18 825	30 120	30 120	11 295	90 360
单人套房	36 900	86 100	98 400	24 600	246 000
普通套房	37 800	60 480	60 480	22 680	181 440
标准套房	216 000	324 000	324 000	216 000	1 080 000
客房支出小计	309 525	500 700	513 000	274 575	1 597 800
管理费用	92 185	92 185	92 185	92 185	368 740
预计所得税	300 000	300 000	300 000	300 000	1 200 000
购买客房电视	400 000				400 000
现金支出小计	1 101 710	892 885	905 185	666 760	3 566 540
最低现金余额	500 000	500 000	500 000	500 000	500 000
现金需求合计	1 601 710	1 392 885	1 405 185	1 166 760	4 066 540
现金余绌	54 290	446 185	897 700	258 240	1 058 240
资金融通(筹措及运用)					
加:流动资金借款	500 000	500 000		500 000	1 500 000
减:归还借款本息			-300 000		-300 000
期末现金余额	554 290	946 185	597 700	758 240	758 240

四、预计财务报表的编制

酒店经营活动方面的预算编制完成后,就可以确定未来预算期内的经营成果和预算期终了时酒店的财务状况，以便与既定目标相对照，随时检查酒店的经营状况。

（一）预计利润表

预计利润表是以货币为计量单位，用来综合反映酒店在预算期内全部经营活动最终成果的预算表，是控制酒店经营活动和财务收支情况的主要依据。

该表在汇总营业收入、营业成本、营业费用及管理费用等预算的基础上加以编制。编制利润预算的目的在于测算酒店在预算期内可能实现的利润总额。

确定利润预算的基本方法主要有直接计算法和因素测算法两种。

1. 直接计算法。直接计算法是根据预算期各项目的营业收入、营业成本、费用和税金等指标分别计算各项营业利润，然后再予以汇总的一种方法。其计算公式为：

$$\text{酒店预算期营业利润} = \sum\left[\left(\text{某营业项目预算收入} - \text{某营业项目预算成本费用} - \text{某营业项目预算税金}\right) - \text{酒店预算管理费用、营业费用、财务费用}\right]$$

2. 因素测算法。因素测算法是指以上年利润（基期利润）为基础，通过分析决定预算利润变动的因素对预算利润的影响，来综合测算预算期利润。测算利润指标一般分三步进行。

第一，确定基期利润。由于酒店一般在上一年度的第4季度编制下一年度的预算，因此利润指标的计算往往使用以下公式：

基期营业利润=基期第1~3季度实际营业利润+第4季度预计营业利润

第二，测定各项因素变化对利润的影响。其中包括由于接待量变化而增减利润、价格变化而增减利润、成本变化而增减利润、税率变化而增减利润和税种变化而增减利润等。

第三，编制预计利润表。通过编制预计的利润表，可以了解酒店的预期盈利水平。如果预算利润与最初编制方针中的目标利润有较大的不一致，就需要调整部门预算以达到目标，或者经董事会或经理会议讨论通过后修改目标利润。

【例9-11】按照表9-14数据，预计酒店所得税费用每季度为300 000元，假定客房部负担所得税费用的20%，以客房部数据为例，编制宏坊酒店年度预算利润，见表9-15。

表9-15　宏坊酒店客房部预计利润表（2021年度）　　金额单位：元

摘要	资料来源	1季度	2季度	3季度	4季度	全年
营业收入	表9-3	1 156 000	1 284 780	1 356 700	827 300	4 624 780
减：营业成本	表9-8	309 525	500 700	513 000	274 575	1 597 800
贡献毛益总额		846 475	784 080	843 700	552 725	3 026 980
减：期间成本						
客房固定费用	见前说明	125 000	125 000	125 000	125 000	500 000
管理费用	表9-8	92 185	92 185	92 185	92 185	368 740
期间成本合计		217 185	217 185	217 185	217 185	868 740
税前净利		629 290	566 895	626 515	335 548	2 158 240
减：所得税费用	表9-14	60 000	60 000	60 000	60 000	240 000
税后净利		569 290	506 895	566 515	275 540	1 918 240

（二）预计资产负债表

预计资产负债表是以货币形式反映酒店在预算期末财务状况的总括性预算。编制此表的目的是对预算期末酒店的财务状况进行预测，看其是否符合酒店发展的要求。编制预计资产负债表的基础是预计的上期资产负债表,并将其作为本期预计资产负债表的期初数加以反映,然后再根据上述各项预算中与酒店财务状况有关的数据资料,经计算填列为各项目的期末数。

编制预计资产负债表的目的在于判断预算期财务状况的稳定性和流动性。如通过预计资产负债表的分析,发现某些不佳财务比率,必要时可修改有关预算,以改善财务状况。

【例 9-12】宏坊酒店客房 2020 年末有关数据见表 9-1,以客房部资料为例,编制宏坊酒店 2021 年度预计资产负债表,见表 9-16。

表 9-16　宏坊酒店预计资产负债表(2020 年度)　　金额单位:元

资　产	金　额	负债及所有者权益	金　额
流动资产		流动负债	
货币资金	758 240	短期借款	11 500 000
交易性金融资产	0	应付账款	800 000
应收账款	76 820	应付职工薪酬	2 000 000
其他应收款	1 600 000	其他应付款	2 200 000
存货	45 462 070	应交税费	240 000
流动资产合计	47 897 130	流动负债合计	16 740 000
非流动资产		长期负债	
长期投资	5 120 000	长期借款	18 638 890
固定资产净值	38 280 000	负债合计	35 378 890
无形资产	0	股东权益	42 000 000
		股本	
长期待摊费用	0	留存收益	13 918 240
非流动资产合计	43 400 000	所有者权益合计	55 918 240
资产总额	91 297 130	负债及所有者权益总额	91 297 130

第三节　特殊预算的编制

一、弹性预算

编制费用预算时,往往以计划期内一定的业务量为基础来确定各明细费用项目的预计金额。为了区别于其他费用预算的编制方法,我们将这种传统的费用预算的编制方法称作“固定预算”或“静态预算”。

长期以来,由于这种编制预算的方法较为简单,容易掌握,财务人员已经习惯了这种编制预算的传统方法。这种传统预算方法的不足之处就在于,当实际发生的业务量与预算的业务量发生差异时,各费用项目的实际发生数与预算数将无可比性。为了使实际费用与预算数字能够相互比较,必须根据实际业务量的变动对原预算数进行调整。正是在这个前提下,产生了“弹性预算”。

(一)弹性预算的概念

弹性预算也叫变动预算,是在按照成本习性分类的基础上,根据成本、业务量、利润之间的依存关系,按照一系列业务量水平编制的有伸缩性的预算。这种预算一般适用于与预算执行单位业务量有关的成本、利润等预算项目。由于弹性预算的数据不再是一个固定的数字,而是随着业务量的增减做出相应的调整,因此,它能够在不同的经营水平下保持其适用性,据以准确而可靠地控制和考核酒店的成本支出。

(二)弹性预算编制程序

1. 确定预算期内各种业务量发生变化的相关范围。确定预算期内业务量发生变化的相关范围一般控制在正常业务量的70%~130%之间,或以历史上最高业务量和最低业务量为其上下限。控制的范围不宜过大,否则会加大预算的工作量;也不能过小,过小可能找不到近似的数值进行比较,不便于日常的费用控制。

2. 根据成本和业务量之间的依存关系划分为固定成本和变动成本。在编制弹性预算时,运用成本习性原理,将成本划分为固定成本和变动成本。

3. 确定在预算中所包含的各个成本项目的成本特性模式。基本预算模式为:

$$营业收入预算 = \sum(预计价格 \times 业务量)$$

$$变动成本费用预算 = \sum(预计单位变动成本 \times 业务量)$$

$$总额成本预算 = 固定成本预算 + 变动成本预算$$

$$利润预算 = 预计单价 \times 业务量 - (固定成本总额 + 变动成本总额)$$

(三)弹性预算的表达方式

弹性预算的表达方式有列表法和公式法两种。

1. 列表法。列表法是在已确定的业务量范围内,把业务量划分为若干个不同的水平,并按成本项目分为变动费用和固定费用两部分,分别计算各项预算成本,汇总列入预算表格。

【例9-13】以宏坊酒店客房部资料为例,假定标准套房每季度出租70天,按照不同客房的开房率,编制宏坊酒店客房部2021年标准套房营业成本弹性预算。见表9-17。

表9-17　宏坊酒店客房部营业成本预算(2021年度)　　金额单位:元

标准套房(套) 项目	50	50	50	50	50
平均开房率	40%	50%	60%	70%	80%
出租天数 消耗品平均配备量 消耗品平均单价	70 10 12	70 10 12	70 10 12	70 10 12	70 10 12
预计变动成本总计	168 000	210 000	252 000	294 000	336 000

编制弹性费用预算时可以用百分比形式为基数编制,也可以用固定工作小时或固定薪酬等为基数编制。

【例 9-14】以宏坊酒店商品部资料为例,假定商品部某商品的销售量以 1 000 件为单位递增或递减,按照不同单位的销售数量,编制宏坊酒店商品部 2021 年营业利润弹性预算。见表 9-18。

表 9-18 宏坊酒店商品部营业利润预算(2021 年度) 金额单位:元

销售量	7 000	8 000	9 000	10 000	11 000	12 000	13 000
销售单价 单位变动成本	8 5	8 5	8 5	8 5	8 5	8 5	8 5
销售收入总额 变动成本总额	56 000 35 000	64 000 40 000	72 000 45 000	80 000 50 000	88 000 55 000	96 000 60 000	104 000 65 000
贡献毛益总额 固定成本总额	21 000 10 000	24 000 10 000	27 000 10 000	30 000 10 000	33 000 10 000	36 000 10 000	39 000 10 000
税前净利	11 000	14 000	17 000	20 000	23 000	26 000	29 000

如果销售单价、单位变动成本、固定成本总额发生变动,也可以按照这种方法分别编制在不同单价、单位变动成本、固定成本总额水平下的弹性利润预算,从而形成完全的弹性预算体系。

2. 公式法。公式法的理论依据是:在按成本习性区分变动成本和固定成本的基础上,总成本是固定成本总额与变动成本总额之和,其中变动成本总额又是单位变动成本与业务量的乘积。在确定了固定成本 a 和单位变动成本 b 后,就可以用总成本计算公式 $y=a+bx$ 来计算任何业务量 x 下的任何成本总额 y 值。

弹性预算能够适应不同经营活动情况的变化,扩大了预算的范围,更好地发挥了预算的控制作用,避免了在实际情况发生变化时,对预算所做的频繁修改;另一方面,能够使预算对实际执行情况的评价与考核建立在更加客观的基础之上。但弹性预算的缺点是加大了工作量。

二、零基预算

零基预算是对预算收支以零为起点,对预算期内各项支出的必要性、合理性或者各项收入的可行性以及预算数额的大小逐项进行审议,从而确定收支水平的预算。零基预算一般适用于不经常发生,或者预算编制基础变化较大的预算项目,如酒店对外投资、对外捐赠等。

零基预算包括如下步骤:

第一,由负责控制成本的部门提出每一项业务开支的初步资料,并逐项具体说明其目的、作用、必要性和计算依据。

第二,在酒店经营范围内,对各项具体开支按其轻重缓急和控制程序,划分为若干等级,并对其开支的必要性和合理性进行逐项审核。

第三,在严格审核的基础上,根据酒店在预算期内可能获取的收入、实现的利润和筹集资金的能力,按照优先保证、必不可少的业务开支原则,落实成本费用预算。

零基预算的优点是:有助于压缩开支;可以控制和监督酒店的各项财务收支,同时监督酒店业务活动;能用好、管好资金,重要项目优先安排资金,为酒店充分利用每一元资金打下良好的基础;不受过去老框框的约束,能够充分发挥酒店各级管理人员的积极性和创造性,使各级预算部门精打细算,合理使用资金,提高经济效益。但由于零基预算的一切支出均以零为起点进行分析，因而编制预算的工作量较大，所花费的时间和代价也较高，有时甚至得不偿失。

一般来说，酒店每隔 3 年或 5 年编制一次零基预算，以后几年内在此基础上略做调整，从而既可以简化预算编制的工作量，又能起到控制费用的作用。

三、滚动预算

按照传统方法编制的预算，其预算期是固定的，所以预算期将会随着预算的执行而不断缩短。当预算被执行至预算期最后一个年度、最后一个月份或最后一天时，其所谓规划和控制未来经营业务的作用就不存在了。采用预算一年一编的定期编制预算的方法，不仅可能使前后两期预算不能相互衔接，而且会在一定程度上打乱酒店经营的正常秩序。事实上也的确存在"有计划、无预算"的时期。即在这个时期中，原有预算已不起作用，新预算尚未编制完成。为了解决预算管理中的这个问题，就产生了"滚动预算"。

滚动预算又称连续预算或永续预算，是随时间的推移和市场条件的变化而自行延伸并进行同步调整的预算。简单地说，滚动预算就是根据上一期的预算指标完成情况，调整和具体编制下一期预算，并将预算期连续滚动向前推移的一种预算编制方法。滚动预算的编制，可采用长计划、短安排的方式进行。即在编制预算时，可先按年度分季，并将其中第一季度按月划分，编制各月的详细预算。其他三个季度的预算可以粗一些，只列各季总数，到第一季度结束前，再将第二季度的预算按月细分，第三、第四季度及下年度第一季度只列各季总数，依此类推，使预算不断地滚动下去（参见图 9-1）。

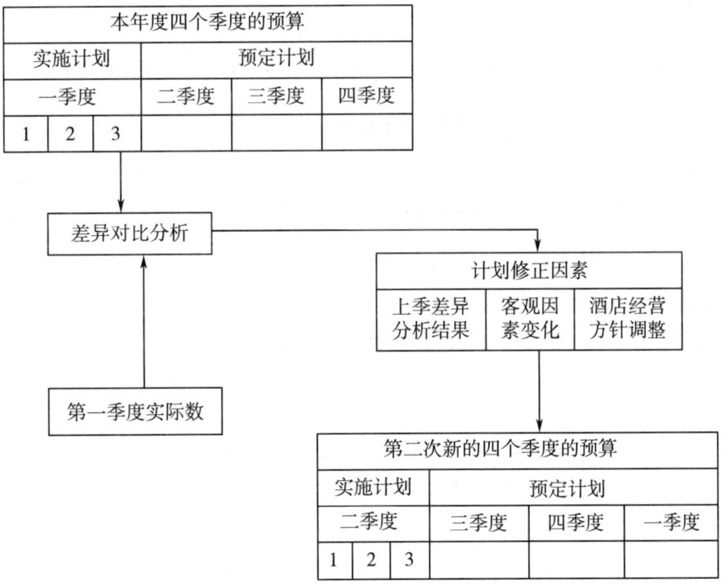

图 9-1　滚动预算编制法图示

除了按季滚动以外，滚动预算还可以按月、按周甚至每日滚动编制。

滚动预算能保持预算的完整性、继续性，有利于管理人员对预算指标进行经常性的分析研究，从动态预算中把握酒店的未来发展趋势，始终对未来一定时期的经营活动做周到的考虑和全盘规划。滚动预算能够随时间的推进不断加以调整和修订，使预算更加符合实际，也有利于管理人员对未来的经营活动进行筹划,以利于充分发挥预算的指导和控制作用。但其缺点是预算编制工作比较繁重。

【重要概念】

财务预算　现金预算　弹性预算　零基预算　滚动预算

计算与分析

1. 万佳酒店客房部预计2021年第一季度客房出租情况见表9-19。假设客房收入当季收款90%,余款10%在下季收回。若上年度12月应收账款为60万元,要求编制客房收入预算。

表9-19　万佳酒店2021年第一季度客房出租情况　　金额单位:元

项　目		套数	平均开房率	平均房价(元)	1季度出租天数			
					1月	2月	3月	合计
住宿楼	豪华套房	5	50%	1 000	10	20	15	45
	单人套房	20	50%	800	18	24	26	68
	普通套房	30	60%	500	25	28	27	80
	标准套房	60	80%	400	30	25	25	80
	小计	115	—	—	—	—	—	—

2. 万佳酒店预计2021年1季度客房出租情况见表9-19。其中:豪华客房的消耗品平均配备量为20套,平均单价为80元;单人套房的消耗品平均配备量为40套,平均单价为70元;普通套房的消耗品平均配备量为50套,平均单价为50元;标准套房的消耗品平均配备量为60套,平均单价为40元。固定成本中,职工薪酬每月为250 000元,折旧费每月为100 000元,其他固定开支每月为50 000元。要求编制客房部成本预算。

3. 万佳酒店2021年度预计费用支出数据如表9-20所示。要求编制2021年度管理费用预算。

表9-20　万佳酒店2021年度预计费用支出表　　金额单位:元

项　目	金额(元)	部　门					
		总经理办公室	销售部	人事部	财务部	工程部	安保部
一、固定费用							
1. 职工薪酬	860 000	300 000	250 000	100 000	90 000	70 000	50 000
2. 工作餐	130 000	10 000	30 000	20 000	20 000	40 000	10 000
3. 服装费	87 500	12 000	15 000	5 000	5 500	30 000	20 000
4. 折旧费	120 000	20 000	20 000	20 000	20 000	20 000	20 000

续表

项　目	金额(元)	部　门					
		总经理办公室	销售部	人事部	财务部	工程部	安保部
二、变动费用							
1. 水费	27 000	3 000	7 000	4 000	3 000	9 000	1 000
2. 电费	23 000	4 000	5 000	2 000	6 000	5 000	1 000
3. 办公费	8 000	3 000	2 000	1 000	2 000		
4. 通讯费	9 000	3 000	3 500	500	2 000		
5. 差旅费	126 000	72 000	38 000	7 000	9 000		
6. 业务招待费	180 000	120 000	60 000				
7. 培训费	23 000	20 000			3 000		
8. 董事会会费	40 000	40 000					
9. 其他费用	10 000	10 000					
合计	1 643 500						

4. 万佳酒店规定,经营期间客房部每季末必须保证有最低的现金余额300 000元,以备紧急支付之用,管理费用及所得税费用4个季度均相同。表9-21是该酒店客房部年度分季现金预算的基本数据。要求将表中空白处填全。

表9-21　万佳酒店年度分季现金预算

项目＼季度	1季度(元)	2季度(元)	3季度(元)	4季度(元)	全年(元)
期初现金余额	300 000				
经营现金收入			896 000		400 000
可动用现金额合计	1 250 000				
现金支出					
客房支出	428 000	546 000		523 000	
管理费用		120 000	120 000		480 000
预计所得税	300 000			300 000	1 200 000
购买客房电视	100 000	120 000		140 000	500 000
现金支出小计		1 086 000			
现金余绌			472 000		
资金融通(筹措及运用)					
加:流动资金借款		500 000	—	—	
减:归还借款本息	—	—		-550 000	
期末现金余额					

5. 万佳酒店客房部预计酒店所得税费用每季度为400 000元，假定客房部负担所得税费用的20%。根据以上题1至题3的数据，编制万佳酒店客房部2021年度预计利润表。

6. 万佳酒店客房部2020年末有关数据见表9-22。根据以上题1至题3的数据，编制万佳酒店客房部2021年度预算资产负债表。

表9-22　万佳酒店客房部2020年末资产负债表　　金额单位：元

资产		权益	
库存现金	1 000 000	应付账款	240 000
应收账款	500 000	短期借款	—
存货	900 000	股东权益	8 010 000
房屋及设备净值	5 850 000		
合计	8 250 000	合计	8 250 000

7. 万佳酒店客房部中，标准套房每季度出租60天，消耗品平均配备量100套，平均单价为15元。要求按照10%的间隔，编制万佳酒店客房部标准套房从50%~80%的营业成本弹性预算。

8. 万佳酒店商品部某旅游商品的预计销售量为1 000件，该旅游商品的销售单价为10元，单位变动成本为4.50元。要求以1 000件为标准，以10%的间隔，按照不同单位的销售数量，编制万佳酒店商品部营业利润弹性预算。

第十章

酒店财务成本控制

【学习目的】

通过学习，学生应能了解有关成本控制的相关内容，包括成本控制的概念、作用及其分类；理解责任中心的基本特征；掌握成本中心、利润中心、投资中心的概念、特征、类型及其评价指标和评价方法。

【情景思考】

如果你是财务部经理，如何制定财务指标，让所有的财务人员都能理解你的要求，按照你所制定的财务目标工作呢？

【本章重点】

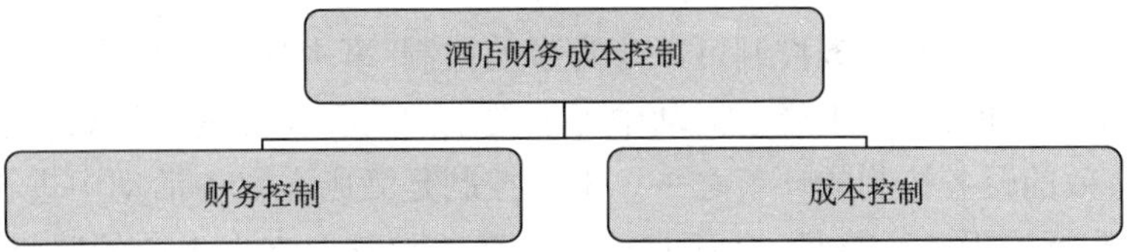

第一节　财务控制

一、财务控制的特征及原则

（一）财务控制的特征

控制指对客观事物进行调节和约束，旨在合理保证其基本目标的一系列控制活动。财务控制是按照一定的程序和方法，确保酒店及其内部机构和人员全面落实和实现财务预算的过程。财务控制是酒店经济控制系统中最重要的一环，它与财务预测、财务决策、财务预算、财务分析等共同构成了财务管理的循环，对实现财务管理的目标具有保证作用。财务控制具有以下特征：

1. 以价值形式作为控制手段。如前所述，财务预算中包含的现金预算、预计资产负债表和预计利润表，都以价值形式反映其各项指标。本章所述财务控制的手段，如责任会计、业绩考核指标等都通过价值指标得以实现。

2. 从不同角度、以不同形式进行全面控制。由于财务控制以价值形式作为控制手段，完成控制过程。因此，财务控制从不同角度，以不同形式，将各种不同性质的业务进行综合考评和控制，并对不同部门、不同岗位、不同层次及不同业务进行综合控制，体现出全面控制的特性。

3. 以控制现金流量为主要内容。财务活动反映的就是资金运动。酒店日常财务活动反映的是现金流量的增减过程。因此，财务控制活动主要是对现金流量状况的控制。

（二）财务控制的原则

财务控制是经济控制系统的重要组成部分。进行财务控制时必须遵循两个原则：

1. 目的明确。财务控制是酒店财务管理工作不可缺少的环节，是有目的的财务管理行为。因此必须明确财务管理的目标，按照一定的财务管理标准，进行财务控制。在财务控制过程中，应注意具体问题具体分析，将原则性和灵活性结合起来，从实际出发，按照酒店财务管理的目的进行财务控制。

2. 保证财务预算指标的实现。财务控制的目的是从增加营业收入或降低营业成本入手，最终取得更多利润。主要应采取的措施是加强资金支出的日常管理。当出现实际指标与预算指标不相符合时，要及时查明原因，纠正偏差。对重要的筹资和投资，应实行重点控制，对酒店经营活动进行全面控制，保证财务预算指标的实现。

二、财务控制的分类

按照不同的分类标准，财务控制可以按照以下方法进行分类。

（一）按照控制的时间分类

按照控制时间的不同，财务控制可以分为事前控制、事中控制和事后控制。事前控制是指在酒店营业活动之前，对未来经营活动中可能发生的财务支出进行规划、控制和监督的管理活动，是最有效的财务控制的环节之一。事中控制是酒店在财务活动中进行的日常监督，包括对预算的执行过程进行监督、对营业收入的来源和营业支出去向的监督等。事后控制则是指对酒店财务收支活动的结果进行监督、评价和考核。

（二）按照控制的内容分类

按照控制内容的不同，财务控制可以分为总体控制和日常控制。总体控制指对酒店内部财务活动进行的控制，如：组织控制、人员控制、财务预算、业务记录等。日常控制指对酒店财务活动进行的具体控制，即运用一定方法对酒店经营过程中的耗费进行科学、严格的计算，将各项实际耗费限制在预先确定的预算或标准范围内，并通过分析实际脱离预算的原因，积极采取应对措施，以实现全面降低成本为目标的工作，包括业务处理过程中的控制等。

（三）按照控制的手段分类

按照控制手段的不同，财务控制可以分为绝对控制和相对控制。绝对控制是指对酒店及其内部各责任中心的财务指标进行绝对数控制。一般情况下，对激励性指标通过绝对数控制最低限度，对约束性指标通过绝对数控制最高限度。也就是说，只从节流的途径去进行财务控制。相对控制是指对酒店及其内部各责任中心的财务指标采用相对比率进行控制。相对控制具有反映投入与产出对比、开源与节流并重的特征。

（四）按照控制的依据分类

按照控制依据的不同，财务控制可以分为预算控制和制度控制。预算控制是指以财务预算为依据，对预算执行主体的财务收支活动进行监督、调整的一种控制形式。预算控制通常说明执行主体的责任和奋斗目标，规定预算执行主体的行动，具有激励性的特征。制度控制是指制定酒店内部规章制度，并以此为依据约束酒店内部各责任中心财务收支活动的一种形式。制度控制通常规定能做什么或不能做什么。与预算控制相比，制度控制具有防护性的特征。

三、财务控制制度的程序和方法

（一）财务控制制度的程序

1. 事前确认控制标准。财务控制的关键是要确认酒店的控制标准。不同的行业有不同的控制标准，酒店应确认自身应以哪些标准作为自己的控制判别标准。总体来说，最高一级的标准为中央或地方有关部门制定；其次为主管部门制定；最后，酒店可以按照有关规定制定自己的内部标准。如党和国家的方针和政策、财经法律、法规、会计核算制度、有关规定及方法等。有了可进行考核的控制标准，控制就变得具有可操作性了。

2. 对比标准，纠正偏差。酒店经营活动的资料，可以从会计信息中取得。财务控制制度主要是通过将实际与计划或预算对比，检查实际执行结果。根据对比数据，编写实际脱离预算差异的报告。对有利的差异，要认真总结经验，肯定成绩；对不利的差异，要找出出现差异的原因，制定纠正差异的措施，以减少损失。对实际脱离预算较大的数据，必须及时调整预算指标。

（二）财务控制的方法

1. 以法律为控制准绳。进行财务控制应根据《中华人民共和国会计法》等有关规定进行。各经营酒店必须以法律为准绳来组织资金运动及经营活动，才能达到完成预算指标的要求。

2. 以制度为执行标准。经营酒店必须以党和国家的方针、政策为依据制定的法规和规章制度为标准进行财务控制。财务控制的内容包括《企业财务通则》《企业会计准则》《企业会计制度》以及各酒店的制度实施细则和方法。会计人员必须能够及时掌握《企业财务通则》《企业会计准则》《企业会计制度》的具体内容，并以其为执行标准，严格进行制度控制。

3. 以定额为核算尺度。酒店经营活动中，应以定额为核算尺度对资金运动或会计活动进行财务控制。在经营活动各方面，凡制定定额的，都应以定额为标准进行严格的定额控制。凡超过定额的，一般都要分析其超支原因，进行相应处理。

4. 以财务预算为依据。酒店经营活动中，还应以财务预算为依据对其经济活动和资金运动进行控制。作为财务控制的主要方式，要求对酒店资金的使用有严格的预算指标。因此，在预算执行过程中，应及时揭示预算执行中可能发生的差异，并采取相应措施，保证预算指标的完成。

5. 以岗位责任制为评价的基础。岗位责任制是实现财务控制的组织保证。只有贯彻岗位责任制，才能保证各部门对经济活动和资金运动进行相应控制。为保证责任制的实施，首先应实行分级分口核算，保证每个员工都有明确的核算目标。其次，明确各部门甚至个人的责任权限。加强审核，责任到人，使各部门和员工明确自己的工作权限，便于核查。

四、责任中心的控制

（一）责任中心的含义及特征

责任中心是承担一定经济责任，并享有一定权利的酒店内部（责任）单位。为了实行有效的监督,酒店通常按照分级分口原则,在其内部划分责任单位,称其为责任中心,明确各责任中心享有的权利和应承担的义务,促使各责任中心为完成酒店经营的总目标而努力。责任中心一般具有以下特征:

1. 责任中心是一个"责权利相结合"的实体。"责权利相结合"意味着责任中心要对应某一财务指标承担完成的责任。同时,给予责任中心与其所承担责任的范围和大小相适应的权力,还规定出相应的业绩考核标准及利益分配标准。

2. 责任中心具有承担经济责任的条件。责任中心不但应有履行经济责任中各条款的行为能力,还应对其履行经济责任的后果负责。

3. 责任中心所承担的权力和责任都在可控范围之内。每个责任中心只能对其可控范围内的成本、收入、利润及投资负责,在责任预算和业绩考评中也只能对他们所能控制的项目进行考评。考评的范围则依据其可控范围的大小而定。一般而言,责任层次越高,其可控范围越大;反之,则越小。

4. 责任中心的所有活动相对独立。责任中心存在的前提条件之一就是相对独立。也就是说,酒店责任中心的经营业务活动也按照责任中心控制的要求相对独立。如成本中心只掌控成本发生的区域;利润中心负责成本、收入和利润的范围;投资中心则负责整个酒店的经营活动。同时,责任中心的财务活动也是相对独立的。

5. 便于考评工作业绩。责任中心不仅要划清责任范围,而且要单独进行会计核算。对责任中心而言,前提条件就是划清责任,单独进行会计核算是酒店日常工作的保证。只有能够划清工作责任,又能进行单独会计核算的内部单位或机构,才能够考核和评价他们的工作业绩,并将其作为真正的责任中心。

(二)责任中心的类型

根据酒店内部责任中心职权范围的不同,责任中心可以划分为成本中心、利润中心和投资中心三类。

1. 成本中心。成本中心是指对成本、费用负责的区域。由于成本中心不会或根本不能形成可以用货币计量的收入,因此不对收入、利润和投资负责。酒店的成本中心一般包括具有一定成本指标的管理部门。

与其他责任中心相比,成本中心的应用范围最广。酒店内部凡有成本发生,需要对成本负责,并能实施成本控制的内部单位和部门都可以成为成本中心。成本中心可大可小,大至某一个部门,如客房部、餐饮部,小到个人,如每一个服务生等都可能成为成本中心。成本中心基本为逐级控制的状况,多个小的成本中心可以组成一个较大的成本中心。这样,在酒店内部就形成一个逐级控制、层层负责的成本中心体系。

(1)成本中心的类型。酒店的成本中心分为标准成本中心和费用中心两种。标准成本中心如康乐部、餐饮部和商品部,这类成本中心有明确的服务标准,可以通过实施成本控制和弹性预算进行控制。费用中心是指这类费用中心发生的数额与管理人员的决策行为有关,一般不会产生用货币计量的结果。因此,费用的发生多数情况下采用审批的控制方法。

(2)成本中心的特点。相对于其他责任中心,成本中心有自己的特点。

第一,只考核成本费用而不考核收益。成本中心只对成本负责,一般不会或极少形成可以用货币计量的收入。酒店的许多服务过程可以依据其性质特点来确定各自的标准,用消耗时间的多少来确定服务质量。如:按照国际惯例,星级酒店餐厅客人点菜后,应在15分钟内出菜,客房入住登记手续必须在10分钟内完成等。这些服务过程和服务活动即形成了服务成本。在服务过程中即使有少量收入,也不需进行考核。总之,以货币形式计量产出,而不以货币形式计量收入是成本中心与其他责任中心的明显区别。

第二,只对可控成本负责。成本中心分为可控成本和不可控成本两部分。凡成本中心能够控制其发生及数量的各种耗费称为可控成本,凡不能够控制其发生及数量的各种耗费称为不可控成本。可控成本应具备以下条件:成本中心有办法知道将要发生的成本;成本中心有办法计量将要发生的成本;成本中心有办法通过自己的行为调整成本。凡不能同时满足以上条件的成本为不可控成本。从考评的角度看,可控成本应是对成本中心进行考核的主要依据。

第三,只对责任成本进行控制和考核。责任中心所发生的各项成本之和就是该责任中心的责任成本。对成本中心工作业绩的评价,主要是将实际责任成本与预算成本相比较,评价其工作业绩。在评价工作中,应注意将责任成本与财务会计上的服务成本相区别。责任成本是以责任中心为对象归集的经营耗费,归集的原则是"谁负责,谁承担"。这种差异是由于成本计算的目的和用途不同造成的。从会计核算角度看,服务成本是会计核算的结果,反映酒店服务成本计划的执行情况;从财务管理的角度看,责任成本是贯彻责任制的重要手段,反映酒店责任预算的执行情况。但从两者的联系看,它们都是酒店经营活动过程的资金耗费,服务成本总额等于责任成本总额。

(3)成本中心的考核指标。成本中心采用相对数和绝对数两种考核指标。具体计算公式如下:

$$\text{成本(费用)变动额}=\text{实际责任成本(费用)}-\text{预算责任成本(费用)}$$

$$\text{成本(费用)变动率}=\frac{\text{成本(费用)变动额}}{\text{预算责任成本(费用)}}\times 100\%$$

【例 10-1】宏坊酒店商品部销售某种旅游商品。该商品预计进价单价为 200 元,进货数量为 1 200 件;实际进价单价为 195 元,进货数量为 1 500 件。要求计算该旅游商品进价成本变动额和变动率。

$$\text{成本(费用)变动额}=195\times 1\ 500-200\times 1\ 200=52\ 500(\text{元})$$

$$\text{成本(费用)变动率}=\frac{52500}{200\times 1200}\times 100\%=21.875\%$$

计算结果表明,商品部的实际进货成本额比预计进货成本增加了 52 500 元,成本变动率提高了 21.875%。

2. 利润中心。利润中心是指对利润负责的区域。由于利润是收入与费用的差额,所以,利润中心不仅要考核成本,还要考核收入及利润指标。不但对利润负责,也要对收入和成本负责。利润中心一般为酒店内部的较高层次,往往有独立的收入来源或能视为有独立收入的部门。与成本中心相比,利润中心的责任和权利都相对较大。

(1)利润中心的类型。利润中心可以划分为自然形成的利润中心和人为划分的利润中心。

自然形成的利润中心指酒店可以取得服务收入或其他收入的部门。这类中心直接面向市场,有一定自主权,如劳务价格的制定权、消耗性物品的采购权等。它虽然仅是酒店的一个独立的部门,但功能与独立单位相似,可以控制本部门的成本和收入。

人为划分的利润中心是指只对酒店内部责任单位提供劳务而取得"内部营业收入"的利润中心,这类利润中心只对本酒店内部各责任中心按内部结算价格提供服务,以实现酒店内部的公平交易,等价交换。

(2)利润中心的考核。利润中心在考核利润的同时,还应当考核收入和成本,其中成本指标是决定利润的重要依据。对利润中心的成本计算可以根据成本的划分情况使用不同的计算方法:

第一种,只计算可控成本。一般而言,利润中心的可控成本是变动成本。人为划分的利润中心适合使用这种计算利润中心成本的方法。成本计算过程中,如果难以分摊或不需要分摊共同成本,而只考虑可控部分,对不可控成本及共同成本不予考虑时,这种方式计算出的利润不是通常意义上的利润,而是“贡献毛益总额”。酒店各利润中心的“贡献毛益总额”减去尚未分摊的共同成本,经过调整后的数据为酒店的利润总额。按照这种方法计算出的利润总额也不是一般意义上的利润中心,而是“贡献毛益中心”。考核指标计算公式如下:

$$\text{利润中心贡献毛益总额}=\text{该利润中心某项收入总额}-\text{该利润中心变动成本总额(可控成本总额)}$$

需要说明的是,如果可控成本中包含可控固定成本,就不完全等于变动成本总额。但一般情况下,可控成本总额就等于变动成本总额。

第二种,既计算可控成本,也计算不可控成本和共同成本。如果共同成本易于分割,而且采用变动成本法计算成本时,一般使用这种计算利润中心成本的方法。该法适用于自然形成的利润中心。其考核指标包括:

$$\text{利润中心贡献毛益总额}=\text{该利润中心收入总额}-\text{该利润中心变动成本总额}$$

$$\text{利润中心负责人可控利润总额}=\text{该利润中心贡献毛益总额}-\text{该利润中心负责人可控固定成本}$$

$$\text{利润中心可控利润总额}=\text{该利润中心负责人可控利润总额}-\text{该利润中心负责人不可控固定成本}$$

因此:

$$\text{公司利润总额}=\text{各利润中心可控利润总额之和}-\text{公司不可分摊的各种管理费用、财务费用等}$$

【例 10-2】宏坊酒店商品部是自然形成的利润中心。8 月份销售收入为 100 万元,变动成本为 60 万元;该中心负责人可控固定成本为 4 万元,不可控但应由该中心负担的固定成本为 6 万元。计算该中心的有关考核指标:

【解】

$$\text{利润中心贡献毛益总额}=100-60=40(\text{万元})$$

$$\text{利润中心负责人可控利润总额}=40-4=36(\text{万元})$$

$$\text{利润中心可控利润总额}=36-6=30(\text{万元})$$

3. 投资中心。

(1)投资中心的含义。投资中心是既对成本、收入和利润负责,又对投资效果负责的责任中心。投资中心与利润中心的不同之处在于:①利润中心只是在投资项目形成后对酒店的收入、成本和利润负责,进行具体操作,没有决策权;而投资中心有权独立地运用拥有的权利进行资产运作,掌控酒店的经营活动。②对利润中心进行考核时,不需考核投入资本或资金占用量的数额;而对投资中心进行考核时必须将所得与投资额进行对比,考核资本利用情况。

投资中心一般是酒店的最高阶层,具有最大决策权,也承担最大的责任。

(2)投资中心的考核指标。为了计算投资中心的经济效益,必须区分清楚共同使用的资产的界限,对共同发生的成本按适当标准进行分配。在此基础上,投资中心的考核指标除考核利润外，还需要计算和分析利润与投资额之间的有关指标，即投资利润率和剩余收益。

①投资利润率。投资利润率又称投资报酬率，是指投资中心所获得的利润与投资额之比，一般用于评价酒店净资产的获利能力。投资利润率具有较大综合性，各有关方面工作的优劣都能从中得到反映，可以用于综合评价和考核投资中心的经营成果。该指标的计算公式如下：

$$投资利润率 = \frac{利润}{投资额} \times 100\%$$

将这一公式展开，还可以得到以下数据：

$$投资利润率 = \frac{收入}{投资额} \times \frac{成本费用}{收入} \times \frac{利润}{成本费用}$$

$$=资本周转率 \times 销售成本率 \times 成本费用利润率$$

式中，投资额指投资中心的净资产，即总资产扣除负债后的余额，因此该指标也被称为净资产利润率。从以上公式中可以看出，为了提高投资利润率，不仅要降低成本费用指标，增加收入，还应合理有效地使用现有营业资本，努力提高其利用效果。

投资利润率是广泛使用的评价投资中心工作业绩的指标。使用该指标的优点如下：

第一，反映投资中心的综合获利能力。从公式中可以看到，投资利润率与收入、利润及成本费用等指标有直接关系，它与收入、利润指标呈正比例变动。因此，提高投资利润率应从增加收入、节约开支、加速资金周转和减少投入几方面进行。

第二，具有横向可比性。这一指标能比较各投资中心投入不同资金的工作业绩。投资利润率将各投资中心的投入与产出进行比较，去除了因投资额不同导致的利润差额的不可比因素，使对各投资中心的比较更为直观。

第三，作为选择投资机会的依据，有利于调整资产存量，优化资源配置。

第四，用投资利润率作为评价经营业绩的指标，可以引导投资者进行正确的、理性的投资，并使其行为长期化。财务活动中，以该指标作为评价和考核投资中心的经营业绩，有利于促使各投资中心盘活资产，减少不合理的资金占用，加强对应收款项、固定资产等的管理。

以投资利润率指标评价投资中心工作业绩的不足之处在于：

第一，计算利润指标时会受到人为因素的影响，导致信息失真，致使计算出的投资利润率指标无法反映投资中心的实际赢利状况。

第二，投资利润率指标容易使各投资中心缺乏全局观念，造成各投资中心的本位主义，不顾酒店的整体投资行为。

第三，投资利润率的计算方法与资本支出预算所使用的现金流量的计算方法有较大的差别，衡量尺度不同，不利于进行比较。

第四，从控制的角度看，投资中心并不能控制所有的费用支出。

为了克服投资利润率的缺陷，财务控制过程中，还会使用剩余收益指标作为评价标准。

②剩余收益。剩余收益是指投资中心取得的利润扣除其最低投资收益额后的余额，是评价投资中心工作业绩的绝对数指标。其计算公式如下：

$$剩余收益 = 利润 - 投资额 \times 预期最低投资报酬率$$

式中，预期最低投资报酬率一般等于或略大于市场存款利率。

将剩余收益作为投资中心工作业绩评价标准的基本要求是：只要投资利润率大于预期最低投资报酬率，这项投资方案就是可行的。

剩余收益指标具有两个明显特点：

一是可以直观地看出投入与产出之间的关系。从剩余收益计算公式可以看出,增加剩余收益的途径既可以从增加利润入手,也可以从减少投资额开始。因此,这一指标可以用于全面评价和考核投资中心的工作业绩。

二是避免了狭隘的本位主义倾向,使各投资中心的目标与酒店的总目标趋于一致。如果单纯地以投资利润率作为评价指标,各投资中心可能会放弃对酒店整体有利的投资机会,而投资于仅对本部门有利的某一项目;但以剩余收益作为投资中心的评价尺度时,投资中心将会尽力提高剩余收益。换言之,只要有利于增加剩余收益的数额,投资行为就是可取的,而不仅仅是提高投资收益率。

在以剩余收益作为考核指标时,预期最低投资报酬率的高低对剩余收益的影响很大,因此,可以使用公司的平均利润率作为基准收益率。

五、责任预算、责任报告与业绩考评

(一)责任预算

1. 责任预算的概念。责任预算是以责任中心为主体,以可控成本、收入、利润和投资为对象所编制的预算,是考核责任中心工作业绩的标准。作为酒店总预算的补充,责任预算将工作目标加以量化,使责任人的工作责任更加具体。

责任预算由各种责任指标组成。其中,责任中心提及的各项考核指标是必须保证实现的主要指标。根据总目标要求,为保证酒店总目标实现而附带考核的目标是辅助目标。此外,还包括一些软指标,如职工培训等。

2. 责任预算的编制。编制责任预算的目的就是使责任中心的经济责任数量化。编制责任预算的程序可以按以下两种方式进行:

一种是以总预算为出发点,从责任中心的角度,对总预算进行层层分解后形成各责任中心的预算。这种自上而下、指标层层分解的方式是常见的预算编制程序。其优点是各责任中心的工作目标与酒店总体目标一致,便于统一管理。不足之处是上级统一制定目标有可能会导致各责任中心的工作人员积极性和创造性不足。

另一种是采取自下而上的方式,由各责任中心编制本部门的预算,逐级汇总,经过专门的管理机构汇总调整后,最后建立酒店的总预算。这种预算编制方法的优点是,有利于发挥各责任中心的工作积极性。但由于预算编制只考虑各责任中心,会引起工作量及工作难度加大,各责任中心之间协调困难,还可能会出现预算质量下降和编制预算的时间过长等问题。

预算编制程序和酒店组织机构设置有极为密切的关系,组织机构设置和经营管理方式不同,责任预算编制程序也不同。

在集权组织结构形式下,首先要按照责任中心的层次,自上而下把酒店总预算逐级向下层层分解,形成各责任中心的责任预算;然后以责任预算为依据,逐级考核预算的执行情况,再将责任预算实际数据逐级汇总至最高决策层。在分权组织结构形式下,首先按照责任中心的层次,将酒店总预算自上而下逐级分解,将经营管理权分散在各责任中心并记录各责任中心对预算的实际执行情况,定期通过编制业绩报告的方式将预算执行情况逐级向上汇总,直至最高投资中心。

现有经济条件下,各类型酒店应根据具体的外部环境和内部情况进行调整和整合,一般采用“直线—职能式”酒店管理组织形式。如图 10-1 所示。

组织结构设置说明:信息处理中心由专业人员组成,主要负责酒店内外信息的收集、分

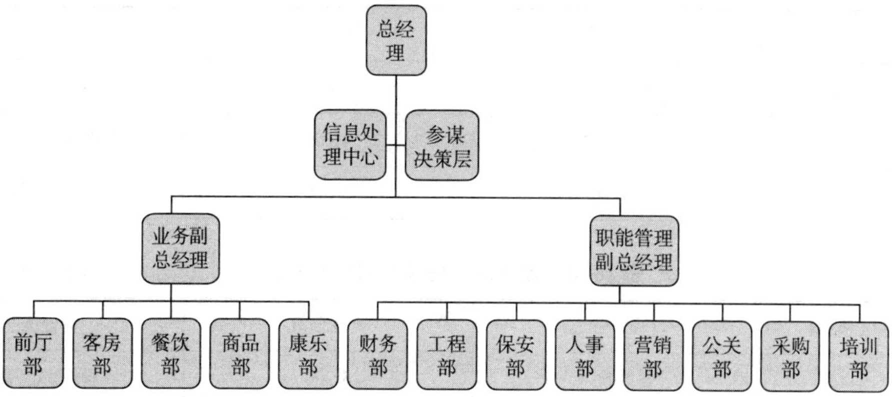

图 10-1　“直线—职能式”酒店管理组织形式图

析、整理等工作，为酒店的经营决策提供依据，直接对总经理负责。参谋决策层由法律顾问、总会计师、经济师等人员组成，主要负责酒店整体经营方向和重大决策等。业务副总经理负责酒店的经营业务。职能副总经理负责财务、工程、保安、人事、销售、公关、采购、培训等部门的管理工作。

采用“直线-职能式”酒店管理组织形式有如下优点：①实行总经理负责制，并把经营管理划分为业务和职能两部分。从组织结构上看，分工明确，结构简单，便于集中管理。②业务部门按照直线制形式组织，责任明确，结构简单；职能部门的各项工作由专业人员进行，有利于保证工作质量。③业务部门和职能部门可通过总经理加以协调，业务副总经理和职能副总经理间便于协作和沟通，可以保证管理信息传递的有效性。

【例 10-3】宏坊酒店采用“直线—职能式”组织结构形式，各成本中心发生的成本费用均为可控成本。酒店 2021 年度责任预算的简化形式见表 10-1 至表 10-6。

表 10-1　宏坊酒店责任预算（2021 年度）　　金额单位：万元

责任中心类型	项　目	责任预算	责任人
利润中心	前厅部营业利润	5 000	各部业务副总经理
利润中心	客房部营业利润	3 000	
利润中心	餐饮部营业利润	2 800	
利润中心	商品部营业利润	1 200	
利润中心	康乐部营业利润	1 000	
利润中心	合 计	13 000	酒店总经理

表 10-2　前厅部责任预算（2021 年度）　　金额单位：万元

责任中心类型	项　目	责任预算	责任人
收入中心	前厅收入	8 000	前厅部主管
成本中心	可控成本	3 000	前厅部主管
利润中心	合 计	5 000	业务副总经理

表 10-3　客房部责任预算(2021 年度)　　金额单位:万元

责任中心类型	项　目	责任预算	责任人
收入中心	客房收入	7 000	客房部主管
成本中心	可控成本	4 000	客房部主管
利润中心	合 计	3 000	业务副总经理

表 10-4　餐饮部责任预算(2021 年度)　　金额单位:万元

责任中心类型	项　目	责任预算	责任人
收入中心	餐饮收入	5 300	餐饮部主管
成本中心	可控成本	2 500	餐饮部主管
利润中心	合 计	2 800	业务副总经理

表 10-5　商品部责任预算(2021 年度)　　金额单位:万元

责任中心类型	项　目	责任预算	责任人
收入中心	销售收入	4 200	商品部主管
成本中心	可控成本	3 000	商品部主管
利润中心	合 计	1 200	业务副总经理

表 10-6　康乐部责任预算(2021 年度)　　金额单位:万元

责任中心类型	项　目	责任预算	责任人
收入中心	康乐中心收入	2 800	康乐部主管
成本中心	可控成本	1 800	康乐部主管
利润中心	合 计	1 000	业务副总经理

(二)责任报告

责任报告又称业绩报告或绩效报告,是根据责任会计记录编制的反映责任预算实际执行情况,揭示责任预算与实际执行差异的内部会计报告。如前所述,责任会计以责任预算为依据,对责任预算的执行情况进行反映,通过实际与预算数据的对比,评价和考核各责任中心的工作业绩。

责任报告的形式主要有责任报告、数据分析和文字说明等。责任报告一般采取的形式是:将预算与实际数据排列比较,计算出预算与实际数据的差异。通过分析找出产生差异的原因,并提出改进意见。

酒店管理的管理层次不同,责任报告的重点也不同。通常情况下,管理层次越低,做出的责任报告越详细。随着管理层次的升高,责任报告的数据会以更概括的形式出现。

【例 10-4】以例 10-3 资料为例,宏坊酒店的部分责任报告见表 10-7 至表 10-9。

表 10-7 成本中心责任报告(2021 年度) 金额单位:万元

项 目	预算数	实际数	不利差异(有利差异)
客房部可控成本			
变动成本			
客房床上用品	1 800	1 900	100
一次性消耗品	500	520	20
其他费用	200	190	(10)
变动成本合计	2 500	2 610	110
固定费用			
折旧	900	900	—
职工薪酬	600	605	5
固定费用合计	1 500	1 505	5
合计	4 000	4 115	115

表 10-8 业务部利润中心责任报告(2021 年度) 金额单位:万元

项 目	预算数	实际数	有利差异(不利差异)
客房部			
收入总额	7 000	7 400	400
变动成本总额	2 500	2 610	(110)
贡献毛益总额	4 500	4 790	290
固定成本总额	1 500	1 505	(5)
客房部利润	3 000	3 285	285
前厅部利润	5 000	5 300	300
餐饮部利润	2 800	2 850	50
商品部利润	1 200	1320	120
康乐部利润	1 000	940	(60)
利润总额	13 000	13 695	695
职能部门成本费用	1 800	1 895	(95)
合计	11 200	11 800	600

表 10-9 投资中心责任报告(2021 年度) 金额单位:万元

项 目	预算数	实际数	有利差异(不利差异)
业务部门利润总额	13 000	13 695	695

续表

项　目	预算数	实际数	有利差异(不利差异)
职能部门成本费用	1 800	1 895	(95)
酒店利润合计	11 200	11 800	600
所得税费用(25%)	2 800	2 950	(150)
税后利润	8 400	8 850	+450
净资产平均余额	50 000	50 000	—
投资利润率	16.8%	17.7%	0.9%
预期最低利润率	10%	9%	1%
剩余收益	3 400	4 350	950

(三)责任中心业绩考核

责任中心业绩考核是以责任报告为依据,分析和评价各责任中心责任预算的实际执行情况。通过比较,找出问题出现的原因,借以考核各责任中心的工作业绩。责任中心的考核有广义和狭义两种。狭义责任中心的考核仅指对各责任中心的价值指标进行考核,如成本、收入、利润及投资等指标;广义责任中心的考核除了对价值指标进行考核外,还包括一些非价值指标的考核。

1. 成本中心的业绩考核。由于成本中心没有收入来源,仅对成本负责,因此对其考核的内容应以责任成本为重点。即:以业绩报告为依据来衡量责任成本的实际数与预算数究竟有多大差异,并分析其发生的原因。因此,通过一定方法和程序为各成本中心所确定的成本差异就成为评价和考核其工作业绩好坏的重要标志。按照图 10-1 组织结构图的设置,不同层次成本费用控制的范围不同,计算和考评的指标也不相同。层次越高,考核的指标和内容也越多。

成本中心的业绩考核以责任报告为依据。根据表 10-7 的数据可以看出,客房部责任预算数比实际数超出 115 万元,主要增加的成本开支部分为客房床上用品和一次性消耗用品的成本支出。对这部分开支应做具体分析,查明原因,在预算年度争取降低成本开支。

2. 利润中心的业绩考核。利润中心不同于成本中心,它既对成本负责,又对收入和利润负责,并进一步将收入与成本进行对比,考核其利润。因此,考核的内容应以收入、贡献毛益总额和息税前利润为考核重点,分别对其进行对比和分析,找出利润预算数据与实际利润的差距,分析差异形成的原因。根据表 10-8 的数据可以看出,酒店总利润实际数比预算数增加了 600 万元,说明尽管酒店成本有所增加,但本年度利润增加得更多。故而本年度酒店的经营状况要优于预算指标。此外,在考核利润中心业绩时,凡不属于本利润中心责权范围的成本(即不可控成本),尽管已由本利润中心实际收入或支付,也不应作为本利润中心的考核依据。

3. 投资中心的业绩考核。对投资中心工作成果的评价和考核,比成本中心和利润中心更复杂。由于投资中心实际也是利润中心,它不仅需要对成本、收入和利润负责,而且还要对全部投资的效果负责。因此,对其考核比一般利润中心更加严密而具体。根据投资中心经营活动的特点,投资中心考核的重点应放在投资利润率和剩余收益两项指标上。

从管理的角度看，投资中心是最高一级的利润中心，考核的内容涉及酒店各个方面，是对酒店经营业绩的全面考核。与成本中心和利润中心一样，考核时也应通过将预算与实际的差异对比的方法，找出差异，分析原因，最终达到考核效果。从表 10-9 可以看出，虽然酒店成本增加，但由于收入增加的幅度大于成本增加的幅度，剩余收益指标实际数比预算指标增加了 950 万元。这说明酒店本年度的经营状况较为理想。

第二节　成本控制

一、成本控制概述

（一）成本控制及其意义

成本是指酒店在经营活动过程中所消耗的各种资源的经济价值。这里所说的资源既包括消耗性材料、固定资产等有形资源的消耗，如餐饮等部门的原料消耗、折旧费用等，也包括劳务、资金等无形资源的消耗，如人工成本、管理费用等。此处的成本是一个大概念，包括期间费用在内。

成本控制指酒店按照国家有关财务制度的要求及自身的财务目标，运用各种成本管理方法，将各项成本控制在一定范围内的财务活动。成本控制是酒店内部控制的重要组成部分，是酒店加强经营管理，提高经济效益的必然选择。成本控制包括狭义的成本控制和广义的成本控制。狭义的成本控制也被称为成本的日常控制，主要指对酒店提供劳务过程中某一阶段的控制，强调对某一过程的控制；广义的控制是对酒店经营活动的各方面、各环节及各阶段所有成本的控制，强调全方位、全过程的控制。

（二）成本控制的基本要求

1. 效益优先。效益优先指因实施某项成本控制措施而付出的代价，不应超过其增加的效益。贯彻这项原则的前提条件是，要求酒店全面考虑不同成本的重要性、可控性、利润等指标。在判断一个成本指标时，成本数额的大小绝不是唯一的标准。凡应控制的成本，不论其数额大小，都应给予充分注意，而有些必需的开支也应注意其是否可控，还应关注该项成本支出能否使利润指标有更大幅度的增加。

2. 针对性强。指酒店进行的成本控制必须根据不同成本项目、不同时期、不同规模及不同发展阶段的特点，确定不同的成本控制方法。在成本控制问题上，没有照抄照搬的数据，只有经营单位不同的控制标准。因此，酒店必须根据自己的实际成本情况，选择适合自己的成本控制方法。此外，成本控制过程中，应强调日常控制与定期控制相结合，单项控制与综合控制相结合，以及专业控制与群众控制相结合。对屡屡出现的“例外”事件也应给予充分的注意。

3. 全面控制。对于成本的控制是全员控制和全过程的控制。成本控制不仅是某一部门或某个人的事，而是酒店全体员工的事。全员控制是指全员参与。全过程的控制指对酒店经营全过程进行严格的控制和监督。包括：①对酒店前厅部、客房部、餐饮部、商品部、康乐部等业务部门的成本控制；②对酒店财务部、工程部、保安部、人事部、营销部、公关部、采购部和培训部等职能部门费用支出的控制。

4. 决策层重视。既然成本控制涉及全员和全过程,它就不是某一部门或某一个人的任务,所以应将成本控制的理念灌输给全体员工。这一成本控制理念灌输的过程就是决策层需要加以关注的内容。决策层必须做的工作包括:①重视并全力支持成本控制;②具有完成成本控制目标的决心和信心;③以身作则,严格控制自身的责任成本。

(三)落实成本控制的责任

按照要求,酒店应将成本控制的责任分级分口,层层落实到各责任部门及个人,使每个人都明白成本控制的具体内容,充分了解分管成本指标的要求和资料来源;知道分管成本控制指标的实际执行情况和计算依据;还能够调节、控制分管指标的耗费数,坚持成本控制标准,明确每个员工应承担的责任。

二、成本控制的类型和内容

(一)按照成本形成过程的分类

按照成本形成的过程,可以将成本控制分为事前成本控制、事中成本控制和事后成本控制三类。

事前成本控制指对酒店经营活动中可能发生的成本进行规划、审核、监督的管理活动。包括:预测未来成本水平及变动趋势;在备选方案中,选择最优成本决策方案,制定目标成本;制订成本计划并分解计划指标,形成责任成本并最终落实到部门或个人,将其作为考评的依据。事中成本控制指酒店对整个经营过程的成本控制,目的是对实际发生的各项成本开支进行限制、指导和监督,以保证目标成本实现的日常成本管理。事后成本控制指酒店根据事先确定的控制标准,对实际发生的成本进行控制、分析和评价,为未来的事前成本控制和事中成本控制打下基础。

(二)按照成本费用构成的分类

按照成本费用的构成,可以将成本控制分为经营成本控制和非经营成本控制。

经营成本控制指酒店经营过程所花费的全部成本支出的控制,主要是对酒店在经营活动中发生的成本进行控制,包括各业务部门的成本控制。非经营成本控制指对非经营活动中发生的成本进行控制,包括管理费用、财务费用和营业费用等。

三、成本控制系统

酒店成本控制系统包括组织系统、信息系统、考核制度和奖励机制等内容。

(一)组织系统

酒店的成本控制系统必须与酒店组织结构相适应。一般情况下,成本控制活动如:记录成本的实际发生数、编制成本控制报告、成本预算的分析与考核等,都是由各成本控制部门实现的。酒店可以将其组织机构的一部分作为成本控制单位,并按其所负责和控制的范围分为成本中心、利润中心和投资中心三部分。以酒店商品部为例,成本中心是以达到目前经营条件下某类商品最低销售成本为经营目标的一个组织单位;利润中心是达到目前经营条件下以商品部最大利润为经营目标的一个组织单位;投资中心是以达到目前经营条件下,以最高投资报酬率为经营目标的一个组织单位。按酒店组织结构划分责任中心,是进行成本控制的基本前提条件。

(二)信息系统

信息系统也称责任会计系统,其功能是计量、传送和报告成本控制所需的信息,主要工作内容是编制责任预算、核算预算的执行情况、分析评价和业绩报告三部分。

酒店一般也要分别编制收入、成本及费用、现金及利润等预算。为考察责任人的经营业绩,就要求对酒店的总体预算按责任中心分解落实,形成责任预算,以便各责任中心的管理人员明确自己的责任及应控制的事项。

(三)考核制度

考核制度是保证成本控制系统发挥作用的关键一环。其主要内容是:①规定责任中心的成本控制项目。因成本中心可大可小,确定成本中心成本控制目标时,还应分清若干层次的成本控制目标。②规定责任中心成本控制目标的唯一解释口径。③规定业绩考核标准的计量方法。如前所述,使用哪一种成本分摊方法、内部转移价格的确定等都应做出明确规定。④规定采用的预算标准,包括使用哪一种形式来编制预算,如编制弹性预算或固定预算,增量预算或零基预算等。⑤规定业绩报告的内容、时间及详细程度等。

(四)奖励机制

奖励机制是实现酒店特定目标、激励员工的有效手段,建立包括物质奖励和精神奖励的奖励制度。适当的奖励制度可以使员工努力工作,约束自己的行为。规定明确的奖励办法,使员工明确工作业绩与奖励的关系,尽可能争取更好的工作业绩。

四、成本控制的方法

(一)成本预算控制

成本预算是酒店成本控制的主要方法,是酒店财务预算中最基本的预算。在预算编制、执行、分析和考核的各阶段,酒店必须明确预算项目,建立预算标准,规范预算的编制、审定、下达和执行程序,并有针对性地采取措施,保证预算指标的全面执行。

在日常成本预算控制过程中,酒店应当建立健全会计凭证和会计账簿记录,完善各项规章制度,加强对酒店经营活动的监控制度。对预算执行过程中出现的差异,有关部门应及时查明原因,采取措施,保证成本预算指标的完成。

(二)标准成本控制

1. 标准成本的含义。标准成本是指酒店按照成本项目反映的,在有效经营管理条件下,应当实现的成本目标,是根据数量和价格两种标准预先计算的成本指标。制定标准成本时,应保证最终制定的标准成本满足酒店进行成本控制的需要。标准成本控制即标准成本制度,指酒店围绕标准成本的相关指标而设计的,将成本的前馈控制、反馈控制及核算功能有机结合而形成的一种成本控制制度,是成本控制中应用最为广泛和有效的一种成本控制的方法。这种方法是以标准成本为基础,将实际发生的成本与预算成本进行比较,揭示其出现差异的原因,采取相应措施,实现对成本的有效控制。

2. 标准成本的制定。

(1)标准成本的分类。在制定标准成本时,酒店可以根据自身的条件和经营水平,采用不同的标准制定标准成本。标准成本包括:

第一,基本标准成本。基本标准成本一经制定多年不变,可以使不同时期的成本以同一标准进行比较,具有可比性。但时过境迁,原标准也会由于外在条件的变化而不适应当前的情况,因此实际使用较少。

第二,理想标准成本。理想标准成本是指在现有经营管理水平处于最佳状态下确定的成本。由于所有指标都假定为在理想状态下的最优水平,因而难以达到,使用很少。

第三，正常标准成本。正常标准成本是指在正常情况下，经过努力可以达到的成本水平。这一标准考虑了酒店经营过程中可能发生的损失或偏差，是以有效经营为基础而制定的标准成本。正常标准成本由于具有客观性、现实性、激励性和稳定性的特点，广泛应用于标准成本的制定。

(2)标准成本的制定。标准成本的制定要按照不同的成本项目进行。

第一，直接材料的标准成本。确定直接材料的标准成本包括价格标准和数量标准两个因素。材料的价格标准通常是酒店编制预算所使用的计划价格。计划价格通常以订货合同的价格为基础，并考虑将来各种变动情况按不同原材料分别计算，包括购进价和运杂费等。数量标准按照材料单耗和主要材料数量的大小确定。直接材料标准成本的计算公式如下：

$$直接材料标准成本 = \sum(各种材料数量标准 \times 该种材料价格标准)$$

【例 10-5】假定宏坊酒店康乐部修理保龄球道需耗用三种直接材料，计算直接材料标准成本见表 10-10。

表 10-10　直接材料标准成本

标　准	材料 A	材料 B	材料 C
用量标准(1)	50 千克	40 千克	35 千克
价格标准(2)	60 元/千克	80 元/千克	50 元/千克
成本标准(3)=(1)×(2)	3 000 元	3 200 元	1 750 元
单位产品直接材料标准成本 (4)= $\sum$(3)	7 950 元		

第二，直接人工的标准成本。确定直接人工的标准成本也包括价格标准和数量标准两个因素。直接人工的价格标准指工资率标准。如果使用计件工资制，工资率为单位产品应支付的计件单价；若使用计时工资制，工资率为每一标准工时应分配工资。直接人工标准成本的计算公式如下：

$$标准工资率 = \frac{标准工资总额}{标准总工时}$$

数量标准即为人工工时用量标准或称工时消耗定额。它是指酒店在现有的经营条件下，考虑提高服务效率的要求，采用一定方法，确定单耗所需的员工工时数。直接人工标准成本的计算公式如下：

$$直接人工标准成本 = \sum(单位产品标准工时 \times 小时标准工资分配率)$$

【例 10-6】假定宏坊酒店康乐部安装保龄球道需用直接人工成本，直接人工标准成本计算见表 10-11。

表 10-11　直接人工标准成本

项　　目	标　准
月标准总工时(1)	800 小时
月标准总工资额(2)	30 000 元

续表

项　　目	标　准
标准工资率(3)=(2)/(1)	37.50 元/小时
单位产品工时用量标准(4)	400 小时/件
直接人工标准成本(5)=(4)×(3)	15 000 元

第三,营业费用标准成本的制定。营业费用标准成本也是由价格标准和数量标准两部分组成的。营业费用的价格标准就是营业费用的分配率标准。其计算公式如下:

$$营业费用分配率标准 = \frac{标准营业费用总额}{标准总工时}$$

营业费用的用量标准即为工时用量标准,其含义与直接人工用量标准相同。计算公式如下:

营业费用标准成本=工时用量标准×营业费用分配率标准

由于成本按其性态分为变动成本和固定成本,营业费用的制定标准也应分为变动费用成本标准和固定费用成本标准。

【例 10-7】以例 10-6 资料为例,假定宏坊酒店康乐部安装保龄球道所需营业费用标准成本计算如表 10-12 所示。

表 10-12　营业费用标准成本

项　　目	标　准
月标准总工时(1)	800 小时
标准变动制造费用总额(2)	10 000 元
标准变动制造费用分配率(3)=(2)/(1)	12.50 元/小时
单位产品工时用量标准(4)	400 小时/件
变动营业费用标准成本(5)=(4)×(3)	5 000 元
标准固定制造费用总额(6)	8 000 元
标准固定制造费用分配率(7)=(6)/(1)	10 元/小时
固定制造费用标准成本(8)=(4)×(7)	4 000 元/件
单位营业费用标准成本(9)=(5)+(8)	9 000 元

3. 成本差异的类型。成本差异指在标准成本制度下,实际发生的成本数额与相关的标准成本之间的偏差或差额。按照不同的标准,成本差异可以分为以下不同类型。

(1)用量差异与价格差异。用量差异是由于直接材料、直接人工和变动性营业费用等要素的实际用量消耗与标准用量消耗不一致而产生的成本差异。其计算公式如下:

用量差异=标准价格×(实际业务量下的实际用量-实际业务量下的标准用量)

需要注意的是:此处的标准用量是总量概念,与标准成本制定过程中使用的"用量标准"不同,标准成本制定过程中的用量标准是单位概念。

价格差异是由于直接材料、直接人工和变动性营业费用等要素的实际价格水平与标准价格不一致而产生的成本差异。其计算公式如下：

价格差异=(实际价格-标准价格)×实际经营业务量下的实际用量

此处的“标准价格”与标准成本制定过程中所使用的“价格标准”相同，都属于单位概念。

(2)纯差异与混合差异。从理论上看，任何一类差异在计算时都需要假定某个因素变动时其他因素固定在一定基础上不变。把其他因素固定在标准的基础上，所算出的差异就是纯差异。混合差异也称联合差异，指多个因素同时变动时所计算出来的差异。通常以总差异扣除所有纯差异后的余额为混合差异。

(3)有利差异与不利差异。按其数量特征，成本差异可分为有利差异和不利差异。有利差异是实际成本小于标准成本形成的节约差。不利差异是实际成本大于标准成本形成的超支差。

(4)可控差异与不可控差异。可控差异又称主观差异，是指与主观努力程度相联系而形成的差异，是控制的重点内容。不可控差异又称客观差异，是指主要受客观因素影响而形成的差异。

成本差异是控制成本指标的信息来源，是评价及考核成本中心工作业绩的重要依据。对成本差异要做具体分析，评价其经营活动中是否的确为有利的成本差异。如某种一次性消耗品购入时可能价格很低，在购进价上形成有利差异，但使用中发现质量不佳，由此可能会造成消费者使用后不满意，投诉该酒店，导致酒店信誉下降。

4. 成本差异的计算和分析。成本差异的计算和分析要按照不同项目分别进行。

(1)直接材料成本差异的计算和分析。直接材料成本差异是指在实际经营数量下直接材料实际总成本与实际数量下标准总成本之间的差额。它又可以分解为直接材料用量差异和直接材料价格差异两部分。有关计算公式如下：

直接材料成本差异=实际业务量下的实际成本-实际业务量下的标准成本
=实际数量×实际价格-标准数量×标准价格
=(实际数量-标准数量)×标准价格+(实际价格-标准价格)×实际数量
=直接材料用量差异+直接材料价格差异

在公式中，直接材料用量差异指对于经营活动中实际耗用的材料数量与按标准计算的应耗用的材料数量之间的差异。

直接材料用量差异=价格标准×(实际业务量下实际用量-实际业务量下标准用量)

直接材料用量差异的形成原因很多，必须经过具体分析才能确定责任。

公式中的直接材料价格差异，是指对于实际采购材料的数量按实际价格计算与按标准价格计算之间的差额。

直接材料价格差异=实际业务量下的实际用量×(实际价格-标准价格)

材料价格差异的出现受各种主客观因素的影响，如市场价格、供货商、运输方式及运输地点、采购批量的变动等都会影响材料的价格。

【例 10-8】宏坊酒店餐饮部每天制作快餐 300 份。某日领用 A 原料 30. 5 千克，其实际价格为 19. 50 元/千克。A 原料的用量标准为 30 千克，标准价格为 20 元/千克。计算宏坊酒店快餐制作当日直接材料成本差异。

【解】A 原料成本总差异=19. 50(元/千克)×30. 5(千克)-20(元/千克)×30(千克)=-5. 25(元)
A 原料价格差异=30. 5×(19. 50-20)=-15. 25(元)
A 原料用量差异=20×(30. 5-30)=10(元)

经过计算可以看出，制作快餐当日发生了 5. 25 元的节约差异。其中：由于价格降低导致A原料成本降低15.25元,由于材料消耗量增加使A原料成本上升10元。对于材料消耗量增加使成本增加,应具体查明材料消耗量增加的原因,是原材料采购部门采购的材料质量差造成消耗量增加,还是材料使用部门浪费所造成。

(2)直接人工成本差异的计算和分析。直接人工成本差异是指在实际业务量下,直接人工实际成本与标准成本之间的差异,又可以分解为直接人工效率差异和工资率差异两部分。有关计算公式如下:

直接人工成本差异=实际业务量下的实际成本-实际业务量下的标准成本
=实际工时×实际工资率-标准工时×标准工资率
=(实际工时-标准工时)×标准工资率+(实际工资率-标准工资率)×实际工时
=直接人工效率差异+直接人工工资率差异

在公式中,直接人工效率差异通常称"人工效率差异",是酒店经营活动中耗用的实际工时与按标准计算的应耗用的标准工时之间的差额。由于在既定业务量下的人工数量反映劳动效率的高低,所以人工效率差异的计算公式如下:

$$\text{直接人工效率差异}=\text{标准工资率}\times\left(\text{实际业务量下的实际人工工时}-\text{实际业务量下的标准人工工时}\right)$$

公式中的工资率差异是指直接人工的价格差异,即酒店经营活动中按实际工资率计算的人工成本与按标准工资率计算的人工成本之间的差额。直接人工工资率差异的计算公式如下:

$$\text{直接人工工资率差异}=\left(\text{实际工资率}-\text{标准工资率}\right)\times\text{实际业务量下的实际人工工时}$$

工资率差异的形成原因很复杂,如薪酬制度的变动、员工薪酬等级的变动、加班或临时人员的增减等都会导致工资率出现差异,要做具体分析才能得出正确的结论。

【例10-9】承例10-8,宏坊酒店餐饮部每天制作快餐300份。平均每日制作快餐的时间总计为6.4小时,实际应付薪酬435.20元。按照原预算指标,标准工作时间总计为6小时,应付薪酬标准为420元。标准工资率为70元/小时。计算宏坊酒店餐饮部制作快餐的日直接人工成本差异。

【解】 直接人工成本总差异=6.4×(435.20/6.4)-6×70=15.20(元)
直接人工效率差异=70×(6.4-6)=28(元)
直接人工工资率差异=(435.20/6.4-70)×6.4=-12.80(元)

经过计算可以看出,制作快餐当日发生的直接人工成本增加了15.20元。其中:由于直接人工工资率下降节约成本12.80元,由于人工效率降低使成本增加28元。成本增加的原因,是使用了低等级薪酬的员工造成人工效率降低,但工资率降低也节约了一部分薪酬成本,所以应采取的措施是提高工效。

(3)变动营业费用成本差异的计算和分析。变动营业费用成本差异指酒店实际业务量下实际发生的变动营业费用与实际业务量下标准变动营业费用的差异。可以将这种差异分解为效率差异和耗费差异两部分。其计算公式如下:

$$\begin{aligned}\text{变动营业费用成本差异}&=\text{实际业务量下实际变动营业费用}-\text{实际业务量下标准变动营业费用}\\&=\text{实际工时}\times\text{变动营业费用实际分配率}-\text{标准工时}\times\text{变动营业费用标准分配率}\\&=\left(\text{实际工时}-\text{标准工时}\right)\times\text{标准分配率}+\left(\text{实际分配率}-\text{标准分配率}\right)\times\text{实际工时}\end{aligned}$$

在公式中,变动营业费用效率差异即变动营业费用的用量差异,它是按照实际耗用的工时计算的变动费用与按标准工时计算的变动费用之间的差异。其计算公式如下:

$$\text{变动营业费用效率差异}=\left(\text{实际业务量下的实际工时}-\text{实际业务量下的标准工时}\right)\times\text{变动营业费用标准分配率}$$

公式中的工时在酒店财务管理中一般指人工工时。效率差异的形成原因也很复杂,如薪酬制度的变动,员工工资等级变动、加班或临时人员的增减等也会导致效率差异出现。

公式中的耗费差异即为变动营业费用的价格差异,也称变动营业费用分配率差异。它是指在标准成本制度下,一定业务量的实际变动营业费用与标准变动营业费用之间的差额。其计算公式如下:

$$\text{变动营业费用耗费差异}=\left(\text{变动营业费用实际分配率}-\text{变动营业费用标准分配率}\right)\times\text{实际工时}$$

【例 10-10】承例 10-9,宏坊酒店餐饮部每天制作快餐 300 份。某月平均每日制作快餐应负担的营业费用为 210 元,实际负担的营业费用为 216 元。按照原预算指标,标准工作时间总计为 6 小时,标准营业费用分配率为 35 元/小时。计算宏坊酒店餐饮部制作快餐的日营业费用差异。

变动营业费用成本总差异 = 6.4×(216/6.4)-6×35 = 6(元)

变动营业费用效率差异 = (6.4-6)×35 = 14(元)

变动营业费用耗费差异 = (216/6.4-35)×6.4 = -8(元)

通过计算可以看出,宏坊酒店制作快餐的日平均营业费用增加了 6 元。这是由于营业费用效率差异和耗费差异共同作用的结果。其中:由于效率差异提高导致营业费用增加 14 元,由于营业费用耗费差异导致成本降低 8 元,总体营业费用超支 6 元。应具体查明营业费用增加的原因。

(4)固定营业费用成本差异的计算和分析。固定营业费用成本差异是实际业务量下实际固定营业费用与实际业务量下标准固定营业费用的差异。其计算公式为:

固定营业费用成本差异

= 实际业务量下实际固定营业费用-实际业务量下标准固定营业费用

= 实际分配率×实际工时-标准分配率×实际业务量下标准工时

其中:

$$\text{标准分配率}=\frac{\text{固定营业费用预算总额}}{\text{预算业务量下标准总工时}}$$

固定营业费用在一定条件下相对稳定,与业务量无关。但单位业务量里所分配的固定营业费用与业务量的增减成反比。具体计算方法是:将固定营业费用成本总差异分为耗费差异和能量差异两部分。计算公式如下:

耗费差异 = 实际业务量下实际固定营业费用-预算业务量下标准固定营业费用

= 实际固定营业费用-预算业务量×工时标准×标准分配率

= 实际固定营业费用-预算业务量下的标准工时×标准分配率

= 固定营业费用实际支付数-固定营业费用的预算数

能量差异 = 预算业务量下的标准固定营业费用-实际业务量下的标准固定营业费用

= (预算业务量下的标准工时-实际业务量下的标准工时)×标准分配率

【例 10-11】宏坊酒店餐饮部预计某日制作快餐 300 份,实际制作 320 份。实际固定营业费用为 1 080 元。按照原预算指标,标准工时为 2 小时/100 份。固定营业费用标准分配率为 200 元/小时。计算宏坊酒店餐饮部制作快餐的固定营业费用差异。

【解】 固定营业费用成本差异 = 1 080-320/100×2×200 = -200(元)

耗费差异 = 1 080−300/100×2×200 = −120(元)

能量差异 = (6−6.4)×200 = −80(元)

通过分析可以看出,餐饮部固定营业费用节约200元。其中,耗费差异造成固定营业费用节约120元,能量差异造成固定营业费用节约80元。其原因:一是快餐制作数量增加,二是节约开支。

除此之外,成本控制的方法还包括:作业成本控制、质量成本控制、成本定额管理及全面成本管理等。

实行全过程的成本控制,应当贯穿于成本形成的全过程,即扩大到产品寿命周期成本的全部内容。只有当整个寿命周期成本得到有效控制,成本才能明显降低。

成本控制是一项集体努力的过程,而不是员工个人的行为。酒店全体员工必须在整体目标下共同努力,才能够正确理解和使用成本控制信息,并根据所得到的信息改进工作,不断降低经营成本。

【重要概念】

财务控制　责任中心　成本中心　利润中心　责任中心　成本控制　标准成本　成本差异　内部转移价格

计算与分析

1. 万佳酒店商品部销售某种旅游商品。该商品预计进货单价为100元,进货数量为2 000件;实际进价单价为102元,进货数量为2 300件。试计算该旅游商品进价成本变动额和变动率。

2. 万佳酒店商品部5月份销售收入为100万元,销售变动成本为60万元;该中心负责人可控固定成本为4万元,不可控但应由该中心负担的固定成本为6万元。试计算该中心有关收入、成本、利润的考核指标。

3. 万佳酒店康乐部修理保龄球道需耗用三种直接材料,有关资料见表10−13。试计算其直接材料标准成本。

表10−13　直接材料的用量标准与价格

标准	材料A	材料B	材料C
用量标准	60千克	30千克	25千克
价格标准	80元/千克	45元/千克	30元/千克

4. 万佳酒店康乐部安装保龄球道需用直接人工成本,有关资料见表10−14。要求计算直接人工标准成本。

表10−14　直接人工成本标准工时及标准总工资

项目	标准
月标准总工时	210(小时)
月标准总工资	15 000(元)

5. 万佳酒店餐饮部每天制作快餐400份。某日领用A原料52千克,其实际价格为30.80元/千克。A原料的用量标准为50千克,标准价格为30元/千克。试计算万佳酒店餐饮部制作快餐的日直接材料成本差异。

6. 万佳酒店餐饮部每天制作快餐400份。平均每日制作快餐的时间总计为5.8小时,实际支付薪酬580元。按照原预算指标,标准工作时间总计为5.5小时,应付薪酬标准为540元。标准工资率为90元/小时。试计算万佳酒店餐饮部制作快餐的日直接人工成本差异。

7. 万佳酒店餐饮部每天制作快餐400份。某月平均每日制作快餐应负担的营业费用为200元,实际负担的营业费用为220元。按照原预算指标,标准工作时间总计为5.8小时。标准营业费用分配率为30元/小时。试计算万佳酒店餐饮部制作快餐的日营业费用差异。

8. 万佳酒店餐饮部预计某日制作快餐400份,实际制作380份。实际固定营业费用为1 000元。按照原预算指标,标准工时为1.5小时/100份。固定营业费用标准分配率为150元/小时。试计算万佳酒店餐饮部制作快餐的固定营业费用差异。

第十一章

酒店财务分析

【学习目标】

通过本章学习,使学生理解酒店财务分析的概念和目的、酒店财务分析的依据和财务综合分析的含义,了解酒店财务分析的方法。掌握偿债能力、营运能力、获利能力等财务指标的计算与分析;掌握酒店财务状况的趋势和综合分析。

【情景思考】

如何了解上市公司的财务状况和经营业绩?如果你想投资于股市,买哪只股票呢?是人云亦云,股市上众人都买你就跟进,还是经过独立思考走自己的路呢?这些都需要使用财务报告的数据进行分析,以了解上市公司的偿债能力、营运能力和获利能力。

【本章重点】

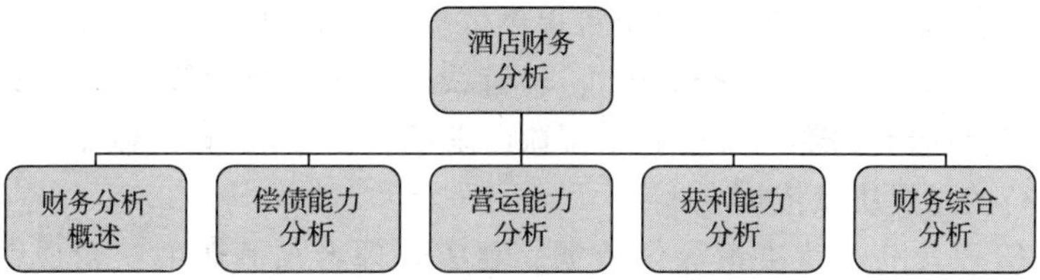

第一节　财务分析概述

酒店财务分析是以酒店财务报告反映的财务指标为主要依据,对酒店过去的财务状况和经营成果及未来前景的一种评价。它既是酒店已完成的财务活动的总结,又是进行财务预测的前提,在财务管理循环中起着承上启下的作用。

一、酒店财务分析的概念、目的及意义

(一)酒店财务分析的概念

酒店财务分析是以财务会计报告为主要依据,采用科学的评价标准和一系列专门的方法,对酒店的财务状况、经营成果和现金流量等重要指标进行比较和分析,对其经营状况和经营效益做出评价、判断及预测,为酒店的投资人、债权人、政府有关职能部门和经营管理者

等财务信息使用者进行决策提供重要的财务信息。

酒店财务分析具有以下基本特征：

第一，财务分析的主要依据是财务会计报告；

第二，财务分析是通过比较分析，对酒店的经营活动及其效益做出判断、评价和预测的过程；

第三，科学的评价标准和专门的分析方法是财务分析的重要手段；

第四，财务分析的目的是为有关方面提供重要的财务信息。

（二）酒店财务分析的目的

通过财务分析，能够反映出酒店在经营过程中的偿债能力、营运能力和获利能力，从而为财务信息使用者进行决策提供重要的财务信息。

1. 为酒店投资人的投资决策提供依据。由于投资各方在酒店经营时不得抽走资金，因而承担着酒店经营的风险。酒店与投资者之间是利益共享、风险共担的关系。投资者要掌握其投资的收益和风险，就要对酒店的经营状况进行全面分析。通过财务分析可以对酒店的财务状况、经营成果和现金流量做出评价和对未来的发展变化做出科学预测，这将有助于投资人（包括潜在的投资人）做出理性的投资决策。

2. 为酒店债权人的决策提供依据。债权人包括贷款银行、融资租赁出租方、酒店债券持有人等。酒店与债权人之间是债权资金的取得和本金及利息的偿还关系。为了按期得到本金和利息，债权人要对酒店的偿债能力进行分析，了解酒店财力是否充足，资金流是否顺畅，能否用来清偿债务，了解酒店的获利状况，是否应该拥有或继续拥有酒店债权等。这将为债权人的决策提供依据。

3. 为政府有关部门进行宏观经济决策提供依据。国家制订宏观经济调控政策，通常以基层单位的资金运用、投资行为、产品销售、经营状况和经济效益等情况为基础。酒店所提供的财务信息，是政府有关部门了解并掌握旅游业的经济情况、正确制定国家产业政策、调控国民经济运行的重要决策依据。

4. 为酒店管理者的经营决策提供依据。酒店管理者与酒店的经营成败有直接关系。通过定期编制财务报告，对财务报告进行财务分析，可以做出借款、投资、扩大生产经营等方面的经营决策，揭示酒店经营活动中的利弊得失，促使酒店找出产生矛盾和出现问题的原因，从而起到强化管理、提高酒店管理水平和效益的作用。酒店管理者可以通过财务报告了解酒店的资金结构、偿债能力、获利能力和营运能力，进行应付风险能力的分析；定期检查酒店的经营管理业绩，监督酒店计划、投资、经营方案的执行情况，为决策人做出正确的筹资、投资和利润分配的决策提供依据。

（三）酒店财务分析的意义

财务分析是酒店财务管理的重要手段之一，对于提高酒店的经营效率及其成果，促进决策的科学化具有重要意义。在财务管理循环中，财务管理分析既是循环的终点，又是下一个循环的起点，通过财务分析可以总结过去的经验，查找以往工作中的不足。此外，针对酒店经营管理中的问题，可以提出改进措施，完善和提高酒店的财务管理水平。

酒店的投资者进行财务报告分析的目的是为了了解酒店的获利能力状况，以确保其资本保值增值的长远利益。同时，投资人还要研究酒店的权益结构、支付能力及营运状况等。只有投资者认为酒店的发展前景良好，才会保持或增加投资，潜在投资者才会踊跃地把大量资金放心地投入该酒店。另外，对酒店所有者而言，使用财务报告的数据也可以分析评价酒店经营者的经营业绩，发现经营过程中存在的问题，从而通过行使股东权力，及时纠正偏差，为酒店未来发展指明方向。

酒店债权人进行财务报告分析的目的与投资者、经营者有所不同，其分析的重点是酒店长、短期偿债能力。从债权人角度进行财务报告分析，一是看其对酒店的借款或其他债权是否能及时、足额的收回，即研究酒店偿债能力的大小；二是看其收益状况与风险程度是否能相适应。为此，还应将偿债能力分析与获利能力分析相结合，由此制定出是否借款以及对该酒店借款额度、付款条件、利率水平、保障条款等的决策。

酒店经营者要进行资产结构分析、营运状况与效率分析、经营风险与财务风险分析、支付能力与偿债能力分析以及酒店发展前景预测等。通过这种分析，经营者可以及时发现经营管理中存在的问题与不足，采取有效措施解决这些问题。除此之外，经营者还能够充分利用有限的资源，不断提高管理水平，使酒店不仅能利用现有资源获得更多盈利，而且使酒店的获利能力保持稳定持续的增长。

二、酒店财务分析的依据

酒店进行财务分析的主要依据是酒店的财务会计报告。

财务会计报告包括会计报表及其附注和其他应当在财务会计报告中披露的相关信息和资料。酒店向外报送的会计报告至少应当包括资产负债表、利润表、现金流量表和股东权益(所有者权益)变动表等报表。提供财务会计报告的目的在于为报告使用者提供财务信息，为他们进行财务分析和经济决策提供充足的依据。以下主要介绍进行财务分析常用的会计报告：资产负债表、利润表和现金流量表。

(一)资产负债表

资产负债表(又叫财务状况表)是反映酒店某一时点财务状况的静态报表，其编制依据是会计平衡公式“资产=负债+股东权益(所有者权益)”。

资产负债表的左方反映酒店的资产状况，说明资产的表现形式；右方反映酒店的负债及股东权益状况，说明酒店的资金来源情况，即债权和股权各自所占的比例。财务分析者通过对资产负债表的分析，可以了解酒店的偿债能力、资金营运能力等财务状况，为债权人、投资者以及酒店管理者提供决策依据。宏坊酒店 2020 年 12 月 31 日资产负债表(简表)的有关数据见表 11-1。

表 11-1 资产负债表

编制单位：宏坊酒店　　2020 年 12 月 31 日　　金额单位：元

资产	年初数	年末数	负债及所有者权益	年初数	年末数
货币资金	1 100 000	1 230 000	短期借款	50 000	76 700
短期投资			应付账款	1 030 000	540 000
应收账款	500 000	1 090 000	应付职工薪酬	300 000	500 000
应收票据			其他应付款	420 000	150 000
其他应收款	100 000	200 000	应交税费	300 000	1 560 000
存货	3 500 000	4 080 000	流动负债合计	2 100 000	2 826 700
其他流动资产			长期借款	1 500 000	1 500 000

续表

资产	年初数	年末数	负债及所有者权益	年初数	年末数
流动资产合计	5 200 000	6 600 000	长期负债合计	1 500 000	1 500 000
长期投资		1 000 000	负债合计	3 600 000	4 326 700
固定资产净值	3 800 000	4 280 000	实收资本	4 000 000	4 000 000
无形资产			资本公积	200 000	200 000
其他非流动资产			盈余公积	200 000	733 000
非流动资产合计	3 800 000	5 280 000	未分配利润	1 000 000	2 620 300
			股东权益合计	5 400 000	7 553 300
资产总额	9 000 000	11 880 000	负债及所有者权益合计	9 000 000	11 880 000

（二）利润表

利润表是反映酒店一定时期内经营成果的动态报表，通常考虑收入与支出之间的相互关系，按照利润的构成项目分别设置。

通过利润表可以考核酒店利润的完成情况，分析酒店的获利能力以及利润增减变化的原因，预测酒店的未来发展趋势，为投资者及酒店管理者等各方面提供财务信息。宏坊酒店2020年12月利润表（简表）有关数据见表11-2。

表11-2　利润表

编制单位：宏坊酒店　　2020年12月　　金额单位：元

项　目	本月数	累计数
营业收入	3 000 000	11 322 000
减：营业成本	1 420 000	5 309 400
税金及附加	165 000	622 700
营业费用	35 000	308 000
管理费用	156 000	1 221 000
财务费用	18 000	50 000
营业利润	1 206 000	3 81 0900
加：营业外收入		
减：营业外支出		
利润总额	1 206 000	3 81 0900
减：所得税费用	—	952 725
税后净利润	—	2 858 175

（三）现金流量表

现金流量表为会计报告使用者提供酒店在一定会计期间内现金和现金等价物流入和流出的信息，便于报表使用者了解和评价酒店获取现金及现金等价物的能力、偿债能力和支付股利的能力，并据以预测酒店未来现金流量。

三、酒店财务分析的内容

一般来说，酒店财务分析主要包括以下内容。

（一）收益性分析

收益性分析主要分析酒店创造利润的能力及其状况，包括营业收入分析、成本费用分析、利润分析等。通过分析了解酒店增收节支方面的管理水平及其效果，广开财源，堵塞漏洞，从而创造更多效益。

（二）营运性分析

营运性分析主要分析各类资产的周转利用情况，包括流动资产周转率、固定资产周转率及其总资产周转率等。通过分析了解酒店资产结构、各类资产的利用率情况，从而为调配现有资产的配置、提高资产利用率和效益创造条件。

（三）偿债性分析

为了维持酒店的正常经营活动，保证长期发展的需要，酒店通常会使用举债的方式筹集资金。偿债性分析主要分析酒店的偿债能力，包括短期偿债能力和长期偿债能力。通过分析了解酒店的融资结构是否合理，为酒店融资及再融资能力的提高提供信息，创造条件。

四、酒店财务分析的方法

开展财务分析，需要运用一定的方法。财务分析的主要方法有比较分析法、比率分析法和因素分析法等。

（一）比较分析法

比较分析法是将两个或两个以上同类指标放在相同基础上进行比较，即对具有内在联系的指标进行对比，从数量上确定其差异的一种分析方法。这种分析方法只适用于同质指标的数量对比。因此，应用比较分析法时要注意对比指标的可比性。对比指标的计算口径、计价基础和时间单位都应保持一致，这样才具有可比性，以保证比较结果的准确性。

在实际工作中，其形式主要有实际指标与计划（或预算）指标对比、同一指标纵向对比和同一指标横向对比等。

（二）比率分析法

比率分析法是指通过计算和对比经济比率指标进行数量分析的方法，是相对于比较分析法更具有科学性和可比性的分析方法。采用这一方法，首先应把要进行对比的指标变成相对数求出比率，然后再进行对比分析，从比率的差异中发现问题。一般常用的重要比率大致可归纳为四类，即变现能力比率、长期偿债比率、资产管理比率和获利能力比率。在财务分析中，比率分析法的使用比较广泛。

根据分析目的和要求的不同，比率分析主要分为构成比例、效率比率和相关比率三种。

1. 构成比率。构成比率又称结构比率，它是某一组成部分的数额与总体数额的比。如资产构成比率是资产项目里面的子项目与资产总额的百分比；负债构成比率是负债项目里面的子项目与负债总额的百分比。利用构成比率，可以考察总体结构中某一部分的形成和结构是否合理，以便协调各项财务活动。

2. 效率比率。效率比率是指某项财务活动中所得与所费的比率，反映投入与产出、耗费与收入间的比例关系。如净资产收益率等于净利润与平均净资产的百分比；总资产报酬率等于息税前利润总额与平均资产总额的百分比。

3. 相关比率。相关比率指除以上两个比率以外的其他财务比率。

（三）因素分析法

因素分析法是对某项综合指标的变动原因按其内在的因素，计算和确定各个因素对这一综合指标发生变化的影响程度的分析方法。采用这种方法的出发点在于，当若干因素都会对分析对象产生影响时，首先假定其他因素都不发生变化，再依次确定各因素单独变化对综合指标的影响。因素分析法具体又分为连环替代法和差额分析法两种。

1. 连环替代法。连环替代法是从数量上来确定一个综合经济指标所包含的各项因素的变动对该指标影响程度的分析方法。具体分析方法是，当有若干因素影响综合指标时，假定其他各个因素都无变化，按顺序确定每一个因素单独变化所产生的影响。其计算程序如下：① 确定某项经济指标由哪些因素组成；②确定各个因素与某项指标的关系，如加减关系，乘除关系等；③按照经济指标的因素，以一定的顺序将各个因素加以替代，来具体测算各个因素对指标变动的影响方向和程度。

【例 11-1】宏坊酒店 2020 年 6 月份与 2021 年 6 月份营业收入见表 11-3。请计算各因素对营业收入的影响。

表 11-3　营业收入比较表　　金额单位：元

项　目	2020 年 6 月	2021 年 6 月	差异
出租率	82%	85%	3%
名义房价（元）	125	120	-5
折扣率	85%	90%	5%
实际房价（元）	106.25	108	1.75
可供客房数量（套）	400	400	0
预算期天数（天）	31	31	0
客房收入（元）	1 080 350	1 138 320	57 970

【解】客房收入=可供客房数量×预算期天数×出租率×名义房价×平均折扣率。对客房收入有实际影响的因素有：客房出租率、名义房价和折扣率（由于可供客房数量和预算期天数差异为零，在因素分析法中不予考虑）。经计算可以看出，收入总差异为 57 970 元，现分析影响收入差异的原因。

400×31×82%×125×85%＝1 080 350

〉 出租率提高使收入增加 39 525 元

400×31×85%×125×85%＝1 119 875

〉 名义房价降低使收入减少 44 795 元

400×31×85%×120×85%＝1 075 080

〉 折扣率上升使收入增加 63 240 元

400×31×85%×120×90%＝1 138 320

出租率、名义房价和折扣率变动对营业收入的总影响额：

39 525-44 795+63 240＝57 970（元）

从上述分析中可以看出，客房价格折扣率的高低是影响客房收入的重要因素。同样高的出租率，由于折扣率不同会使客房收入有很大的差异。因此，为全面反映客房经营情况，不仅要重视出租率的高低,还要重视房价折扣率的高低。

在应用这一方法时,应明确以下问题:①连环替代法必须按照各因素的排列顺序依次替代,不可随意加以颠倒,否则会得出不同的计算结果。②确定各因素排列顺序的一般原则是:如果既有数量因素又有质量因素,先计算数量因素变动的影响,后计算质量因素变动的影响;如果既有实物数量因素又有价值数量因素,先计算实物数量因素变动的影响,后计算价值数量因素变动的影响;如果同时有几个数量和质量因素,还应区分主要和次要因素变动的影响。③在计算每一个因素变动的影响时,都是在前一次计算的基础上进行,一环套一环地进行比较。使用这种方法即可以说明指标变动的原因,又可以保证各因素影响之和等于分析指标变动的差异。④连环替代法的分析前提是假定的,以上因素排列顺序不同,计算结果就会不同。即各因素变化的计算结果离开了假定的前提条件,影响数据就会发生变化。

2. 差额计算法。差额计算法是连环替代法的一种简化形式,是根据各项因素的实际数与基数的差额来计算各项因素的影响程度的方法。

【例 11-2】仍以例 11-1 所列数据为例,采用差额计算法确定宏坊酒店 2020 年 6 月份与 2021 年 6 月份营业收入各因素变动对客房收入的影响。

【解】(1)出租率上升对客房收入的影响:

$$400\times31\times(\underline{85\%-82\%})\times125\times85\%=39\ 525$$

(2)名义房价下降对客房收入的影响:

$$400\times31\times85\%\times(\underline{120-125})\times85\%=-44\ 795$$

(3)折扣率上升对客房收入的影响:

$$400\times31\times85\%\times120\times(\underline{90\%-85\%})=63\ 240$$

将三项因素综合起来对客房收入的影响为:

$$39\ 525-44\ 795+63\ 240=57\ 970(\text{元})$$

(四)趋势分析法

趋势分析法又称水平分析法,指利用财务报告提供的数据资料,通过比较两期或连续数期财务报告中的相同指标,确定其增减变动的方向、数额和幅度,据以预测酒店企业财务状况或经营成果变动趋势的方法。典型的趋势分析是将本期数据与上期数据进行比较,更为复杂的趋势分析则涉及多个会计期间的比较。用于趋势分析的数据既可以是绝对值,也可以是以比率表示的相对值。采用这种方法,可以分析引起酒店财务状况和经营成果变化的原因和性质,预测未来发展前景。

采用趋势分析法预测有关指标时,具体程序如下:①计算趋势比率或指数,所对比指标的计算口径必须一致;②根据指数计算结果,评价和判断酒店各项指标的变动及其合理性,也就是应剔除偶发性项目的影响;③根据酒店以往各期的变动情况,研究其变动规律,从而预测出酒店未来的发展变动情况。

趋势分析法主要分析比较以下三种内容:

1. 重要财务指标的比较。该方法是将不同时期的财务报告中的相同指标或比率进行比较,直接观察其增减变动数据或变动幅度,预测其发展趋势的分析方法。根据不同的比较基础,又有定基动态比率和环比动态比率两种。定基动态比率是以某一时期的数据为固定基期数值而计算出的动态比率。环比动态比率是以每一分析期的前期数值为基期数值计算出的动态比率。

2. 会计报表的比较。该方法是将连续数期的财务报告中的金额相并列,比较其相同指标的增减变动数据或变动幅度，预测其发展趋势的分析方法。包括：①若干期资产负债表项目的变动趋势分析；②若干期利润表项目的变动趋势分析；③若干期资产负债表或利润表项目结构比例的变动趋势分析；④若干期财务比率的变动趋势分析；⑤特定项目若干期数据的变动趋势分析。

3. 会计报表项目构成的比较。该方法是将会计报告中的某个总体指标作为100%，再计算出各组成项目占该总体指标的百分比，以此来判断有关财务活动的变化趋势。通常用作100%表示的项目，在利润表中为销售收入，在资产负债表中为资产总额和负债及股东权益总额。

趋势分析法的不足之处是，只就同项目的金额在不同时期进行比较，却忽略了某些相互关联的财务关系，而那些被忽略的财务关系有时却是极为关键的。

第二节　偿债能力分析

偿债能力是指酒店偿还到期债务(包括本息)的能力。通过对偿债能力的分析，可以揭示酒店的财务风险，既可以为债权人了解酒店的变现能力提供相应的财务信息，又可以为酒店经营者适度举债和筹集资金提供财务信息。偿债能力分析包括短期偿债能力分析和长期偿债能力分析。

一、短期偿债能力分析

短期偿债能力是指酒店流动资产对流动负债及时足额偿还的保证程度，是衡量酒店当前财务变现能力，特别是流动资产变现能力的重要标志。其衡量指标主要有流动比率、速动比率和现金比率。

(一)流动比率

流动比率是某一时点上流动资产与流动负债的比率，它表明酒店每1元流动负债有多少流动资产作为偿还保证，反映酒店可在短期内转变为现金的流动资产偿还到期流动负债的能力。计算公式为：

$$流动比率=流动资产/流动负债$$

流动资产主要包括库存现金、交易性金融资产、应收及预付款项、存货和1年内到期的长期投资等，一般用资产负债表中的期末流动资产总额表示。流动负债主要包括短期借款、应付及预收款项、各种应交款项和1年内到期的长期负债等，一般用资产负债表中的期末流动负债总额表示。一般情况下，流动比率越高，反映酒店短期偿债能力越强，债权人的权益越有保证。国际上通常认为，流动比率为2∶1时较为适当。如果比例过低，则表示酒店可能难以如期偿还债务。但是，流动比率也不可以过高，过高则表明酒店流动资产占用较多，会影响资金的使用效率和酒店的筹资成本，进而影响酒店的获利能力。具体应保持多高水平的流动比率，主要根据酒店对待风险与收益的态度确定，没有统一标准。

【例11-3】根据表11-1的资料，计算宏坊酒店的流动比率。

【解】

$$流动比率=6\ 600\ 000/2\ 826\ 700\approx2.33$$

该数据表明酒店财务状况稳定可靠，除了满足日常生产经营的流动资金需要外，还有足够的财力偿付到期短期债务。

（二）速动比率

速动比率是酒店速动资产与流动负债的比值。速动资产是指流动资产中容易变现的资产。具体是指流动资产减去变现能力较差且不稳定的存货、预付账款、一年内到期的长期投资等的余额。计算公式为：

速动比率＝速动资产/流动负债

由于剔除了存货等变现能力较弱且不稳定的资产，速动比率比流动比率能够更加准确、可靠地评价酒店资产的流动性及其偿还短期负债的能力。

一般情况下，速动比率越高，表明酒店偿还流动负债的能力越强。国际上通常认为，速动比率为 1∶1 时较为适当。如果速动比率小于 1，必使酒店面临很大的偿债风险；如果速动比率大于 1，尽管债务偿还的安全性很高，但却会因酒店现金及应收账款资金占用过多而增加酒店的机会成本。

【例 11-4】根据表 11-1 的资料，计算宏坊酒店的速动比率。

【解】　　速动比率＝(6 600 000－4 080 000)/2 826 700≈0.89

计算表明，宏坊酒店的速动比率接近 1，它表明该酒店变现能力较强，基本可以偿还短期负债。

速动比率较之流动比率更能反映出流动负债偿还的安全性和稳定性，但并不能认为速动比率较低，酒店的流动负债到期就绝对不能偿还。实际上，如果酒店存货周转顺畅，变现能力较强，即使速动比率较低，只要流动比率高，酒店仍然有望偿还到期的债务本息。但如果应收账款的比率比较高，则又会出现不能收回应收款项的危险。因此，必须分析第三个指标——现金比率才能做出相应结论。

（三）现金比率

现金比率是酒店的现金类资产与流动负债的比率。现金类资产包括酒店的库存现金及随时可用于支付的存款和现金等价物，即现金流量表中所反映的现金。计算公式为：

$$现金比率=\frac{现金+现金等价物}{流动负债}$$

现金是反映酒店偿还债务的最终手段。如果现金支付困难，将会面临财务危机。因此，可以使用现金比率来反映酒店的直接支付能力。当现金比率比较高时，说明酒店有较好的偿债能力；但现金比率过高，则可能意味着酒店的现金类资产未能得到有效利用。一般认为现金比率在 0.2 左右比较适宜。

【例 11-5】根据表 11-1 的资料，计算宏坊酒店的现金比率。

【解】　　现金比率＝1 230 000/2 826 700≈0.435

计算表明，宏坊酒店有足够的现金资产来偿还债务，即偿债能力较强，但从另一方面来看，也说明酒店拥有过多的、获利能力较低的现金类资产。

二、长期偿债能力分析

长期偿债能力是指酒店偿还长期债务的能力，它不仅取决于酒店在较长时期内的获利能力，也受酒店资本结构的重大影响。该指标侧重于对资本结构的分析，即酒店资产对其债务的保障程度的分析。酒店长期偿债能力的衡量指标主要有资产负债率、股东权益比率、产权比率和已获利息倍数等。

（一）资产负债率

资产负债率又叫负债比率，是指酒店负债总额对资产总额的比率。它表明酒店资产总

额中债权人提供资金所占的比重,以及酒店资产对债权人权益的保障程度。计算公式为:

$$资产负债率 = \frac{负债总额}{资产总额} \times 100\%$$

一般情况下,资产负债率越小,表明酒店长期偿债能力越强。但是也并非说该指标对任何单位都是越小越好。站在债权人的角度,希望该指标越小越好,该指标越小,说明酒店偿债能力越有保证。对酒店所有者来说,如果该指标较大,说明酒店利用较少的自有资本投资形成了较多的经营用资产,不仅扩大了酒店的经营规模,而且在经营状况良好的情况下,还可以利用财务杠杆原理,得到较多的投资利润,如果该指标过小,则表明酒店对财务杠杆利用不够。但资产负债率越大,也表明酒店的债务负担越重。酒店资金实力不强,不仅对债权人不利,而且酒店存在濒临倒闭的危险。

【例 11-6】根据表 11-1 的资料,计算宏坊酒店的资产负债率。

【解】 资产负债率=4 326 700/11 880 000≈36.42%

数据说明,宏坊酒店有 36.42%的资产是由债权人提供的。

(二)股东权益比率与权益乘数

股东权益比率是酒店股东权益与资产总额的比率,该比率反映酒店资产中有多少是股东投入的。计算公式为:

【解】

$$股东权益比率 = \frac{股东权益总额}{资产总额} \times 100\%$$

从上述公式可知,股东权益比率与负债比率之和等于 1。因此,这两个比率从不同的侧面反映了酒店的长期财务状况和长期偿债能力。股东权益比率越大,负债比率就越小,酒店的财务风险也就越小,偿还长期债务的能力就越强。

【例 11-7】根据表 11-1 的资料,计算宏坊酒店的股东权益比率。

【解】 股东权益比率=7 553 300/11 880 000≈63.58%

数据说明,宏坊酒店有 63.58%的资产由出资者提供。

股东权益比率的倒数,称为权益乘数,即酒店资产总额是股东权益总额的多少倍。该乘数越大,说明股东投入的资本在资产总额中所占的比重越小,酒店的财务风险也就越大。计算公式为:

权益乘数=资产总额/股东权益总额

【例 11-8】根据表 11-1 的资料,计算宏坊酒店的权益乘数。

【解】 权益乘数=11 880 000/7 553 300≈1.57

说明出资者出资 1 份资本,带来约 1.57 份的总资产。

(三)产权比率

产权比率是指负债总额与股东权益的比率,是酒店财务结构稳健与否的重要标志,也称为资本负债率。它反映债权人提供资金与股东提供资金的对比关系,表明酒店股东权益对债务的保障程度。计算公式为:

产权比率=负债总额/股东权益总额

一般情况下,产权比率越低,表明酒店的长期偿债能力越强,债权人权益的保障程度越高,承担的风险越小,但缺点是不能充分地发挥负债的财务杠杆效应。因此,酒店在评价产权比率适度与否时,应从提高获利能力与增强偿债能力两个方面综合进行,即在保障债务偿还安全的前提条件下,尽可能地提高产权比率。

【例 11-9】根据表 11-1 的资料，计算宏坊酒店的产权比率。

【解】
$$产权比率 = 4\ 326\ 700/7\ 553\ 300 \approx 0.57$$

计算表明，宏坊酒店每份出资额可以举债 0.57 份。

产权比率与资产负债率对评价偿债能力的作用基本相同，两者的主要区别是：资产负债率侧重于分析债务偿还安全性的物质保障程度，产权比率则侧重于揭示财务结构的稳健程度及自有资金对偿债风险的承受能力。

（四）利息保障倍数

利息保障倍数又称已获利息倍数，是指酒店一定时期息税前利润与利息支出的比率，反映获利能力对债务偿付的保证程度。其中，息税前利润总额指利润总额与利息支出的合计数，利息支出指实际支出的借款利息、债券利息等。计算公式为：

$$利息保障倍数 = \frac{税前利润 + 利息费用}{利息费用}$$

式中，税前利润指缴纳所得税之前的利润总额，利息费用不仅包括财务费用中的利息费用，还包括计入固定资产成本的资本化利息。

利息保障倍数不仅反映酒店获利能力的大小，而且还反映获利能力对偿还到期债务的保证程度。它既是酒店举债经营的前提，也是衡量酒店长期偿债能力大小的重要标志。一般情况下，利息保障倍数越高，表明酒店长期偿债能力越强。从长期来看，若要维持正常的偿债能力，利息保障倍数至少应当大于 1，如果利息保障倍数过小，酒店将面临亏损以及偿债安全性与稳定性下降的风险。

【例 11-10】根据表 11-2 的资料，计算宏坊酒店的利息保障倍数。

【解】
$$利息保障倍数 = \frac{3\ 810\ 900 + 50\ 000}{50\ 000} \approx 77.218$$

计算表明，宏坊酒店有足够的利润来支付举债利息。

在利用利息保障倍数这一指标时，必须注意本期的利息费用与本期的实际利息支出之间的差别，因为会计采用权责发生制来核算费用，所以本期的利息费用不一定就是本期的实际利息支出，而本期发生的实际利息支出也并非全部是本期的利息费用；同时，本期的息税前利润也并非本期的经营活动所获得的现金。这样，利用上述财务指标来衡量经营所得支付债务利息的能力就存在一定事实上的片面性，不能清楚地反映实际支付利息的能力。因此利息保障倍数达到多少时，才说明酒店偿付债务利息的能力强并没有一个确定的标准，通常要根据往年的经验并结合行业特点来判断。

除此之外，影响酒店长期偿债能力的其他因素还有：长期资产与长期负债比率、固定资产与长期负债比率、自有资金固定资产率、长期负债与营运资金比率及财务杠杆系数等。

第三节　营运能力分析

营运能力指酒店对其有限的资源进行配置和利用的能力，即资产管理能力。酒店的营运能力最终通过资产运作体现出来，实际上就是酒店的总资产及其各个组成要素的营运能力。它主要包括各项资产的周转指标，这些指标是用来衡量酒店在资产管理和使用方面效率的财务比率。资产营运能力的强弱,关键取决于资产的周转速度。一般说来,周转速度越快,资产的使用效率越高,资产营运能力越强;反之,营运能力就越差。资产周转速度通常用周转率和周转期两个指标表示。

周转率是酒店在一定时期内资产的周转额与平均余额的比率,它反映酒店资产在一定时期的周转次数。周转次数越多,表明周转速度越快,资产营运能力越强。这一指标的反指标是周转期(周转天数),它是周转次数的倒数与计算期天数的乘积,反映资产周转一次所需要的天数。周转天数越少,表明周转速度越快,资产营运能力越强。

反映酒店营运能力的主要指标有:应收账款周转率、存货周转率、固定资产周转率、总资产周转率等。

一、应收账款周转率

应收账款周转率是酒店一定时期内营业收入净额与平均应收账款余额的比率,是反映应收账款周转速度的指标。应收账款周转率是年度内应收账款转为现金的平均次数,它说明应收账款流动的速度。用时间表示的周转速度是应收账款周转天数。其计算公式为:

式中:

应收账款周转率(周转次数)=营业收入净额/平均应收账款余额

营业收入净额=营业收入-销售折扣与折让

平均应收账款余额=(应收账款余额年初数+应收账款余额年末数)/2

应收账款周转期(周转天数)=(平均应收账款余额×360)/营业收入净额

=360/应收账款周转率

应收账款周转率反映了酒店应收账款变现速度的快慢及管理效率的高低。一定期间内,酒店应收账款周转率越高,周转次数越多,说明酒店应收账款回收速度越快,经营管理水平越高,而且资产的流动性强,酒店的短期偿债能力也会增强。较高的应收账款周转率,能有效地减少收款费用和坏账损失,在一定程度上增加酒店流动资产的收益。但是,如果应收账款周转率过高,可能是酒店采用了比较严格的信用政策和信用标准,付款条件过于苛刻,会减少酒店进店消费者的数量,从而影响酒店的盈利水平。如果酒店应收账款周转率过低,则说明酒店应收账款管理的效率太低,或者信用政策过于宽松,其结果会影响酒店资金利用率和资金的正常周转。因此酒店应根据应收账款周转率这一指标,更加细致地评价客户的信用程度以及酒店所制定的信用条件是否适当。

【例 11-11】根据表 11-1 和表 11-2 的资料,计算宏坊酒店的应收账款周转率(次数)、应收账款周转天数。

【解】

$$\text{应收账款周转率} = \frac{11\ 322\ 000}{(500000 + 1\ 090\ 000)/2} \approx 14.24\ (\text{次})$$

应收账款周转天数=360/14.24≈25.28(天)

假设同行业平均应收账款周转率为 10 次,周转天数为 36 天。该指标表明宏坊酒店的应收账款周转率较同行业平均水平为高,资产流动速度较快,短期偿债能力较强。

二、存货周转率

存货周转率是酒店一定时期营业成本与平均存货余额的比率,表示一定时期内存货的更新次数,用以表示存货周转速度的快慢。它是反映酒店经营能力和存货流动性的一个指标,也是衡量酒店经营各环节中存货运营效率的一个综合性指标。计算公式为:

存货周转率(周转次数)=营业成本/平均存货余额

式中:

平均存货余额=(存货余额年初数+存货余额年末数)/2

存货周转期(周转天数)=(平均存货余额×360)/营业成本

存货周转速度的快慢,不仅能反映酒店采购、储存、耗用、销售各环节管理工作状况的好坏,而且对酒店的偿债能力及获利能力产生决定性的影响。

【例 11-12】根据表 11-1 和表 11-2 的资料,计算宏坊酒店存货周转率(次数)和存货周转天数。

【解】

$$存货周转率=\frac{5\ 309\ 400}{(3\ 500\ 000+4\ 080\ 000)/2}\approx 1.4$$

存货周转期(周转天数)=(3 790 000×360)/5 309 400≈256.98(天)

假设同行业平均存货周转率为 2。它表明宏坊酒店的存货周转率在同行业中较弱,应增加进货批次,减少库存。

一般而言,存货周转率越高越好。存货周转率越高,表明其变现的速度越快,周转额越大,资金占用水平越低。因此,通过存货周转分析,有利于找出存货管理中存在的问题,尽可能降低资金占用水平。存货储存过少可能造成经营活动中断或酒店中消耗品使用紧张,但又不能储存过多而形成呆滞和积压。一定要保持结构合理、质量可靠。此外,存货是流动资产的重要组成部分,其质量和流动性对酒店流动比率具有举足轻重的影响,并进而影响到酒店的短期偿债能力。所以一定要加强存货的管理,以提高其投资的变现能力和获利能力。

三、总资产周转率

总资产周转率指营业收入与资产总额的比率。其计算公式为:

总资产周转率(周转次数)=营业收入净额/平均资产总额

式中:

平均资产总额=(资产总额年初数+资产总额年末数)/2

总资产周转期(周转天数)=(平均资产总额×360)/营业收入净额

总资产周转率越高,表明酒店全部资产的使用效率越高;反之,如果该指标较低,则说明酒店利用全部资产进行经营的效率较差,最终会影响酒店的获利能力。因此,酒店应采取措施提高酒店资产的利用程度,如提高营业收入或处理多余的资产。

【例 11-13】根据表 11-1 和表 11-2 的资料,计算宏坊酒店总资产周转率(周转次数)和总资产周转天数。

【解】

$$总资产周转率=\frac{11\ 322\ 000}{(9\ 000\ 000+11\ 880\ 000)/2}\approx 1.08(次)$$

总资产周转天数=360/1.08≈333.33(天)

假设同行业总资产周转率为 1,可以看出,宏坊酒店全部资产的使用效率在同行业中是较好的。需要说明的是,在上述指标的计算中均以年度作为计算期。在实际经营过程中,计算期应根据分析的需要而定,但应保持分子与分母在时间口径上的一致。如果资金占用的波动性较大,酒店应使用更详细的资料进行计算。如果各期资金占用额比较稳定,波动不大,季度、年度的平均资金占用额也可以直接用"(期初数+期末数)/2"的公式来计算。

第四节　获利能力分析

获利能力是指酒店正常经营赚取利润的能力，或者说是酒店资金增值的能力。获利能力分析主要将资产、负债、股东权益与经营成果相结合来分析酒店的各项报酬指标，从而从不同角度判断酒店的获利能力。

获利能力分析是酒店财务分析的重要组成部分，也是评价酒店经营管理水平的重要依据。评价酒店获利能力的财务指标主要有销售利润率（或称营业利润率）、成本费用净利率等指标。

一、酒店获利能力的一般财务指标

（一）销售利润率（或称营业利润率）

销售利润率反映酒店的经营利润与经营收入净额的比例关系，它可以评价和衡量酒店通过营业活动获取利润的能力。其计算公式为：

$$\text{销售利润率} = \frac{\text{销售毛利}}{\text{经营收入净额}} \times 100\%$$

式中：

$$\text{销售毛利（也称营业毛利）} = \text{营业收入净额} - \text{营业成本}$$

销售利润率说明了酒店营业利润占营业收入的比例，表明酒店每百元营业净收入可实现的营业利润是多少。该比率越高，酒店通过扩大经营活动获取利润的能力越强。如果营业利润率低，表明酒店未能实现较多的营业收入或未能控制相应的成本费用。因此营业利润率也是用来评价酒店经营管理水平高低的指标之一。

【例 11-14】根据表 11-2 资料，计算宏坊酒店的销售利润率。

【解】

$$\text{销售利润率} = \frac{11\ 322\ 000 - 5\ 309\ 400}{11\ 322\ 000} \times 100\% \approx 53\%$$

经计算，宏坊酒店的销售利润率约为 53%，说明酒店每 100 元营业收入可以为酒店增加大约 53 元的净利润。评价该指标时，也应比较酒店历年的指标，判断酒店销售利润率的变化趋势。

（二）成本费用净利率

成本费用净利率是净利润与成本费用总额的比率。它反映酒店经营过程中发生的耗费与获得的收益之间的关系。其计算公式为：

$$\text{成本费用净利率} = \frac{\text{净利润}}{\text{成本费用总额}} \times 100\%$$

其中，成本费用是指酒店为了获取利润所付出的代价。计算公式如下：

$$\text{成本费用总额} = \text{营业成本} + \text{营业费用} + \text{管理费用} + \text{财务费用} + \text{税金及附加} + \text{所得税费用}$$

【例 11-15】根据表 11-2 资料，计算宏坊酒店的成本费用净利率。

【解】

$$\text{成本费用净利率} = \frac{2\ 858\ 175}{5\ 309\ 400 + 622\ 700 + 308\ 000 + 1\ 221\ 000 + 50\ 000 + 952\ 725} \times 100\%$$

$$\approx 33.77\%$$

宏坊酒店的成本费用净利率约为33.77%，说明酒店每耗费100元，可以获取大约33.75元的净利润。评价该指标时，也应比较酒店历年的指标，判断酒店成本费用净利率的变化趋势。

成本费用净利率指标可以理解为酒店每发生百元成本费用能够获取多少利润，该比率越高，说明酒店为获取收益而付出的代价越小，酒店获利能力越强。因此，通过这个比率，不仅可以评价酒店获利能力的强弱，也可以评价酒店对成本费用的控制能力和经营管理水平的高低。

（三）总资产报酬率

总资产报酬率是酒店一定时期内获得报酬与酒店平均资产总额的比率。该指标是反映酒店资产综合利用效果的指标，同时也是衡量酒店利用债权人和股东权益总额取得赢利的重要指标。其计算公式如下：

$$总资产报酬率 = \frac{利润总额 + 利息支出}{平均资产总额}$$

平均资产总额为年初资产总额与年末资产总额的平均数。总资产报酬率指标越大，说明资产利用效果越好，酒店的赢利能力越强。

【例11-16】根据表11-1和表11-2资料，计算宏坊酒店的总资产报酬率。

【解】$$总资产报酬率 = \frac{3\ 810\ 900 + 50\ 000}{(9\ 000\ 000 + 11\ 880\ 000)/2} \approx 36.98\%$$

宏坊酒店的总资产报酬率约为36.98%，说明酒店每投入100元资产，可获得报酬大约36.98元。

（四）总资产净利率

总资产净利率是酒店一定时期内净利润与平均资产总额之比。其计算公式如下：

$$总资产净利率 = 净利润/平均资产总额$$

该指标全面反映了酒店全部资产的获利水平，酒店经营者、股东和债权人对该指标都非常关心。一般情况下，该指标越高，表明酒店的资产利用效益越好，整个酒店获利能力越强，经营管理水平越高。

【例11-17】根据表11-1和表11-2资料，计算宏坊酒店的总资产净利率。

【解】$$总资产净利率 = \frac{2\ 858\ 175}{(9\ 000\ 000 + 11\ 880\ 000)/2} \approx 27.38\%$$

计算表明，酒店每投入100元资产，约可获得净利润27.38元。

总资产利润率，可以分解为总资产周转率与销售净利率（或称营业净利率）的乘积，计算公式为：

$$总资产利润率 = 总资产周转率 \times 销售净利率$$

由此可见，总资产净利率主要取决于总资产周转率与销售净利率两个因素。酒店的销售净利率越大，总资产周转速度越快，则总资产净利率越高。因此，提高总资产净利率可以从两个方面入手，一方面加强资产管理，提高资产利用率；另一方面加强经营管理，增加营业收入，节约成本费用，提高利润水平。

（五）股东权益报酬率

股东权益利润率是评价酒店获利能力的一个重要财务比率，它反映了酒店所有者获取投资利润的高低。该比率越高，说明酒店获利能力越强。

$$股东权益报酬率 = 净利润/股东权益平均占用额$$

式中：

$$股东权益平均占用额 = \frac{期初股东权益总额 + 期末股东权益总额}{2}$$

【例 11-18】根据表 11-1 和表 11-2 资料，计算宏坊酒店的股东权益利润率。

【解】
$$股东权益报酬率 = \frac{2\ 858\ 175}{(5\ 400\ 000 + 7\ 553\ 300)/2} \times 100\% \approx 44.13\%$$

股东权益报酬率也可以用以下公式表示：

股东权益报酬率=总资产利润率×权益乘数

由此可见，股东权益报酬率取决于酒店的总资产利润率和权益乘数两个因素。因此，提高股东权益报酬率可以有两种途径：一是权益乘数，即在酒店资金结构一定的情况下，通过增收节支，提高资产利用效率来提高总资产利润率；二是在总资产利润率大于负债利息率的情况下，可以通过增大权益乘数，即提高资产负债率来提高股东权益报酬率。但是，第二种途径可能导致酒店财务风险增大。

该指标是评价酒店自有资本及其积累获取报酬水平最具综合性与代表性的指标，反映酒店资本运营的综合效益。该指标通用性强，适应范围广，不受行业局限，在国际上的酒店综合评价中使用率非常高。通常对该指标的综合对比分析，可以看出酒店获利能力在同行业中所处的地位，以及与同类酒店的差距。

一般认为，该指标越高，酒店自有资本获取收益的能力越强，运营效益越好，对酒店投资人及债权人的保证程度越高。

（六）资本保值增值率

资本保值增值率是股东权益的期末总额与期初总额之比。其计算公式为：

$$资本保值增值率 = \frac{期末股东权益}{期初股东权益} \times 100\%$$

如果酒店盈利能力提高，利润增加，该指标必然大于 1，因此该指标是衡量酒店盈利能力的重要指标。

【例 11-19】根据表 11-1 的资料，计算宏坊酒店的资本保值增值率。

【解】
$$资本保值增值率 = \frac{7\ 553\ 300}{5\ 400\ 000} \times 100\% \approx 139.88\%$$

二、股份制酒店获利能力指标

（一）每股利润

每股利润也称每股收益，是税后净利润扣除优先股股利后的余额除以发行在外的普通股平均股数。该指标主要针对普通股，是股份制酒店税后利润分析的重要指标，它说明股份制酒店发行在外的普通股每股取得的利润。计算公式如下：

$$每股利润 = \frac{净利润 - 优先股股利}{发行在外的普通股平均股数}$$

每股利润反映股份制酒店获利能力的大小。每股利润越高，说明股份制酒店的获利能力越强。

【例 11-20】根据表 11-2 的资料，假定发行在外的普通股平均股数为 2 000 万股，并且没有优先股。若宏坊酒店为股份制酒店，并已成功上市，计算宏坊酒店的每股利润。

【解】
$$每股利润 = \frac{2\ 857\ 175}{20\ 000\ 000} = 0.143（元）$$

计算表明宏坊酒店每股利润为 0. 143 元。虽然每股利润可以直观地反映股份制酒店的获利能力和股东报酬,但由于它是绝对指标,在分析每股利润时,还应结合流通在外的股数。如果股数增加必然使每股利润减少。同时还应注意股价高低。假如每股利润都为 0. 143 元,但宏坊酒店的股价为 2. 80 元,启明酒店的股价为 10 元,则投资于两酒店的风险和报酬显然不同。

(二)每股股利

每股股利是普通股分配的现金股利总额除以发行在外的普通股股数。该指标反映普通股获得现金股利的多少。其计算公式为:

$$每股股利 = \frac{现金股利总额 - 优先股股利}{发行在外的普通股股数}$$

每股股利的高低,不仅取决于股份制酒店获利能力的强弱,还与其股利分配政策和现金是否充裕有直接关系。希望得到现金股利的投资者,应注意股份制酒店历年的每股股利,了解股份制酒店的股利政策。

【例 11-21】根据表 11-2 的资料,若宏坊酒店将净利润的 40%用于支付现金股利,计算其每股股利。

【解】

$$每股股利 = \frac{2\ 858\ 175 \times 40\%}{20\ 000\ 000} \approx 0.057(元)$$

(三)股利发放率

股利发放率也称股利支付率,是普通股每股股利与每股利润之比。该指标表明股份制酒店净收益中有多少用于股利的分配。其计算公式为:

$$股利发放率 = \frac{每股股利}{每股利润} \times 100\%$$

【例 11-22】根据例 11-20、例 11-21 的资料,计算宏坊酒店的股利发放率。

【解】

$$股利发放率 = \frac{0.057}{0.143} \times 100\% = 40\%$$

计算表明,宏坊酒店将利润的 40%用于发放普通股股利。股利发放率主要取决于股份制酒店的股利政策。一般情况下,若股份制酒店的现金比较充裕,且目前没有较好的投资项目,则会倾向于发放现金股利;若现金比较紧张或目前有较好的投资项目,则会倾向于发放股票股利。

(四)每股净资产

每股净资产也称每股账面价值,是股东权益总额除以发行在外的股票股数。其计算公式为:

$$每股净资产 = \frac{股东权益总额}{发行在外的股票股数}$$

【例 11-23】根据表 11-1 的资料,计算宏坊酒店年末的每股净资产。

【解】

$$每股净资产 = \frac{7\ 553\ 300}{20\ 000\ 000} = 0.378(元)$$

与前述指标相同,每股净资产也没有确定的标准。投资者可以比较股份制酒店历年每股净资产的变动趋势,了解股份制酒店的获利能力。

(五)市盈率

市盈率也称价格盈余比率或价格与收益比率,是指普通股每股市价与每股利润的比率。

计算公式为：

$$市盈率 = \frac{每股市价}{每股利润}$$

市盈率是反映股份制酒店获利能力的重要财务比率，是投资者做出投资决策的重要参考因素之一。市盈率高，说明投资人对酒店的发展前景看好，愿意付出较高的价格购买股票。应注意的是，某只股票的市盈率过高，则意味着该只股票的投资风险较高。一般情况下，市盈率在 5~20 之间较为正常。

【例 11-24】根据例 11-20 资料，假定宏坊酒店股票的市价为 2.80 元，计算宏坊酒店的市盈率。

【解】

$$市盈率 = \frac{2.80}{0.143} \approx 19.58$$

三、社会贡献能力指标

衡量酒店对社会的贡献大小，主要有两个指标，即社会贡献率和社会积累率。

（一）社会贡献率

社会贡献率是酒店社会贡献总额与平均资产总额的比值，反映酒店占用社会经济资源所产生的社会经济效益的大小，是社会进行资源有效配置的基本依据。计算公式为：

$$社会贡献率 = \frac{酒店社会贡献总额}{平均资产总额} \times 100\%$$

式中：社会贡献总额包括：职工薪酬及奖金、津贴、其他社会福利支出、利息支出净额、应交或已交的各项税款等。

（二）社会积累率

社会积累率是酒店上交的各项财政收入与酒店社会贡献总额之比。其计算公式为：

$$社会积累率 = \frac{上交国家财政总额}{酒店社会贡献总额} \times 100\%$$

式中，上交国家财政总额包括酒店依法向各级财政缴纳的各项税款，如增值税、所得税、税金及附加等。

第五节　财务综合分析

财务综合分析就是将酒店的偿债能力、营运能力、获利能力等各项财务分析指标作为整体，全面、系统、综合地解剖和分析酒店财务状况和经营情况，从而对酒店整体财务状况和经营效益的优劣做出准确的评价与判断。

一、杜邦财务分析体系

（一）概述

杜邦分析体系也称为杜邦分析法，是利用各主要财务比率间的内在联系，把反映酒店偿债能力、营运能力和获利能力等的单方面指标结合起来，形成一套财务分析指标体系，借以综合评价酒店财务状况及经济效益，进行综合系统分析和评价的方法。

杜邦分析体系以最具综合性、代表性的权益净利率指标为核心,表明酒店财务管理的目标,即股东权益最大化。权益净利率的高低反映了股东投入资本的获利能力以及酒店筹资、投资各项财务活动的效率和效益。其具体分析方法是将酒店财务活动视为一个大系统,把系统内相互依存、相互作用的各项财务指标间的关系制成杜邦分析图,以全面、直观地反映影响权益净利率的诸因素。

杜邦分析法是一种分解财务比率的方法,而不是另外建立新的财务指标,可以用于各种财务比率指标的分解。通过对综合指标的分解,逐项解析各指标变动的原因和变动趋势,为采取管理措施指明方向。这种分析方法一般用杜邦财务分析系统图来表示,如图 11-1 所示。

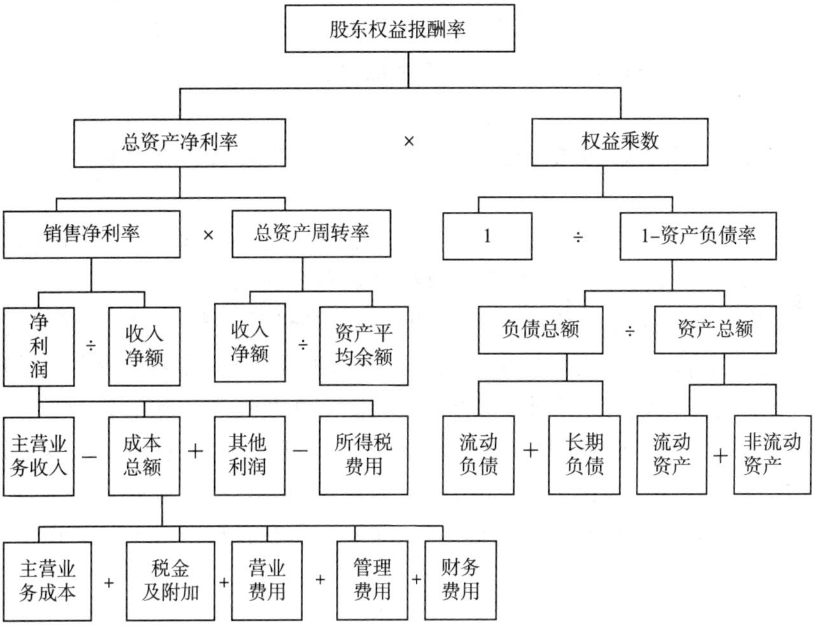

图 11-1 杜邦财务分析系统图

(二)杜邦财务分析体系主要财务比率关系式

1. 股东权益报酬率与总资产净利率及权益乘数的关系:

股东权益报酬率=总资产净利率×权益乘数

2. 总资产净利率与销售净利率及总资产周转率之间的关系:

总资产净利率=销售净利率×总资产周转率

3. 销售净利率与净利润及营业收入净额之间的关系:

$$销售净利率 = \frac{净利润}{营业收入净额} \times 100\%$$

4. 总资产周转率与营业收入净额及资产平均余额之间的关系:

$$总资产周转率 = \frac{营业收入净额}{资产平均余额}$$

股东权益报酬率=销售净利率×总资产周转率×权益乘数

在上述公式中,“总资产净利率=销售净利率×总资产周转率”这一等式被称为杜邦等式。

杜邦分析法在揭示上述几种关系之后,再将净利润、总资产进行层层分解,这样就可以全面、系统地揭示出酒店的财务状况以及财务状况这个系统内部各个因素之间的相互关系。

【例 11-25】根据前述求得的销售净利率、总资产周转率以及权益乘数，计算宏坊酒店股东权益净利率。

$$股东权益报酬率 = 53\% \times 1.08 \times 1.57 = 89.87\%$$

(三)利用杜邦分析法对酒店财务状况进行的综合分析

从杜邦分析图中看到，通过几种主要财务指标之间的关系，可以直观、明了地反映出酒店的财务状况，了解到以下的财务信息。

1. 股东权益报酬率是一个综合性最强的财务分析指标，反映股东权益投入资金的获利能力和酒店筹资、投资及资本运营等活动的效率，是综合性最强、最具有代表性的指标，是杜邦分析系统的核心。该指标的高低取决于总资产净利率和权益乘数。

2. 总资产净利率是净利润与总资产平均余额之比，它等于销售净利率与总资产周转率的乘积。

3. 销售净利率反映酒店利润与营业收入的关系，它的高低取决于酒店的营业收入与成本总额的高低。

4. 影响总资产周转率的一个重要因素是资产总额。它由流动资产与非流动资产组成。流动资产与非流动资产构成的合理与否将直接影响资产的周转速度。

5. 权益乘数主要是受资产负债率指标的影响。负债比率越大，权益乘数就越高，说明酒店的负债程度比较高，在给酒店带来较大杠杆利益的同时，也带来了较多的风险。

总之，从杜邦分析系统可以看出，酒店的获利能力涉及经营活动的各个方面。股东权益利润率与酒店的筹资结构、营业规模、成本水平、资产管理等因素密切相关，这些因素构成一个完整的系统，系统内部各因素之间相互作用、相互影响。只有协调好系统内部各个因素之间的关系，才能使股东权益利润率得到提高，从而实现所有者财富最大化的理财目标。

二、沃尔评分法

沃尔评分法也叫综合系数分析法。运用沃尔评分法进行综合分析的程序如下：

第一，选定评价酒店财务状况的比率指标。通常应选择能说明问题的重要指标，在每一类指标中，还应选择有代表性的重要比率，如偿债能力、营运能力和获利能力。此三类比率指标因反映内容的侧重点不同，故应分别从中选择有关比率。

第二，根据各项比率的重要程度，确定其重要性系数。各项比率指标的重要性系数之和应等于1。其重要程度的判断，可根据酒店的经营状况、管理要求、发展趋势及分析的目的等具体情况而定。

第三，确定各项比率的标准值和实际值。进行财务比率分析，必须选定财务比率标准值作为比较的标准。财务比率标准值是指特定国家、特定行业、特定时期的财务比率指标体系及其标准值。行业平均比率通常被用于标准财务比率。它是根据同一行业中部分有代表性的股份公司的财务与经营资料，经过综合汇总后，再据以求得的各项比率，如流动比率标准值、资产利润率标准值等。财务比率标准值可以作为评价酒店财务比率优劣的参照物。同时，还要根据酒店财务报告，分项计算各项指标的实际值。

第四，计算关系比率。关系比率即各指标实际值与标准值的比率。其计算公式为：

$$关系比率 = \frac{实际值}{标准值}$$

第五，计算综合系数。综合系数可作为综合评价酒店财务状况的依据。

各项比率的综合系数=重要性系数×该指标的关系比率

综合系数合计数=各项比率的综合系数之和

通常，综合系数合计数等于1或接近1，则表明该酒店财务状况基本符合标准要求，如与1有较大差距，则表明酒店财务状况不佳。

另外，沃尔提出了信用能力指数概念，将流动比率、产权比率、存货周转率等指标用线性关系结合起来，并分别赋予各自的分数比重，然后通过与标准比率进行比较，确定各项指标的得分及总体指标的累积分数，从而对酒店的信用水平做出评价。

三、酒店经济效益评价指标体系

为了综合、全面地评价和反映酒店经济效益状况，财政部制定了酒店经济效益评价指标体系，这套指标体系包括十大指标，分别从酒店投资者、债权人以及酒店对社会的贡献等三个方面来考虑。这十大指标是：

$$\text{销售利润率} = \frac{\text{利润总额}}{\text{销售收入净额}} \times 100\%$$

$$\text{总资产报酬率} = \frac{\text{利润总额} + \text{利息支出}}{\text{平均资产总额}} \times 100\%$$

$$\text{资本收益率} = \frac{\text{净利润}}{\text{实收资本}} \times 100\%$$

$$\text{资本保值增值率} = \frac{\text{期末股东权益}}{\text{期初股东权益}} \times 100\%$$

$$\text{资产负债率} = \frac{\text{负债总额}}{\text{资产总额}} \times 100\%$$

$$\text{流动比率} = \frac{\text{流动资产}}{\text{流动负债}}\left(\text{或速动比率} = \frac{\text{速动资产}}{\text{流动负债}}\right)$$

$$\text{应收账款周转率} = \frac{\text{赊销收入净额}}{\text{平均应收账款余额}} \times 100\%$$

$$\text{存货周转率} = \frac{\text{营业成本}}{\text{平均存货余额}} \times 100\%$$

$$\text{社会贡献率} = \frac{\text{酒店社会贡献总额}}{\text{平均资产总额}} \times 100\%$$

$$\text{社会积累率} = \frac{\text{上交国家财政总额}}{\text{酒店社会贡献总额}} \times 100\%$$

这套指标体系的综合评分方法如下：

(1)以行业平均值为标准值。

(2)标准值权数总计为100分，其中销售利润率(或称营业利润率)为15分，总资产报酬率为15分，资本收益率为15分，资本保值增值率为10分，资产负债率为5分，流动比率(或速动比率)为5分，应收账款周转率为5分，存货周转率为5分，社会贡献率为10分，社会积累率为15分。

(3)根据酒店财务报表，分别计算10项指标的实际值，再加权平均计算10项指标的综合实际评分。其计算公式如下：

$$\text{综合实际分数} = \sum \text{权数} \times \frac{\text{实际值}}{\text{标准值}}$$

沃尔分析法是评价酒店总体财务状况的一种较为可靠的方法,但这一方法的准确性取决于指标的选定、标准值的合理程度及标准值重要性权数的确定等。

【重要概念】

流动比率　速动比率　应收账款周转率　存货周转率　利息保障倍数　资产负债率　总资产周转率　毛利率　销售利润率　成本费用利润率　资产报酬率　股东权益报酬率　每股利润　市盈率　股利发放率

计算与分析

1. 万佳酒店2020年末流动资产总额为2 000万元,其中存货950万元,流动负债总额800万元,计算酒店流动比率和速动比率并做简要分析。

2. 万佳酒店2018年末、2019年末、2020年末应收账款余额分别为300万元、320万元和350万元,2019年、2020年赊销收入净额分别为1 500万元和1 650万元。计算2019年和2020年应收账款周转率,并进行简要分析。

3. 万佳酒店2020年末有关资料如表11-4和表11-5所示。

表11-4　万佳酒店资产负债表　金额单位:万元

项目	年初数	年末数	项目	年初数	年末数
流动资产:			流动负债:		
货币资金	980	1 650	短期借款	300	250
短期投资	232	160	应付账款	700	500
应收账款	1 180	1 300	应付职工薪酬	280	400
预付账款	300	350	应付股利	600	900
存货	908	980	一年内到期的长期负债	220	250
流动资产合计	3 600	4 440	流动负债合计	2 100	2 300
长期投资:			长期负债:		
长期投资	400	600	长期借款	300	500
固定资产:			股东权益		
固定资产原值	3 000	3 200	股本	2 800	3 000
减:固定资产折旧	250	280	资本公积	400	700
固定资产净值	2 750	2 920	盈余公积	800	1 000
无形资产及其他资产:			未分配利润	500	600
无形资产	150	140	股东权益合计	4 500	5 300
资产总计	6 900	8 100	负债及股东权益合计	6 900	8 100

表 11-5 万佳酒店利润表 金额单位:万元

项目	本年累计	上年累计
一、营业收入	15 600	11 600
减:营业成本	8 600	7 000
税金及附加	850	675
二、营业利润	6 150	3 925
减:管理费用	940	850
营业费用	640	585
财务费用	60	50
三、营业利润	5 910	5 405
加:投资收益	70	50
营业外收入	50	60
减:营业外支出	30	50
四、利润总额	6 000	5 415
减:所得税费用	1 500	1 353.75
五、税后利润	4 500	4 061.25

此外,万佳酒店发行在外股票数 2019 年为 10 000 万股,2020 年为 12 000 万股,其平均市价分别为 2.80 元/股和 3.20 元/股,2020 年派息 500 万元。

要求:根据以上资料计算 2020 年万佳酒店的流动比率、速动比率、应收账款周转率、存货周转率、利息保障倍数、负债比率、总资产周转率、毛利率、成本费用利润率、销售利润率、资产报酬率、股东权益报酬率、每股利润、市盈率及股利发放率。

附录

资金时间价值系数表

附表 1　1 元复利终值系数表　　$(F/P,i,n)=(1+i)^n$

期数	1%	2%	3%	4%	5%	6%	7%	8%	9%	10%
1	1.010 0	1.020 0	1.030 0	1.040 0	1.050 0	1.060 0	1.070 0	1.080 0	1.090 0	1.100 0
2	1.020 1	1.040 4	1.060 9	1.081 6	1.102 5	1.123 6	1.144 9	1.664 0	1.188 1	1.210 0
3	1.030 3	1.061 2	1.092 7	1.124 9	1.157 6	1.191 0	1.225 0	1.259 7	1.295 0	1.331 0
4	1.040 6	1.082 4	1.125 5	1.169 9	1.215 5	1.262 5	1.310 8	1.360 5	1.411 6	1.464 1
5	1.051 0	1.104 1	1.159 3	1.216 7	1.276 3	1.338 2	1.402 6	1.469 3	1.538 6	1.610 5
6	1.061 5	1.126 2	1.194 1	1.265 3	1.340 1	1.418 5	1.500 7	1.580 9	1.677 1	1.771 6
7	1.072 1	1.148 7	1.229 9	1.315 9	1.407 1	1.503 6	1.605 8	1.773 8	1.828 0	1.948 7
8	1.082 9	1.171 7	1.266 8	1.368 6	1.477 5	1.593 8	1.718 2	1.850 9	1.992 6	2.143 6
9	1.093 7	1.195 1	1.304 8	1.423 3	1.551 3	1.689 5	1.838 5	1.999 0	2.171 9	2.357 9
10	1.104 6	1.219 0	1.343 9	1.480 2	1.628 9	1.790 8	1.967 2	2.158 9	2.367 4	2.593 7
11	1.115 7	1.243 4	1.384 2	1.539 5	1.710 3	1.898 3	2.104 9	2.331 6	2.580 4	2.853 1
12	1.126 8	1.268 2	1.425 8	1.601 0	1.795 9	2.012 2	2.252 2	2.518 2	2.812 7	3.138 4
13	1.138 1	1.293 6	1.468 5	1.665 1	1.885 6	2.132 9	2.409 8	2.719 6	3.065 8	3.452 3
14	1.149 5	1.319 5	1.512 6	1.731 7	1.979 9	2.260 9	2.578 5	2.937 2	3.341 7	3.797 5
15	1.161 0	1.345 9	1.558 0	1.800 9	2.078 9	2.396 6	2.759 0	3.172 2	3.642 5	4.177 2
16	1.172 6	1.372 8	1.604 7	1.873 0	2.182 9	2.540 4	2.952 2	3.425 9	3.970 3	4.595 0
17	1.184 3	1.400 2	1.622 8	1.947 9	2.292 0	2.692 8	3.158 8	3.700 0	4.327 6	5.054 5
18	1.196 1	1.428 2	1.702 4	2.025 8	2.406 6	2.854 3	3.379 9	3.996 0	4.717 1	5.559 9
19	1.208 1	1.456 8	1.753 5	2.106 8	2.527 0	3.025 6	3.616 5	4.315 7	5.141 7	6.115 9
20	1.220 2	1.485 9	1.806 1	2.191 1	2.653 3	3.207 1	3.869 7	4.661 0	5.604 4	6.727 5
21	1.232 4	1.515 7	1.860 3	2.278 8	2.786 0	3.399 6	4.140 6	5.033 8	6.108 8	7.400 2
22	1.244 7	1.546 0	1.916 1	2.369 9	2.925 3	3.603 5	4.430 4	5.436 5	6.658 6	8.140 3
23	1.257 2	1.576 9	1.937 6	2.464 7	3.071 5	3.819 7	4.740 5	5.871 5	7.257 9	8.254 3
24	1.269 7	1.608 4	2.032 8	2.563 3	3.225 1	4.048 9	5.072 4	6.341 2	7.911 1	9.849 7
25	1.282 4	1.640 6	2.093 8	2.665 8	3.386 4	4.291 9	5.427 4	6.848 5	8.623 1	10.835
26	1.295 3	1.673 4	2.156 6	2.772 5	3.555 7	4.549 4	5.807 6	7.396 4	9.399 2	11.918
27	1.308 2	1.706 9	2.221 3	2.883 4	3.733 5	4.882 3	6.213 9	7.988 1	10.245	13.110
28	1.321 3	1.741 0	2.287 9	2.998 7	3.920 1	5.111 7	6.648 8	8.627 1	11.167	14.421
29	1.334 5	1.775 8	2.356 6	3.118 7	4.116 1	5.418 4	7.114 3	9.317 3	12.172	15.863
30	1.347 8	1.811 4	2.427 3	3.243 4	4.321 9	5.743 5	7.612 3	10.063	13.268	17.449
40	1.488 9	2.208 0	3.262 0	4.801 0	7.040 0	10.286	14.794	21.725	31.408	45.259
50	1.644 6	2.691 6	4.383 9	7.106 7	11.467	18.420	29.457	46.902	74.358	117.39
60	1.816 7	3.281 0	5.891 6	10.520	18.679	32.988	57.946	101.26	176.03	304.48

（续）

期数	12%	14%	15%	16%	18%	20%	24%	28%	32%	36%
1	1.121 0	1.140 0	1.150 0	1.160 0	1.180 0	1.200 0	1.240 0	1.280 0	1.320 0	1.360 0
2	1.254 4	1.299 6	1.322 5	1.345 6	1.392 4	1.440 0	1.537 6	1.638 4	1.742 4	1.849 6
3	1.404 9	1.481 5	1.520 9	1.560 9	1.643 0	1.728 0	1.906 6	2.087 2	2.300 0	2.515 5
4	1.573 5	1.689 0	1.749 0	1.810 6	1.938 8	2.073 6	2.364 2	2.684 4	3.036 0	3.421 0
5	1.762 3	1.925 4	2.011 4	2.100 3	2.287 8	2.488 3	2.931 6	3.436 0	4.007 5	4.652 6
6	1.973 8	2.195 0	2.313 1	2.436 4	2.699 6	2.986 0	3.635 2	4.398 0	5.289 9	6.327 5
7	2.210 7	2.502 3	2.660 0	2.826 2	3.185 5	3.583 2	4.507 7	5.629 5	6.982 6	8.605 4
8	2.476 0	2.852 6	3.059 0	3.278 4	3.758 9	4.299 8	5.589 5	7.250 8	9.217 0	11.703
9	2.773 1	3.251 9	3.517 9	3.803 0	4.435 5	5.159 8	6.931 0	9.223 4	12.166	15.917
10	3.105 8	3.707 2	4.045 6	4.411 4	5.233 8	6.191 7	8.594 4	11.806	16.060	21.647
11	3.478 5	4.226 2	4.652 4	5.117 3	6.175 9	7.430 1	10.657	15.112	21.119	29.439
12	3.896 0	4.817 9	5.350 3	5.936 0	7.287 6	8.916 1	13.215	19.343	27.983	40.037
13	4.363 5	5.492 4	6.152 8	6.885 8	8.599 4	10.699	16.386	24.759	36.937	54.451
14	4.887 1	6.261 3	7.075 7	7.987 5	10.147	12.839	20.319	31.691	48.757	74.053
15	5.473 6	7.137 9	8.137 1	9.265 5	11.974	15.407	25.196	40.565	64.359	100.71
16	6.130 4	8.137 2	9.357 6	10.748	14.129	18.488	31.243	51.923	84.954	136.97
17	6.866 0	9.276 5	10.761	12.468	16.672	22.186	38.741	66.461	112.14	186.28
18	7.690 0	10.575	12.375	14.463	19.673	26.623	48.039	86.071	148.02	253.34
19	8.612 8	12.056	14.232	16.777	23.214	31.948	59.568	108.89	195.39	344.54
20	9.646 3	13.743	16.367	19.461	27.393	38.338	73.864	139.38	257.92	468.57
21	10.804	15.668	18.822	22.574	32.324	46.005	91.592	178.41	340.45	637.26
22	12.100	17.861	21.645	26.186	38.142	55.206	113.57	228.36	449.39	866.67
23	13.552	20.362	24.891	30.376	45.008	66.247	140.83	292.30	593.20	1 187.7
24	15.179	23.212	28.625	35.236	53.109	79.497	174.63	374.14	783.02	1 603.0
25	17.000	26.462	32.919	40.874	62.669	95.396	216.54	478.90	1 033.6	2 180.1
26	19.040	30.167	37.857	47.414	73.949	114.48	268.51	613.00	1 364.3	2 964.9
27	21.325	34.390	43.535	55.000	87.260	137.37	332.95	784.64	1 800.9	4 032.3
28	23.884	39.204	50.066	63.800	102.97	164.84	412.86	1 004.3	2 377.2	5 483.9
29	26.750	44.693	57.575	74.009	121.50	197.81	511.95	1 285.6	3 137.9	7 458.1
30	29.960	50.950	66.212	85.850	143.37	237.38	634.82	1 645.5	4 142.1	10 143.0
40	93.051	188.83	267.86	378.72	750.38	1 469.8	5 455.9	19 427.0	66 521.0	*
50	289.00	700.23	1 083.7	1 670.7	3 927.4	9 100.4	46 890.0	*	*	*
60	897.60	2 595.9	4 384.0	7 370.2	20 555.0	56 348.0	*	*	*	*
	* >99 999									

附表 2　1 元复利现值系数表　　$(P/F, i, n) = (1+i)^{-n}$

期数	1%	2%	3%	4%	5%	6%	7%	8%	9%	10%
1	0.990 1	0.980 4	0.970 9	0.961 5	0.952 4	0.943 4	0.934 6	0.925 9	0.917 4	0.909 1
2	0.980 3	0.971 2	0.942 6	0.924 6	0.907 0	0.890 0	0.873 4	0.857 3	0.841 7	0.826 4
3	0.970 6	0.942 3	0.915 1	0.889 0	0.863 8	0.839 6	0.816 3	0.793 8	0.772 2	0.751 3
4	0.961 0	0.923 8	0.888 5	0.854 8	0.822 7	0.792 1	0.762 9	0.735 0	0.708 4	0.683 0
5	0.951 5	0.905 7	0.862 6	0.821 9	0.783 5	0.747 3	0.713 0	0.680 6	0.649 9	0.620 9
6	0.942 0	0.888 0	0.837 5	0.790 3	0.746 2	0.705 0	0.666 3	0.630 2	0.596 3	0.564 5
7	0.932 7	0.860 6	0.813 1	0.759 9	0.710 7	0.665 1	0.622 7	0.583 5	0.547 0	0.513 2
8	0.923 5	0.853 5	0.787 4	0.730 7	0.676 8	0.627 4	0.582 0	0.540 3	0.501 9	0.466 5
9	0.914 3	0.836 8	0.766 4	0.702 6	0.644 6	0.591 9	0.543 9	0.500 2	0.460 4	0.424 1
10	0.905 3	0.820 3	0.744 1	0.675 6	0.613 9	0.558 4	0.508 3	0.463 2	0.422 4	0.385 5
11	0.869 3	0.804 3	0.722 4	0.649 6	0.584 7	0.526 8	0.475 1	0.428 9	0.387 5	0.350 5
12	0.887 4	0.788 5	0.701 4	0.624 6	0.556 8	0.497 0	0.444 0	0.397 1	0.355 5	0.318 6
13	0.878 7	0.773 0	0.681 0	0.600 6	0.530 3	0.468 8	0.415 0	0.367 7	0.326 2	0.289 7
14	0.870 0	0.757 9	0.661 1	0.577 5	0.505 1	0.442 3	0.387 8	0.340 5	0.299 2	0.263 3
15	0.861 3	0.743 0	0.641 9	0.555 3	0.481 0	0.417 3	0.362 4	0.315 2	0.274 5	0.239 4
16	0.852 8	0.728 4	0.623 2	0.533 9	0.458 1	0.393 6	0.338 7	0.291 9	0.251 9	0.217 6
17	0.844 4	0.714 2	0.605 0	0.513 4	0.436 3	0.371 4	0.316 6	0.270 3	0.231 1	0.197 8
18	0.836 0	0.700 2	0.587 4	0.493 6	0.415 5	0.350 3	0.295 9	0.250 2	0.212 0	0.179 9
19	0.827 7	0.686 4	0.570 3	0.474 6	0.395 7	0.330 5	0.276 5	0.231 7	0.194 5	0.163 5
20	0.819 5	0.673 0	0.553 7	0.456 4	0.376 9	0.311 8	0.258 4	0.214 5	0.178 4	0.148 6
21	0.811 4	0.659 8	0.537 5	0.438 8	0.358 9	0.294 2	0.241 5	0.198 7	0.163 7	0.135 1
22	0.803 4	0.646 8	0.521 9	0.422 0	0.341 8	0.277 5	0.225 7	0.183 9	0.150 2	0.122 8
23	0.795 4	0.634 2	0.506 7	0.405 7	0.325 6	0.261 8	0.210 9	0.170 3	0.137 8	0.111 7
24	0.787 6	0.621 7	0.491 9	0.390 1	0.310 1	0.247 0	0.197 1	0.157 7	0.126 4	0.101 5
25	0.779 8	0.609 5	0.477 6	0.375 1	0.295 3	0.233 0	0.184 2	0.146 0	0.116 0	0.092 3
26	0.772 0	0.597 6	0.463 7	0.360 4	0.281 2	0.219 8	0.172 2	0.135 2	0.106 4	0.083 9
27	0.764 4	0.585 9	0.450 2	0.346 8	0.267 8	0.207 4	0.160 9	0.125 2	0.097 6	0.076 3
28	0.756 8	0.574 4	0.437 1	0.333 5	0.255 1	0.195 6	0.150 4	0.115 9	0.089 5	0.069 3
29	0.749 3	0.563 1	0.424 3	0.320 7	0.242 9	0.184 6	0.140 6	0.107 3	0.082 2	0.063 0
30	0.741 9	0.552 1	0.412 0	0.308 3	0.231 4	0.174 1	0.131 4	0.099 4	0.075 4	0.057 3
35	0.705 9	0.500 0	0.355 4	0.253 4	0.181 3	0.130 1	0.093 7	0.067 6	0.049 0	0.035 6
40	0.671 7	0.452 9	0.306 6	0.208 3	0.142 0	0.097 2	0.066 8	0.046 0	0.031 8	0.022 1
45	0.639 1	0.410 2	0.264 4	0.171 2	0.111 3	0.072 7	0.047 6	0.031 3	0.020 7	0.013 7
50	0.608 0	0.371 5	0.228 1	0.140 7	0.087 2	0.054 3	0.033 9	0.021 3	0.013 4	0.008 5
55	0.578 5	0.336 5	0.196 8	0.115 7	0.068 3	0.040 6	0.024 2	0.014 5	0.008 7	0.005 3

（续）

期数	12%	14%	15%	16%	18%	20%	24%	28%	32%	36%
1	0.892 9	0.877 2	0.869 6	0.862 1	0.847 5	0.833 3	0.806 5	0.781 3	0.757 6	0.735 3
2	0.797 2	0.769 5	0.756 1	0.743 2	0.718 2	0.694 4	0.650 4	0.610 4	0.573 9	0.540 7
3	0.711 8	0.675 0	0.657 5	0.640 7	0.608 6	0.578 7	0.524 5	0.476 8	0.434 8	0.397 5
4	0.635 5	0.592 1	0.571 8	0.552 3	0.515 8	0.482 3	0.423 0	0.372 5	0.329 4	0.292 3
5	0.567 4	0.519 4	0.497 2	0.476 2	0.437 1	0.401 9	0.341 1	0.291 0	0.249 5	0.214 9
6	0.506 6	0.455 6	0.432 3	0.410 4	0.370 4	0.334 9	0.275 1	0.227 4	0.189 0	0.158 0
7	0.452 3	0.399 6	0.375 9	0.353 8	0.313 9	0.279 1	0.221 8	0.177 6	0.143 2	0.116 2
8	0.403 9	0.350 6	0.326 9	0.305 0	0.266 0	0.232 6	0.178 9	0.138 8	0.108 5	0.085 4
9	0.360 6	0.307 5	0.284 3	0.263 0	0.225 5	0.193 8	0.144 3	0.108 4	0.082 2	0.062 8
10	0.322 0	0.269 7	0.247 2	0.226 7	0.191 1	0.161 5	0.116 4	0.084 7	0.062 3	0.046 2
11	0.287 5	0.236 6	0.214 9	0.195 4	0.161 9	0.134 6	0.093 8	0.066 2	0.047 2	0.034 0
12	0.256 7	0.207 6	0.186 9	0.168 5	0.137 3	0.112 2	0.075 7	0.051 7	0.035 7	0.025 0
13	0.229 2	0.182 1	0.162 5	0.145 2	0.116 3	0.093 5	0.061 0	0.040 4	0.027 1	0.018 4
14	0.204 6	0.159 7	0.141 3	0.125 2	0.098 5	0.077 9	0.049 2	0.031 6	0.020 5	0.013 5
15	0.182 7	0.140 1	0.122 9	0.107 9	0.083 5	0.064 9	0.039 7	0.024 7	0.015 5	0.009 9
16	0.163 1	0.122 9	0.106 9	0.098 0	0.070 9	0.054 1	0.032 0	0.019 3	0.011 8	0.007 3
17	0.145 6	0.107 8	0.092 9	0.080 2	0.060 0	0.045 1	0.025 9	0.015 0	0.008 9	0.005 4
18	0.130 0	0.094 6	0.080 8	0.069 1	0.050 8	0.037 6	0.020 8	0.011 8	0.006 8	0.003 9
19	0.116 1	0.082 9	0.070 3	0.059 6	0.043 1	0.031 3	0.016 8	0.009 2	0.005 1	0.002 9
20	0.103 7	0.072 8	0.061 1	0.051 4	0.036 5	0.026 1	0.013 5	0.007 2	0.003 9	0.002 1
21	0.092 6	0.063 8	0.053 1	0.044 3	0.030 9	0.021 7	0.010 9	0.005 6	0.002 9	0.001 6
22	0.082 6	0.056 0	0.046 2	0.038 2	0.026 2	0.018 1	0.008 8	0.004 4	0.002 2	0.001 2
23	0.073 8	0.049 1	0.040 2	0.032 9	0.022 2	0.015 1	0.007 1	0.003 4	0.001 7	0.000 8
24	0.065 9	0.043 1	0.034 9	0.028 4	0.018 8	0.012 6	0.005 7	0.002 7	0.001 3	0.000 6
25	0.058 8	0.037 8	0.030 4	0.024 5	0.016 0	0.010 5	0.004 6	0.002 1	0.001 0	0.000 5
26	0.052 5	0.033 1	0.026 4	0.021 1	0.013 5	0.008 7	0.003 7	0.001 6	0.000 7	0.000 3
27	0.046 9	0.029 1	0.023 0	0.018 2	0.011 5	0.007 3	0.003 0	0.001 3	0.000 6	0.000 2
28	0.041 9	0.025 5	0.020 0	0.015 7	0.009 7	0.006 1	0.002 4	0.001 0	0.000 4	0.000 2
29	0.037 4	0.022 4	0.017 4	0.013 5	0.008 2	0.005 1	0.002 0	0.000 8	0.000 3	0.000 1
30	0.033 4	0.019 6	0.015 1	0.011 6	0.007 0	0.004 2	0.001 6	0.000 6	0.000 2	0.000 1
35	0.018 9	0.010 2	0.007 5	0.005 5	0.003 0	0.001 7	0.000 5	0.000 2	0.000 1	*
40	0.010 7	0.005 3	0.003 7	0.002 6	0.001 3	0.000 7	0.000 2	0.000 1	*	*
45	0.006 1	0.002 7	0.001 9	0.001 3	0.000 6	0.000 3	0.000 1	*	*	*
50	0.003 5	0.001 4	0.000 9	0.000 6	0.000 3	0.000 1	*	*	*	*
55	0.002 0	0.000 7	0.000 5	0.000 3	0.000 1	*	*	*	*	*
	* <0.000 1									

附表3　1元年金终值系数表　$(F/A,i,n) = \frac{(1+i)^n - 1}{i}$

期数	1%	2%	3%	4%	5%	6%	7%	8%	9%	10%
1	1.000 0	1.000 0	1.000 0	1.000 0	1.000 0	1.000 0	1.000 0	1.000 0	1.000 0	1.000 0
2	2.010 0	2.020 0	2.030 0	2.040 0	2.050 0	2.060 0	2.070 0	2.080 0	2.090 0	2.100 0
3	3.030 1	3.060 4	3.090 9	3.121 6	3.152 5	3.183 6	3.214 9	3.246 4	3.278 1	3.310 0
4	4.060 4	4.121 6	4.183 6	4.246 5	4.310 1	4.374 6	4.439 9	4.506 1	4.573 1	4.641 0
5	5.101 0	5.204 0	5.309 1	5.416 3	5.525 6	5.637 1	5.750 7	5.866 5	5.984 7	6.105 1
6	6.152 0	6.308 1	6.468 4	6.633 0	6.801 9	6.975 3	7.153 3	7.335 9	7.523 3	7.715 6
7	7.213 5	7.434 3	7.662 5	7.898 3	8.142 0	8.393 8	8.654 0	8.922 8	9.200 4	9.487 2
8	8.285 7	8.583 0	8.892 3	9.214 2	9.549 1	9.897 5	10.260	10.637	11.028	11.436
9	9.368 5	9.754 6	10.159	10.583	11.027	11.491	11.978	12.488	13.021	13.579
10	10.462	10.950	11.464	12.006	12.578	13.181	13.816	14.487	15.193	15.937
11	11.567	12.169	12.808	13.486	14.207	14.972	15.784	16.645	17.560	18.531
12	12.683	13.412	14.192	15.026	15.917	16.870	17.888	18.977	20.141	21.384
13	13.809	14.680	15.618	16.627	17.713	18.882	20.141	21.495	22.953	24.523
14	14.947	15.974	17.086	18.292	19.599	21.015	22.550	24.214	26.019	27.975
15	16.097	17.293	18.599	20.024	21.579	23.276	25.129	27.152	29.361	31.772
16	17.258	18.639	20.157	21.825	23.657	25.673	27.888	30.324	33.003	35.950
17	18.430	20.012	21.762	23.698	25.840	28.213	30.840	33.750	36.974	40.545
18	19.615	21.412	23.414	25.645	28.132	30.906	33.999	37.450	41.301	45.599
19	20.811	22.841	25.117	27.671	30.539	33.760	37.379	41.446	46.018	51.159
20	22.019	24.297	26.870	29.778	33.066	36.786	40.995	45.752	51.160	57.275
21	23.239	25.783	28.676	31.969	35.719	39.993	44.865	50.423	56.765	64.002
22	24.472	27.299	30.537	34.248	38.505	43.392	49.006	55.457	62.873	71.403
23	25.716	28.845	32.453	36.618	41.430	46.996	53.436	60.883	69.532	79.543
24	26.973	30.422	34.426	39.083	44.502	50.816	58.177	66.765	76.790	88.497
25	28.243	32.030	36.459	41.646	47.727	54.863	63.294	73.106	84.701	98.347
26	29.526	33.671	38.553	44.312	51.113	59.156	68.676	79.954	93.324	109.18
27	30.821	35.344	40.710	47.084	54.669	63.706	74.484	87.351	102.72	121.10
28	32.129	37.051	42.931	49.968	58.403	68.528	80.698	95.339	112.97	134.21
29	33.450	38.792	45.219	52.966	62.323	73.640	87.347	103.97	124.14	148.63
30	34.785	40.568	47.575	56.085	66.439	79.058	94.461	113.28	136.31	164.49
40	48.886	60.402	75.401	95.026	120.80	154.76	199.64	259.06	337.88	442.59
50	64.463	84.579	112.80	152.67	209.35	290.34	406.53	573.77	815.08	1 163.9
60	81.670	114.05	163.05	237.99	353.58	533.13	813.52	1 253.2	1 944.8	3 034.8

（续）

期数	12%	14%	15%	16%	18%	20%	24%	28%	32%	36%
1	1.000 0	1.000 0	1.000 0	1.000 0	1.000 0	1.000 0	1.000 0	1.000 0	1.000 0	1.000 0
2	2.120 0	2.140 0	2.150 0	2.160 0	2.180 0	2.200 0	2.240 0	2.280 0	2.320 0	2.360 0
3	3.374 4	3.439 6	3.472 5	3.505 6	3.572 4	3.640 0	3.777 6	3.918 4	3.062 4	3.209 6
4	4.779 3	4.921 1	4.993 4	5.066 5	5.215 4	5.368 0	5.684 2	6.015 6	6.362 4	6.725 1
5	6.352 8	6.610 1	6.742 4	6.877 1	7.154 2	7.441 6	8.048 4	8.699 9	9.398 3	10.146
6	8.115 2	8.535 5	8.753 7	8.977 5	9.442 0	9.929 9	10.980	12.136	13.406	14.799
7	10.089	10.730	11.067	11.414	12.142	12.916	14.615	16.534	18.696	21.126
8	12.300	13.233	13.727	14.240	15.327	16.499	19.123	22.163	25.678	29.732
9	14.776	16.085	16.786	17.519	19.086	20.799	24.712	29.369	34.895	41.435
10	17.549	19.337	20.304	21.321	23.521	25.959	31.643	38.593	47.062	57.352
11	20.655	23.045	24.349	25.733	28.755	32.150	40.238	50.398	63.122	78.998
12	24.133	27.271	29.002	30.850	34.931	39.581	50.895	65.510	84.320	108.44
13	28.029	32.089	34.352	36.786	42.219	48.497	64.110	84.853	112.30	148.47
14	32.393	37.581	40.505	43.672	50.818	59.196	80.496	109.61	149.24	202.93
15	37.280	43.842	47.580	51.660	60.965	72.035	100.82	141.30	198.00	276.98
16	42.753	50.980	55.717	60.925	72.939	87.442	126.01	181.87	262.36	377.69
17	48.884	59.118	65.075	71.673	87.068	105.93	157.25	233.79	247.31	514.66
18	55.750	68.394	75.836	84.141	103.74	128.12	195.99	300.25	459.45	770.94
19	63.440	78.969	88.212	98.603	123.41	154.74	244.03	385.32	607.47	954.28
20	72.052	91.025	102.44	115.38	146.63	186.69	303.60	494.21	802.86	1 298.8
21	81.699	104.77	118.81	134.84	174.02	255.03	377.46	633.59	1 060.8	1 767.4
22	92.503	120.44	137.63	157.41	206.34	271.03	469.06	812.00	1 401.2	2 404.7
23	104.60	138.30	159.28	183.60	244.49	326.24	582.63	1 040.4	1 850.6	3 271.3
24	118.16	158.66	184.17	213.98	289.49	392.48	723.46	1 332.7	2 443.8	4 450.0
25	133.33	181.87	212.79	249.21	342.60	471.98	898.09	1 706.8	3 226.8	6 053.0
26	150.33	208.33	245.71	290.09	405.27	567.38	1 114.6	2 185.7	4 260.4	8 233.1
27	169.37	238.50	283.57	337.50	479.22	681.85	1 383.1	2 798.7	5 624.8	11 198.0
28	190.70	272.89	327.10	392.50	566.48	819.22	1 716.1	3 583.3	7 425.7	15 230.3
29	214.58	312.09	377.17	456.30	669.45	984.07	2 129.0	4 587.7	9 802.9	20 714.2
30	241.33	356.79	434.75	530.31	790.95	1 181.9	2 640.9	5 873.2	12 941.0	28 172.3
40	767.09	1 342.0	1 779.1	2 360.8	4 163.2	7 343.9	22 729	69 377.5	*	*
50	2 400.0	4 994.5	7 217.7	10 436.0	21 813.0	45 497.0	*	*	*	*
60	7 471.6	18 535.0	29 220.0	46 058.0	*	*	*	*	*	*
	* >99 999									

附表4　1元年金现值系数表　$(F/P,i,n)=\frac{1-(1+i)^{-n}}{i}$

期数	1%	2%	3%	4%	5%	6%	7%	8%	9%	10%
1	0.990 1	0.980 4	0.970 9	0.961 5	0.952 4	0.943 4	0.934 6	0.925 9	0.917 4	0.909 1
2	1.970 4	1.941 6	1.913 5	1.886 1	1.859 4	1.833 4	1.808 0	1.783 3	1.759 1	1.735 5
3	2.941 0	2.883 9	2.828 6	2.775 1	2.723 2	2.673 0	2.624 3	2.577 1	2.531 3	2.486 9
4	3.902 0	3.807 7	3.717 1	3.629 9	3.546 0	3.465 1	3.387 2	3.312 1	3.239 7	3.169 9
5	4.853 4	4.713 5	4.579 7	4.451 8	4.329 5	4.212 4	4.100 2	3.992 7	3.889 7	3.790 8
6	5.795 5	5.601 4	5.417 2	5.242 1	5.075 7	4.917 3	4.766 5	4.622 9	6.485 9	4.355 3
7	6.728 2	6.472 0	6.230 3	6.002 1	5.786 4	5.582 4	5.389 3	5.206 4	5.033 0	4.868 4
8	7.651 7	7.325 5	7.019 7	6.732 7	6.463 2	6.209 8	5.971 3	5.746 6	5.534 8	5.334 9
9	8.566 0	8.162 2	7.786 1	7.435 3	7.107 8	6.801 7	6.515 2	6.246 9	5.995 2	5.759 0
10	9.471 3	8.982 6	8.530 2	8.110 9	7.721 7	7.360 1	7.023 6	6.710 1	6.417 7	6.144 6
11	10.368	9.786 8	9.252 6	8.760 5	8.306 4	7.886 9	7.498 7	7.139 0	6.805 2	6.459 1
12	11.255	10.575	9.945 0	9.385 1	8.863 3	8.383 8	7.942 7	7.536 1	7.160 7	6.813 7
13	12.134	11.348	10.635	9.985 6	9.393 6	8.852 7	8.357 7	7.903 8	7.486 9	7.103 4
14	13.004	12.106	11.296	10.653	9.898 6	9.295 0	8.745 5	8.244 2	7.786 2	7.366 7
15	13.685	12.849	11.938	11.118	10.380	9.712 2	9.107 9	8.559 5	8.060 7	7.606 1
16	14.718	13.578	12.561	11.652	10.838	10.106	9.446 6	8.851 4	8.312 6	7.823 7
17	15.562	14.292	13.166	12.166	11.274	10.477	9.763 2	9.121 6	8.543 6	8.021 6
18	16.398	14.992	13.754	12.690	11.690	10.828	10.059	9.371 9	8.755 6	8.201 4
19	17.226	15.679	14.324	13.134	12.085	11.158	10.336	9.603 6	8.960 1	8.364 9
20	18.046	16.351	14.878	13.590	12.462	11.470	10.594	9.818 1	9.128 5	8.513 6
21	18.857	17.011	15.415	14.029	12.821	11.764	10.836	10.017	9.292 2	8.648 7
22	19.660	17.658	15.937	14.451	13.163	12.042	11.061	10.201	9.442 4	8.771 5
23	20.456	18.292	16.444	14.857	13.489	12.303	11.272	10.371	9.580 2	8.883 2
24	21.243	18.914	16.936	15.247	13.799	12.550	11.469	10.529	9.706 6	8.984 7
25	22.023	19.524	17.413	15.622	14.094	12.783	11.654	10.675	9.822 6	9.077 0
26	22.975	20.121	17.877	15.983	14.375	13.003	11.826	10.810	9.929 0	9.160 9
27	23.560	20.706	18.327	16.330	14.643	13.211	11.987	10.935	10.027	9.237 2
28	24.316	21.281	18.764	16.663	14.898	13.406	12.137	11.051	10.116	9.306 6
29	25.066	21.844	19.189	16.984	15.141	13.591	12.278	11.158	10.198	9.369 6
30	25.808	22.397	19.600	17.292	15.373	13.765	12.409	11.258	10.274	9.426 9
35	29.409	24.999	21.487	18.665	16.374	14.498	12.948	11.655	10.567	9.644 2
40	32.835	27.356	23.115	19.793	17.159	15.046	13.332	11.925	10.757	9.779 1
45	36.095	29.490	24.519	20.720	17.774	15.456	13.606	12.108	10.881	9.862 8
50	39.196	31.424	25.730	21.482	18.256	15.762	13.801	12.234	10.962	9.914 8
55	42.147	33.175	26.774	22.109	18.634	15.991	13.940	12.319	11.014	9.947 1

（续）

期数	12%	14%	15%	16%	18%	20%	24%	28%	32%	36%
1	0.892 9	0.877 2	0.869 6	0.862 1	0.874 5	0.833 3	0.806 5	0.781 3	0.757 6	0.735 3
2	1.690 1	1.646 7	1.625 7	1.605 2	1.565 6	1.527 8	1.456 8	1.391 6	1.331 5	1.276 0
3	2.401 8	2.321 6	2.283 2	2.245 9	2.174 3	2.106 5	1.981 3	1.868 4	1.766 3	1.673 5
4	3.037 3	2.917 3	2.855 0	2.798 2	2.690 1	2.588 7	2.404 3	2.241 0	2.095 7	1.965 8
5	3.604 8	3.433 1	3.352 2	3.274 3	3.127 2	2.990 6	2.745 4	2.532 0	2.345 2	2.180 7
6	4.111 4	3.888 7	3.784 5	3.684 7	3.497 6	3.325 5	3.020 5	2.759 4	2.534 2	2.338 8
7	4.563 8	4.288 2	4.160 4	4.038 6	3.811 5	3.604 6	3.242 3	2.937 0	2.677 5	2.455 0
8	4.967 6	4.638 9	4.487 3	4.343 6	4.077 6	3.837 2	3.421 2	3.075 8	2.786 0	2.540 4
9	5.328 2	4.916 4	4.771 6	4.606 5	4.303 0	4.031 0	3.565 5	3.184 2	2.868 1	2.603 3
10	5.650 2	5.216 1	5.018 8	4.833 2	4.494 1	4.192 5	3.681 9	3.268 9	2.930 4	2.649 5
11	5.937 7	5.452 7	5.233 7	5.028 6	4.656 0	4.327 1	3.775 7	3.335 1	2.977 6	2.683 4
12	6.194 4	5.660 3	5.420 6	5.197 1	4.793 2	4.439 2	3.851 4	3.386 8	3.013 3	2.708 4
13	6.423 5	5.842 4	5.583 1	5.342 3	4.909 5	4.532 7	3.912 4	3.427 2	3.040 4	2.726 8
14	6.628 2	6.002 1	5.724 5	5.467 5	5.008 1	4.610 6	3.961 6	3.458 7	3.060 9	2.740 3
15	6.810 9	6.142 2	5.847 4	5.575 5	5.091 6	4.675 5	4.001 3	3.483 4	3.076 4	2.750 2
16	6.974 0	6.265 1	5.954 2	5.668 5	5.162 4	4.729 6	4.033 3	3.502 6	3.088 2	2.757 5
17	7.119 6	6.372 9	6.047 2	5.748 7	5.222 3	4.774 6	4.059 1	3.517 7	3.097 1	2.762 9
18	7.249 7	6.467 4	6.128 0	5.817 8	5.273 2	4.812 2	4.079 9	3.529 4	3.103 9	2.766 8
19	7.365 8	6.550 4	6.198 2	5.877 5	5.316 2	4.843 5	4.096 7	3.538 6	3.109 0	2.769 7
20	7.469 4	6.623 1	6.259 3	5.928 8	5.352 7	4.869 6	4.110 3	3.545 8	3.112 9	2.771 8
21	7.562 0	6.687 0	6.312 5	5.973 1	5.383 7	4.891 3	4.121 2	3.551 4	3.115 8	2.773 4
22	7.644 6	6.742 9	6.385 7	6.011 3	5.409 9	4.909 4	4.130 0	3.555 8	3.118 0	2.774 6
23	7.718 4	6.792 1	6.398 8	6.044 2	5.432 1	4.924 5	4.137 1	3.559 2	3.119 7	2.775 4
24	7.784 3	6.835 1	6.433 8	6.072 6	5.450 9	4.937 1	4.142 8	3.561 9	3.121 0	2.776 0
25	7.843 1	6.872 9	6.464 1	6.097 1	5.466 9	4.947 6	4.147 4	3.564 0	3.122 0	2.776 5
26	7.895 7	6.906 1	6.490 6	6.118 2	5.480 4	4.956 3	4.151 1	3.565 6	3.122 7	2.776 8
27	7.942 6	6.935 2	6.513 5	6.136 4	5.491 9	4.963 6	4.154 2	3.566 9	3.123 3	2.777 1
28	7.984 4	6.960 7	6.533 5	6.152 0	5.501 6	4.969 7	4.156 6	3.567 9	3.123 7	2.777 3
29	8.021 8	6.983 0	6.550 9	6.165 6	5.509 8	4.974 7	4.158 5	3.568 7	3.124 0	2.777 4
30	8.055 2	7.002 7	6.566 0	6.177 2	5.516 8	4.978 9	4.160 1	3.569 3	3.124 0	2.777 5
35	8.175 5	7.070 0	6.616 6	6.215 3	5.538 6	4.991 5	4.164 4	3.570 8	3.124 8	2.777 7
40	8.243 8	7.105 0	6.641 8	6.233 5	5.548 2	4.996 6	4.165 9	3.571 2	3.125 0	2.777 8
45	8.282 5	7.123 2	6.654 3	6.242 1	5.552 3	4.998 6	4.166 4	3.571 4	3.125 0	2.777 8
50	8.304 5	7.132 7	6.660 5	6.246 3	5.554 1	4.999 5	4.166 6	3.571 4	3.125 0	2.777 8
55	8.317 0	7.137 6	6.663 6	6.248 2	5.554 9	4.999 8	4.166 6	3.571 4	3.125 0	2.777 8

参考文献

[1]荆新,王化成,刘俊彦．财务管理学[M].8版．北京:中国人民大学出版社,2018.

[2]张石森,欧阳云．哈佛MBA财务管理全书[M]．呼和浩特:远方出版社,2003.

[3]师萍．旅游企业财务管理[M]．北京:旅游教育出版社,2017.

[4]曹军辉．旅游企业财务管理[M]．长沙:湖南人民出版社,2004.

[5]郑见．怎样理财[M]．昆明:云南大学出版社,2001.

[6]徐晓音．房地产财务管理[M]．武汉:华中科技大学出版社,2004.

[7]赵国忠．财务管理实务[M]．北京:高等教育出版社,2000.

[8]杨东龙．最新财务管理精要词典[M]．北京:中国经济出版社,2017.

[9]张红．财务管理[M]．北京:清华大学出版社,2009.

[10]章勇刚．酒店财务管理[M]．北京:中国人民大学出版社,2018.

[11]方伟群．酒店财务管理操作实务[M]．北京:中国旅游出版社,2020.